Adaptive Skills profile of students: Information for School-teachers & Trainers

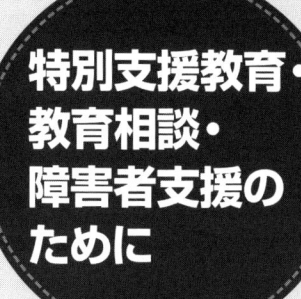

特別支援教育・
教育相談・
障害者支援の
ために

ASIST
学校適応スキル
プロフィール

適応スキル・支援ニーズのアセスメントと支援目標の立案

編著●橋本創一・熊谷 亮・大伴 潔・林 安紀子・菅野 敦

福村出版

JCOPY 〈(社)出版者著作権管理機構 委託出版物〉
本書の無断複写は著作権法上での例外を除き禁じられています。複写される場合は、そのつど事前に、(社)出版者著作権管理機構（電話 03-3513-6969、FAX 03-3513-6979、e-mail: info@jcopy.or.jp）の許諾を得てください。

はじめに

　本書は，幼児・児童・生徒や知的・発達障害者が学校や職場でうまく適応しているかどうか，適応していない側面があれば，そのサポートのニーズを探し出し，どこを重点的に支援するべきかを導くためのアセスメントツール「ASIST」の解説書です。ASIST で用いる記録用紙などはすべて付録 CD-ROM に収めてあり，プリントアウトして使えます。

　「適応」と聞くと，"枠に押し込む""周囲や集団などに合わせる"といった印象を持たれる人がいるかもしれません。しかし，適応とは，「環境からの働きかけに個人がこたえて」いきながらも，逆に「その個人からの諸欲求も満足させる」関係・状態のことです。このように，個人が環境に適合する行動を学習し実行したり，欲求を満足させるために環境に働きかけて変化させるように努力することを「適応行動」といいます。

　もちろん，現実には，個人の欲求が常に充足されるとは限りません。また，その個人が何らかの障害や問題を抱えている場合，環境にこたえる行動をうまくとれないこともあります。すると，欲求不満や行き詰まりの状態といった不適応を起こしてしまいます。

　特別支援教育，心理臨床やカウンセリングで問題（主訴）になりやすいのは，学校・職場・家庭への適応問題です。学校で不適応になれば「学習の遅れ・不登校・行動上の問題」，職場で不適応になれば「無気力・ひきこもり・ニート（無職）の問題」，家庭で不適応になれば「離婚・DV（家庭内暴力）・児童虐待の問題」などが起こりやすくなります。

ASIST のオリジナリティ

　個々人の発達の状況は，「遅れ」「偏り」「ゆがみ」といった言葉で説明されることがあります。遅れや不十分さとは，基本的な適応スキル全般の獲得がゆっくりな場合（知的障害者に多いプロフィール）です。偏りは，部分的には獲得したスキルがある一方で，獲得していないスキルがある場合（発達障害者に多いプロフィール）で，凸凹が目立ってしまい，「できるはずだ」と周囲から誤解されてしまうことがあります。ゆがみとは，標準的な形で獲得せずに違った形でスキルを学んでしまったために，周囲が奇妙さや迷惑を感じるような場合（疾患や環境などの問題から誤学習したプロフィール）をさします。

　ASIST では，こうしたプロフィールを，大きく A 尺度（適応スキルの獲得）と B 尺度（特別な支援ニーズ）の 2 側面から把握していこうと試みています。ASIST の特徴は以下の通りです。

・適応スキルの発達評価（A 尺度）と特別な支援ニーズの把握（B 尺度）によって，**「発達

支援」と「障害軽減」という2つの視点から，適応行動の実態を把握できる。
・適応スキルの諸領域ごとに，**到達学年（年齢）と到達指数**が算出され，遅れや不十分さなどが明確に判明し，領域間プロフィールがわかる。
・10領域からなる支援ニーズ（適応を妨げている要因）を評価することで，支援領域間プロフィールがわかり，**支援レベル（通常の対応が可能／配慮を要する／常に支援を要する，の3段階）**が判明する。
・WHOによるICF（国際機能分類）にならった，「**個人活動**」と「**集団参加**」という2軸で，適応スキル（A尺度）やサポート要因（B尺度）を整理し評価できる。
・学校現場（支援フィールド）における「**学習面**」「**生活面**」「**対人関係面**」「**行動情緒面**」という4つのニーズ側面に応じて，支援レベル（通常対応／要配慮／要支援の3段階）が判明する。
・評定者は，**対象者をよく知る保護者や教師，支援者**などであり，必ずしも専門的な知識やアセスメント法を学んでいなくても使用できる。
・ASISTの結果は，知能検査や行動観察などの実施とともに，**個別の指導計画や支援プログラムの立案**などに活用できる。

本書の使い方

　ASISTには，適応スキルをアセスメントする2種類の質問紙があります。1つめは，幼稚園・保育所の5歳児から中学3年生までを主な対象（高校生までは対応）とするASIST学校適応スキルプロフィール（本書第1編）です。通常学級に在籍する幼児・児童・生徒，あるいは障害のある子ども向けの療育・支援機関や特別支援学級（小中学校），特別支援学校の小中学部など，あらゆる場所で学んでいる5～15歳の子どもを対象としています。
　2つめは，知的・発達障害のある高校生（15歳）以降や成人を対象とするASIST-IDver.適応スキルプロフィール（第2編）です。高等学校や専門学校，特別支援学校高等部，大学，障害福祉サービス事業所，職業訓練機関などで学んだり活動している知的・発達障害のある青年・成人（その疑いのある人や明らかに支援が必要な人を含みます）を対象としています。ただし，ASISTのスキル評価基準は15歳を最高レベルとしていますので，それ以上のスキルを獲得している場合は詳しい評価はできません。また，高齢化や老化に伴う退行現象などが生じている人は，評価することが難しい場合があります。
　ASISTでは，評価したい対象者をよく知っている人が評定（採点）を行います。まず，スコア・マニュアル（第1編2章または第2編4章）にある各質問項目の説明を参考に，前述した2種類の適応スキルプロフィールのうち，いずれかの記録用紙に回答を記録していきます。次に，得点の換算表（巻末の付録Ⅱ）に基づき，対象者の年齢に応じて得点

を換算し，その結果をプロフィール票に記入します。A 尺度の各領域と総合獲得レベルの到達学年（年齢）・到達指数，B 尺度の各領域・各側面の支援レベル，およびそれらのプロフィール・グラフが記入されたプロフィール票が，ASIST のアセスメント結果となります。採点方法の詳細については，各編のスコア・マニュアルをお読みください。

　第 3 編では，ASIST の実際のアセスメント事例や，スキルが未獲得な場合，または支援ニーズが著しくみられる場合のために，ASIST の各質問項目ごとにみた具体的な支援目標（手だて）を例示しています。

　付録 CD-ROM には，①記録用紙（ASIST，ASIST-IDver. の 2 種類），②プロフィール票（A 尺度の結果 1 頁，B 尺度の結果 2 頁），③結果計算シート（対象者年齢と各領域の得点を入力すると換算結果を自動計算する Excel シート）の 3 つを収録しています。記録用紙やプロフィール票は，パソコンからプリントアウトして使用してください。なお，結果計算シートは，利用環境（パソコンの OS や Excel のバージョンなど）によっては不具合が生じる可能性もあります。たいへん申し訳ありませんが，あくまで参考程度の使用にとどめ，得点の換算には原則として本書付録 II の換算表を用いてください。

感謝のことば

　ASIST の標準化にあたり，ご協力いただいた多くの幼稚園・保育所（三鷹市，川崎市，横浜市），小学校（世田谷区，三鷹市，さいたま市，仙台市），中学校（三鷹市，札幌市，横浜市）の校長先生ならびに先生方，保護者，各地の教育委員会の皆様に深謝申し上げます。特に，調査にご記入いただきました 2,000 名に及ぶ保護者の皆様には，心より御礼申し上げます。また，共同研究者の秋山千枝子先生（あきやま子どもクリニック院長）や横田圭司先生（ながやまメンタルクリニック院長）には，臨床データに基づく様々なご助言をいただきましたことに加え，標準化に際してたくさんのご助力を賜りました。他にも，多くの先生方から，たくさんのご叱責や助言，励ましを頂戴しながら，東京学芸大学のアセスメント開発プロジェクトとして 5 年ほどかけてつくりあげました。関係者の皆様に深謝申し上げます。

　最後に，本書の企画・編集・出版にあたり，ご尽力賜りました福村出版の宮下基幸さんやフリーランス編集者の天野里美さんに，厚く御礼申し上げます。

2013 年 12 月
編著者代表
橋本創一

目　次

はじめに ………………………………………………………………………… 3

第1編　ASIST学校適応スキルプロフィール［幼児・児童・生徒版］── 9

1章　発達支援の視点から学校適応スキルをアセスメントする………… 10
　　1節　知的・発達障害児を巡る現状（10）
　　2節　知的・発達障害と適応スキル（13）
　　3節　学校適応におけるリスクの予測と支援（18）
　　4節　支援を前提とするアセスメントの必要条件（21）
　　5節　ASISTの構成と特徴（24）

2章　スコア・マニュアル………………………………………………… 29
　　1節　A尺度：適応スキルの把握（29）
　　2節　B尺度：特別な支援ニーズの把握（50）
　　3節　採点方法（60）

第2編　ASIST-IDver. 適応スキルプロフィール［成人知的・発達障害者版］── 65

3章　成人期知的・発達障害者の適応スキルをアセスメントする……… 66
　　1節　知的・発達障害者の生活と社会的関係（66）
　　2節　青年・成人期の支援に固有の問題（70）
　　3節　支援の方針と実践（74）

4章　スコア・マニュアル………………………………………………… 79
　　1節　A尺度：適応スキルの把握（79）
　　2節　B尺度：特別な支援ニーズの把握（100）
　　3節　採点方法（110）

第3編　ASISTの適用事例と支援目標 ──────────────── 115

5章　ASISTによるアセスメント事例 …………………………………… 116
　　事例1　通常学級に在籍する軽度知的障害のある小学5年生（116）
　　事例2　通常学級に在籍する知的障害の疑われる中学1年生（119）

事例3　通常学級に在籍する自閉症スペクトラム障害のある小学5年生（122）
　　　事例4　通常学級に在籍するADHDのある小学2年生（125）
　　　事例5　通常学級に在籍するダウン症のある小学2年生（128）
　　　事例6　通常学級に在籍するLDのある小学2年生（131）
　　　事例7　通常学級に在籍する知的障害のある小学1年生（134）
　　　事例8　幼稚園年長クラスに在籍する自閉症スペクトラム障害のある5歳児（137）
　　　事例9　通級指導教室に通う自閉症スペクトラム障害のある小学5年生（140）
　　　事例10　特別支援学級に在籍する軽度知的障害のある小学2年生（143）
　　　事例11　特別支援学級に在籍するADHDのある小学2年生（146）
　　　事例12　特別支援学校に在籍する知的障害のある中学3年生（149）
　　　事例13　特別支援学校に在籍する知的障害のある高等部1年生（152）
　　　事例14　特別支援学校に在籍する知的障害のある高等部2年生（155）
　　　事例15　成人の障害者施設に通所する就労をめざす軽度知的障害者［44歳］（158）
　　　事例16　成人の障害者施設に通所する中度知的障害者［30歳］（161）
　　　事例17　社会不適応を訴え精神科クリニックを受診した
　　　　　　　自閉症スペクトラム障害者［29歳］（164）
　　　事例18　不調を訴え精神科クリニックを受診したダウン症者［31歳］（167）

　6章　尺度の項目別にみた支援目標の立案例……………………………………170
　　1節　「A尺度：適応スキルの把握」の項目別の支援目標（170）
　　2節　「B尺度：特別な支援ニーズの把握」の項目別の支援目標（180）

Appendix　標準化と換算・分類表　　　　　　　　　　　　　　　187

　付録Ⅰ　尺度の標準化 ………………………………………………………………188
　付録Ⅱ　尺度換算表・支援レベル分類表 …………………………………………194

引用・参考文献 ……………………………………………………………………………207

付録 CD-ROM　ASIST適応スキルプロフィール（ASIST，ASIST-IDver.）

　・記録用紙，プロフィール票，結果計算シート

第 1 編

ASIST 学校適応スキルプロフィール
[幼児・児童・生徒版]

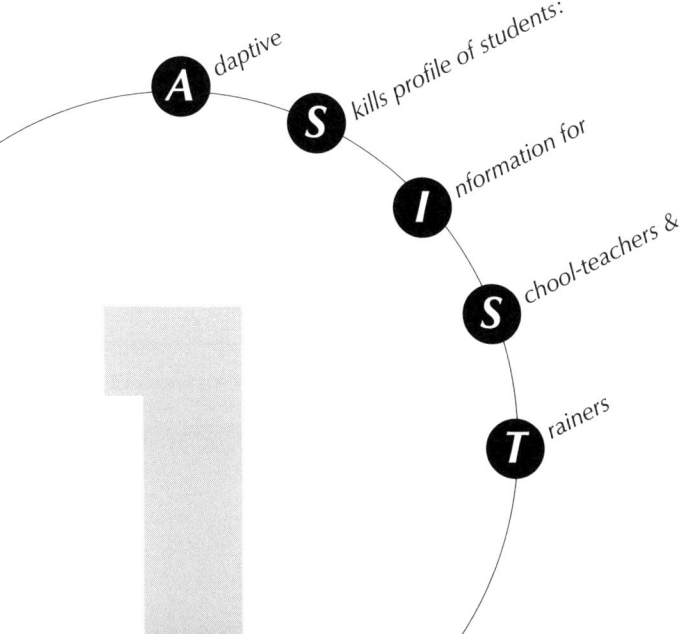

1章 発達支援の視点から学校適応スキルをアセスメントする

1節　知的・発達障害児を巡る現状

特別支援教育

　特別支援教育とは，障害のある幼児・児童・生徒の自立や社会参加に向けた主体的な取り組みを支援するという視点に立ち，一人ひとりの教育的ニーズを把握し，その持てる力を高め，生活や学習上の困難を改善または克服するため，適切な指導および必要な支援を行うものである（文部科学省，2005）。

　障害により，通常の学級における指導だけではその能力を十分に伸ばすことが困難な子どもたちについては，一人ひとりの障害の種類・程度などに応じ，特別な配慮のもとに，特別支援学校や小・中学校の特別支援学級，あるいは通級による指導において適切な教育が行われている。2007（平成19）年の学校教育法改正から，すべての学校・学級において，障害のある幼児・児童・生徒の支援をさらに充実させる取り組みが義務化された（図1-1）。

　近年，特別支援学校や特別支援学級に在籍している幼児・児童・生徒は増加する

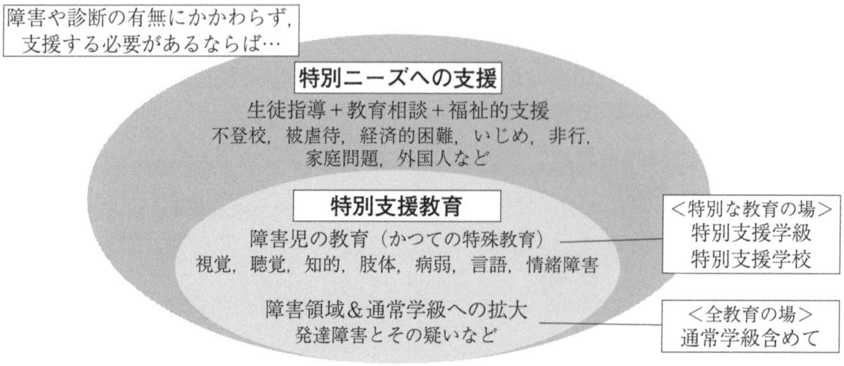

図1-1　特別なニーズへの支援と特別支援教育

障害や診断の有無にかかわらず，支援する必要があるならば…

特別ニーズへの支援
生徒指導＋教育相談＋福祉的支援
不登校，被虐待，経済的困難，いじめ，非行，家庭問題，外国人など

特別支援教育
障害児の教育（かつての特殊教育）
視覚，聴覚，知的，肢体，病弱，言語，情緒障害

障害領域＆通常学級への拡大
発達障害とその疑いなど

＜特別な教育の場＞
特別支援学級
特別支援学校

＜全教育の場＞
通常学級含めて

傾向にある。2011（平成23）年度，義務教育段階（児童・生徒総数1,054万人）における特別支援学校（0.62％）および小・中学校の特別支援学級（1.47％）の在籍者，並びに通級による指導を受けている児童・生徒（0.62％）の総数（28.5万人）の占める割合は約2.71％であった。また，学習障害（LD），注意欠陥多動性障害（ADHD），自閉症スペクトラム障害（ASD）などが疑われる学習・生活面で特別な教育的支援を必要とする児童・生徒数について，文部科学省の調査結果（2012〔平成24〕年実施）では約6.5％程度の割合で通常の学級に在籍している可能性を示唆した（図1-2）。

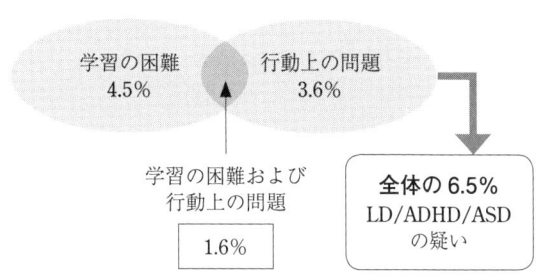

図1-2　通常学級における（知的発達に遅れはないものの）支援の必要な子どもの割合（調査年月：2012年2月，調査対象：小・中学校1,164校，52,272人）

教育相談

生徒指導提要（文部科学省，2010）によると，教育相談は，一人ひとりの生徒の教育上の問題について，本人またはその親などに，その望ましいあり方を助言することである。方法としては，一対一の相談活動に限定することなく，すべての教師があらゆる教育活動で実践するとされている。すなわち，教育相談は，児童・生徒それぞれの発達に即して，好ましい人間関係を育て，生活によく適応させ，自己理解を深めさせ，人格の成長への援助を図るものである。

一方，生徒指導は，一人ひとりの児童・生徒の人格を尊重し，個性の伸長を図りながら，社会的資質や行動力を高めることをめざして行われる教育活動のこととされる。教育相談と生徒指導の相違点として，教育相談は主に個に焦点を当て，面接や演習を通して個の内面の変容を図ろうとするのに対して，生徒指導は主に集団に焦点を当て，行事や特別活動などにおいて，集団としての成果や変容をめざし，結果として個の変容に至るところにある。

児童・生徒の問題行動に対する指導や，学校・学級の集団全体の安全を守るために管理や指導を行う部分は生徒指導の領域である一方，指導を受けた児童・生徒にそのことを自分の課題として受け止めさせ，問題がどこにあるのか，今後どのように行動すべきかを主体的に考え，行動につなげるようにするには，教育相談における面接技法や，発達心理学・臨床心理学の知見が，指導の効果を高める上でも重要な役割を果たすとしている。教育相談と生徒指導は重なるところも多くあり，教育相談は，生徒指導の一環と

して位置づけられるものであり，その中心的な役割を担うものとされている。

知的・発達障害

知的障害（Intellectual Disability）は，知的機能と適応行動の両方に制限（年齢から期待される活動に制限がある状態）を示し，18歳までの発達期に生じるものである。ダウン症（Down Syndrome）などが代表的な障害であり，ダウン症により知的障害という状態を引き起こすと解釈される。

また，発達障害とは，発達諸領域（運動，言語，認知，社会性など）における遅れやそれに伴う偏りによって生じる行動上ないし生活上の問題を示す状態であり，自閉症スペクトラム障害（ASD）や学習障害（LD），注意欠陥多動性障害（ADHD）などを包括した概念（グループ）をさす（表1-1）。

自閉症スペクトラム障害（ASD；Autistic Spectrum Disorders）とは，相互的な対人関係の制限，コミュニケーションの著しい弱さ，興味や行動の偏り（こだわり）の3つの特徴に加えて，著しい感覚過敏が現れる。約100人に1〜2人存在すると報告されており，男性は女性より数倍多く，1家族に何人か存在することもある。

注意欠陥多動性障害（ADHD；Attention Deficit/Hyperactivity Disorder）とは，発達年齢に見合わない多動‐衝動性，あるいは不注意，またはその両方の症状が，7歳までに現れる。学童期の子どもには3〜7％存在し，男性は女性より数倍多いと報告されている。男性の出現率は青年期に低くなるが，女性は年齢を重ねても変化しないことが報告されている。

学習障害（LD；Learning Disabilities）とは，全般的な知的発達には問題がないのに，読む，書く，計算する，推論するなどの特定の事柄のみが困難な状態をいう。出現率は，2〜10％と見積もられており，読みの困難は，男性が女性より数倍多いと報告されている。

表1-1　知的・発達障害

```
知的障害［ID］：IQ70以下，生活全般の適応の障害
    ダウン症（知的障害のあるDS）                    ＊通常学級に約3％
    自閉症スペクトラム障害（知的障害のあるASD）        支援学級・学校に約2％

発達障害［DD］：グループの名称
    自閉症スペクトラム障害（ASD）…社会性に制限
    注意欠陥多動性障害（ADHD）………行動に制限      ＊通常学級に約4〜12％
    学習障害（LD）………………………学習に制限
    発達性協調運動障害……………………運動に制限
                                        ＊各自治体や諸調査を参考とした推定値
```

発達性協調運動障害（Developmental Coordination Disorder）とは，明らかな身体疾患（脳性まひなど）がないにもかかわらず，協調的運動がぎこちない，あるいは全身運動（粗大運動）や微細運動（手先の操作）が著しく不器用な状態をいう。

知的・発達障害は，幼児・児童・生徒が学校不適応の状態を引き起こす原因となることが多く，著しい症状や不適応が続く場合は，医療機関や専門相談機関を受診する必要がある。

この他にも，睡眠障害や気分障害，PTSD（心的外傷後ストレス障害），摂食障害，強迫性障害，解離性障害，パニック障害・不安障害などが，学校適応にマイナスの影響を与えることがある。

2節　知的・発達障害と適応スキル

適応行動（Adaptive Behavior）とは

適応とは，個人と環境の相互作用を示す包括的な概念であり，「個人と環境の調和」と定義づけられる。つまり，個人が環境とうまく折り合い（田上，1999）をつけて振る舞うことが適応行動であろう。例えば，学校でいうと，児童・生徒の行動特性や学習スタイルなど（個人）と，学級・学校で要請される学習活動や行動（環境）との間で，どちらかに偏ったり無理をするわけではなく，調節しながら折り合いをうまくつける行動のことである。

しかし，近年，学校生活に不適応を示す児童・生徒が増加しており，学校不適応問題が大きく取り扱われている。こうした学校不適応は，「心理的要因に起因し，正常な学校生活を妨げる問題行動を総称する（岡安，1994）」「学校場面への適応の困難さを示し，いじめ，緘黙，学級崩壊など，広く学校内での集団不適応や学業不適応である（文部科学省，1992）」と定義されている。

知的・発達障害児の学校不適応

世界保健機関（WHO）による疾病及び関連保健問題の国際統計分類（ICD；International Statistical Classification of Diseases and Related Health Problems）では，知的・発達障害について，健康状態の障害としてとらえており，「認知機能の著しい障害により特徴づけられる一群の発達の状態であり，学習や適応行動および技能が制限されることに関連する」としている。

一方，米国知的発達障害協会（AAIDD）は，知的・発達障害の定義を「知的機能および適応行動（概念的，社会的および実用的な適応スキル）の双方の明らかな制約によって

第1編　ASIST 学校適応スキルプロフィール［幼児・児童・生徒版］

表 1-2　AAIDD（2010）による適応行動の分類

> 概念的適応スキル…言語（受容，表出），読み書き，数概念，お金や時間の概念，自己管理
> 社会適応スキル……対人関係，責任，自尊心，だまされやすさ，純真さ，規則を守る，尊法，被害者となることを避ける，社会的問題を解決する
> 実用的スキル………食事，移動／可動性，排泄，衣服からなる日常生活活動，食事準備，家事，乗物，服薬，電話の使用からなる日常生活に有用な活動，職業スキル，安全な環境の維持

特徴づけられる能力障害である」としている（AAIDD, 2010）。AAIDD（2010）によると，適応行動は表 1-2 に示す 3 つのスキル（概念，社会，実用）に整理される。

　また，橋本（2001）は，アメリカ精神遅滞学会（AAMR, 1992）の適応スキルをもとにして，知的障害者の生活適応支援チェックリストを開発している。その尺度では，コミュニケーション，身辺処理，家庭生活，社会的スキル，コミュニティ資源の利用，自律性，健康と安全，アカデミックスキル，余暇，仕事の 10 領域から測定した。

　一方，適応スキルとほぼ同様な枠組みから WHO（1994）により提唱されたライフスキル（人々が日常生活で生じるさまざまな問題や要求に対して，建設的かつ効果的に対処するために必要な能力）がある。これは，「意思決定」「問題解決」「創造的思考」「批判的思考」「効果的コミュニケーション」「対人関係スキル」「自己認識」「共感性」「情動への対処」「ストレス・コントロール」の 10 スキルから構成される。

　知的・発達障害や LD，ADHD，ASD などのある幼児・児童・生徒は，学習，対人関係，運動，行動情緒の側面で特別な教育的支援ニーズが生じる。そうした機能的な障害に起因して，適応行動につまずきが出現してしまう。加えて，学校という複雑な生活環境の中で，不登校やいじめ，校内暴力，心気的訴えなどのいわゆる学校不適応に発展してしまう。

　こうした"不適応マーチ"は，障害のある子どもに限られた問題・現象ではない。障害の疑いのある子どもや障害のない子どもであっても，個性による凸凹から，学校生活のあらゆる活動において，その参加に困難が生じたり，不適応行動が出現してしまうことは多い。一人ひとりの子どもの適応スキルの獲得状況を把握した上で，学校生活の中で環境との間で引き起こされている特別な支援ニーズ（不適応状態）への具体的な対応・方策が求められる。

　この点について，AAIDD は，5 つの次元（知的能力，適応行動，健康，参加，状況）から，個人の活動を支援することを提唱している（図 1-3）。

1章　発達支援の視点から学校適応スキルをアセスメントする

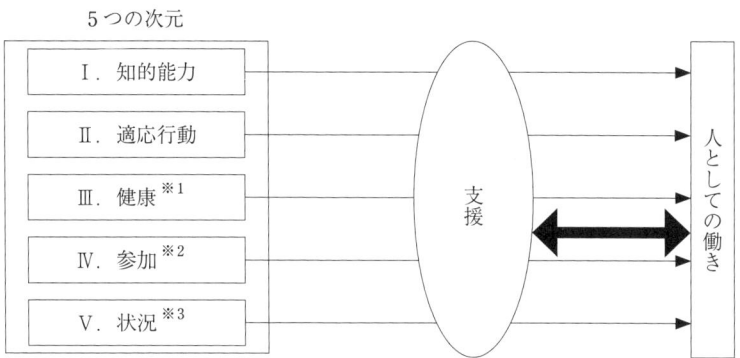

※1 「健康」には，精神的健康と身体的健康がある。
※2 「参加」は，以下の3つに大別される。
　・活動，催し，組織への参加
　・友人，家族，同輩，隣人との対人関係
　・家，学校，地域社会，仕事，余暇，娯楽において果たす社会的役割
※3 「状況」とは，以下の3つの環境の観点を意味している。
　・ミクロシステム（家族，支援者などの身近な環境）
　・メソシステム（福祉サービスや支援団体など）
　・マクロシステム（国または社会情勢）

図1-3　人としての働きの概念的枠組み（AAIDD, 2010）

適応スキルを測定する

　学校適応に関する研究には，「ソーシャルスキルとの関係」「学校生活スキル」「学級への適応感」「心身の適応との関係」の主に4つの視点がある。しかし，幼児・児童・生徒の学校適応の状況の把握として，どの程度の学年（年齢）に相当する獲得をしているかといった発達的視点に立った研究やそれを活かした尺度が少ない。

　適応を測定する尺度として，Vineland Adaptive Behavior Scales（1984a；1984b）や適応行動尺度（1993）などがアメリカでは使用されている。日本では，ABS適応行動尺度（冨安ら，1973），新版S-M社会生活能力検査（三木，1980），津守式乳幼児精神発達質問紙（津守・稲毛，1961；津守・磯部，1967）などがあるが，1960年代から1980年代に作成されており，現代の子どもを取り巻く生活環境の変化には対応できていない。ASA旭出式社会適応スキル検査（2012）が，4つのスキル（言語，日常生活，社会生活，対人関係）について幼児から高校生までを測定する尺度として唯一あるものの，その他では小学生・中学生に焦点を当てている発達的視点に立った尺度が見当たらない。

学校生活における適応スキル

　幼児期は，発達領域ごとにさまざまなスキルを単一的に獲得していく。そして，児童期に近づくにつれて，さまざまな活動場面（問題解決場面も含めて）で活用できるよう

第1編　ASIST 学校適応スキルプロフィール［幼児・児童・生徒版］

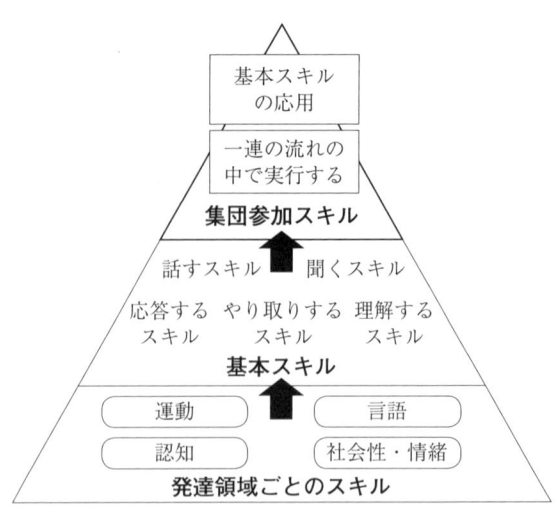

図1-4　基本スキルから集団参加スキルへ

図1-5　学校適応を支える6領域（発達的視点）

になり，安定した基本スキルとして確立していく。そして，幼稚園・小学校の集団場面において，基本スキルを一連の活動の流れの中で実行したり，応用したりする集団参加スキルの獲得が求められる（図1-4）。もちろん，障害などによる子ども個人の発達特性の影響を受けるが，個人活動を実行する基本スキルの獲得とその実行状況といった発達と経験が大きく関与する。そして，個人活動を支える基本スキルを発展させて，集団参加スキルを獲得していくためには，当然ながら，繰り返しの経験を設定してあげることや意図的で個に応じたサポートの提供が必要である。

　学校生活に必要とされる適応スキルには，子どもの活動場面ごとに分類すれば，「学習」「対人関係」「生活」「行動情緒」「運動」の5つがある。子どもの実行する活動ごとにみていけば，「コミュニケーションスキル」「学習活動スキル」「集団参加スキル」「健康維持スキル」「身辺生活スキル」「自己コントロールスキル」といった分類もできる。

　一方，発達領域による機能性から分類すると，「認知スキル」「運動スキル」「生活スキル」「言語スキル」「対人関係（社会性）スキル」「行動制御スキル」の6つがあげられる（図1-5）。

認知スキルは、見たり聴いたり（知覚）、覚えたり（記憶）、学んだり（理解）、考えたり（思考）、イメージしたり（想像）、決めたり（判断）、推しはかる（推論）ような知的な活動をいう。運動・操作を通して、または言語能力を用いて、といったさまざまな要素が含まれており、これらを包括して認知スキルと呼ぶことが多い。また、行動（言語表現を含む）として現れるもの、あるいは外部から評価しやすいもの、つまり記憶、判断、計算、理解、学習、思考、言語などを含む脳の高次な機能スキルを対象とするのが一般的である。

運動スキルは、粗大運動（体力とされるものを中心）や手先などの微細運動（巧緻性）から構成され、遊びや日常生活での生活行動・振る舞いとして表現されるものである。移動や外出などの社会的な生活行動が含まれたり、道具の扱いをはじめとした作業遂行に関するスキルも対象となる。

生活スキルは、衣服の着脱、食事、排泄などの身辺処理に関するスキル、生活習慣、清潔、衛生に関する習慣とそのルール、公共・交通機関の利用、買い物、セルフケア、家事スキル、それらの生活の中の具体的活動に必要な自律性の基盤となるスキルが範囲となる。

言語スキルは、言語理解や言語表出、言葉や文字などによるコミュニケーション（やりとり）に関するスキル、相手との関係性の理解の上で用いる言葉（敬語など）の使用などが対象とされる。また、発声や音声の復唱などの状況に応じた調節機能も含まれる。

対人関係スキル（社会性スキル）は、対人関係を形成・維持することをはじめとして、集団生活・社会生活への参加に関する行動スキル、その場や状況に応じた行動調節スキル、他の集団構成員（仲間など）との横の関係の中での協調行動スキルなどが対象とされる。

行動制御スキルとは、自己の行動を意識的／意図的に目的に方向づけ、調整するスキルのことである。状況に応じてどうすべきかを判断したりわかって行動するスキルであり、時には自己主張したり、我慢したり（耐性を発揮する）、責任を持って主体的に振る舞うなどを使い分けるスキルともいえる。外出場面などでの交通ルールを守ったり、安全に気をつけるなどの適切な振る舞いも含まれる。

こうした適応スキルは、対象者の年齢や所属する集団、場面などに応じて求められることと相互に関係するために、単純にすべてを獲得するように求められるものではない。特に、子どもの場合は、本人が望まないのに、適応スキルの獲得を周囲の人間が押しつけるようにして、その集団や場にあてはめていくような対応が危惧される。したがって、適応スキルの獲得を促すことには、対象者個人の年齢や発達状況、意思、価値観、そして、生活環境、周囲の状況などを十分に鑑みて、適切な目標設定が求められる。

3節　学校適応におけるリスクの予測と支援

特別な支援ニーズを抱える子どもとその原因

学校生活における特別な支援ニーズを抱える児童・生徒については，その不適応の実態（表1-3に例を示す）から支援の方策を考えていく必要がある。こうした児童・生徒は，行動情緒，学習，対人関係，自己，家庭環境などに困難さを抱えていることが多い。そして，家庭環境や養育に問題がある場合を除くと，学習面，行動面，精神面の困り感を引き起こしている原因が，子ども自身の特性である「学習スタイルのつまずき」「発達障害」「心因性」「精神障害」の可能性も予測される（図1-6）。

表1-3　特別な支援ニーズを抱える子ども

①授業に参加できない子ども ＜自己中心的，多動・衝動性，興味関心の偏り，固執，過敏さの強さ＞		
・学習活動に関心が持てない	・好きなことだけする	・授業中勝手に立ち歩く
・何事も拒否する	・集団活動が苦手	
②学習についていけない子ども ＜ゆっくりの学習スタイル，境界域知能，認知発達の遅れ，LD＞		
・教えても覚えられない	・得意不得意の偏りが大きい	
③コミュニケーションに支援が必要な子ども ＜対人関係や社会性の低さ，行動コントロールの弱さ＞		
・友だちとのトラブル	・指示を聞かない	・指示通りに動けない
④自己肯定感が低い子ども ＜意欲の低さ，無気力，悲観的＞		
・元気がない	・「どうせ…」が決まり文句	・すぐにいじける
⑤情緒不安定な子ども ＜感情コントロールの弱さ＞		
・すぐに泣く（怒る）	・被害妄想的な発言が多い	
⑥保護者・家庭・養育状況に問題のある子ども ＜福祉的な支援が必要＞		
・生活リズムが乱れている	・学校で使う物を持ってこない	
・栄養が不十分	・金銭的なトラブルが多い	

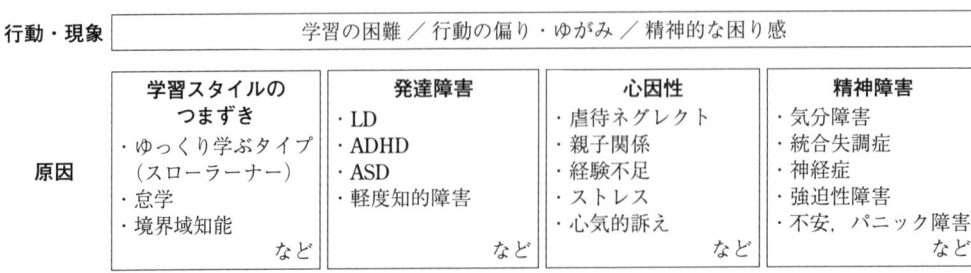

図1-6　特別な支援ニーズの4つの原因

1章　発達支援の視点から学校適応スキルをアセスメントする

　ただし，支援ニーズとして現れる行動や現象と，それを引き起こす原因は区別して探る必要がある。例えば，「発達障害＝コミュニケーション支援」といった短絡的・混同的な結びつけは避けるべきだろう。コミュニケーションの制限などから，結果として自閉症スペクトラム障害と診断されたとしても，それが学校生活の場面（個人活動と集団参加）における第一義的なサポート（最も大きな支援ニーズ）かといえば，異なる場合もある。

　子どもの学校適応を支援するという立場からは，原因とされる障害や問題が特定されたからといって，優先的にサポートすべきことが単純に導かれるのではなく，その子ども個人の活動と所属する集団での参加において，困り感や問題が生じていることへの対応が重要となる。

支援内容と支援レベル

　こうした子どもの学校適応をアセスメントする場合，個人活動や集団参加において，うまくやっているかどうかを評価することになる。その際，本人自身の認識や感じ方が最も重視されるべきである。もっとも，発達段階が低い子どもや，自己と環境の相互から判断する力，意思を巧みに表現する力などが不十分である場合には，その子どもをよく知る家族や周囲も含めて評価することになろう。

　また，アセスメントは，支援を展開することが前提となっているものであり，支援をしない評価はアセスメントではなく，スクリーニングや査定と呼ぶべきだろう。こうした支援のためのアセスメントでは，学校生活での満足のいく活動と参加を可能にする支援の内容とレベル（強度），特別な医療的ケアなどにも焦点を当てる必要が出てくる。

　さらに，適応をみていく場合には，知的・発達障害で論じられてきたIQにもとづく従来の分類ではなく，多角的な領域における各々の適応スキルの獲得・習熟の水準・到達度を明らかにし，そのプロフィール（想定される凸凹など）から発達支援のための支援タイプと支援レベルを特定することが重要である。つまり，学校生活での活動や参加に対する阻害を解消するために，必要な支援のタイプ（重視すべき内容）とレベル（手厚さ）を示すのである。これらは，障害などによる症状や問題行動の「範囲」と「強度」とも重なってくるだろう。

　支援の内容には，「個人活動」と「集団参加」という大きく2つの分類がある。そして，学校生活という場を考えた場合，個人活動には「学習面」，集団参加には「対人関係面」という代表的な支援内容がある。その他に，個人活動と集団参加の両者が関与する「生活面」「行動情緒面」がある。そして，必要なサポートのレベルには，時間軸からみていくと「一時的・長期的」という分類があり，範囲からみていくと「限定的・

全面的」がある。学校生活を考えた場合，「通常対応のレベル」「配慮を要するレベル」「個別的な支援が必要なレベル」となろう（図1-7）。

こうした支援内容（タイプ）と支援レベルが特定されれば，教師や支援者らにとっては，学校・学級の中での支援の手立てを立案するための大きな手がかりとなるだろう。また，それだけでなく，学習内容の一時的な軽減や，カリキュラムの工夫・修正・代替についても，ケースバイケースで意図的・計画的な実践が可能となる。

アメリカやイギリスにおいては，子どもの教育的ニーズの程度（ある程度の数値化に伴う段階設定）に応じた教育的な手だてや，カリキュラムの変更などの学校システムの設計を準備している（Hitchcock, C., 2001；2002）。同様に，平等を重んじすぎた均質な力を持つ子どもの集団を仮定したカリキュラムでは，特別なニーズのある子どもの多様性に応えることはできない。カリキュラムの基本的要素としては「目標」「方法」「教材」「評価」の4つがあげられるが，それらを支援ニーズの範囲や程度に応じて変更を加えることが求められる。支援ニーズのレベルや範囲などに応じて，支援レベルⅠ（accommodation）：教える内容は変更せずに，教材，学習時間・環境設定などを変えたり，伸ばしたり，工夫したりする段階，支援レベルⅡ（modification）：教える内容を調整して修正を加える（学習量を減らしたり，内容を単純化する）段階，支援レベルⅢ（substitution）：知的障害などがあるケースの中には通常の教科を学習することに難しさ

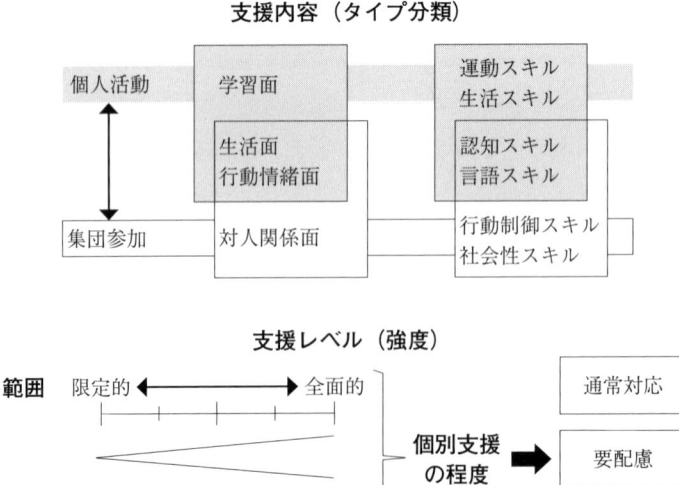

図1-7　支援内容（タイプ）と支援レベル（強度）

があるために，他の内容に大幅に代替していくなどの段階が考えられる。

例えば，一時的には限定的な支援が必要であり，集団参加において教師の配慮や対応が必要な場合は，通常の学習内容や指導方法に「工夫（アコモデーション）」を施す。中長期的に部分的な介助・付き添う支援が必要とされて，個人の学習活動において個別的な配慮や対応が必要な場合は，通常の学習内容や指導方法に「修正（モディフィケーション）」を加える。個人の活動と集団参加の両者において困難さが著しく，おそらく長期にわたり個別支援が常に必要な場合は，通常の学習内容や指導方法を無理がない理解しやすいものに「代替（サブスティチューション）」していくことを検討することになる。

4節 支援を前提とするアセスメントの必要条件

ICFが定義する個人活動と集団参加

国際生活機能分類（International Classification of Functioning, Disability and Health；ICF）は，2001（平成13）年のWHO総会において改定された，人間と環境との相互作用を基本的な枠組みとして，ヒトの健康状態を系統的に分類するモデルである（橋本他，2012）。大きく「生活機能と障害」と「背景因子」の2分野からなる。生活機能（functioning）は「心身機能・身体構造（body functions and structures）」「活動（activities）」「参加（participation）」の3要素で，背景因子（contextual factors）は「環境因子（environmental factors）」と「個人因子（personal factors）」の2要素で構成される（図1-8）。

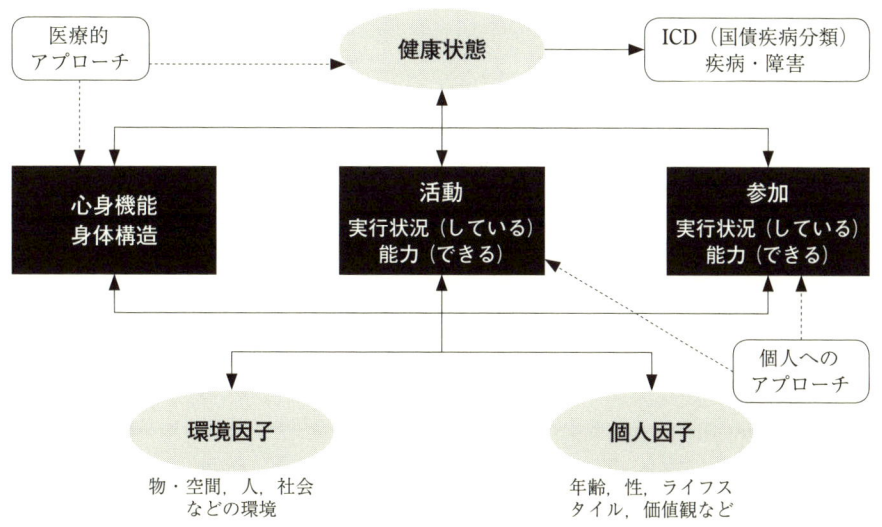

図1-8 国際生活機能分類（ICF）

障害（disability）は，構造の障害を含む「機能障害（impairments）」「活動の制限（activity limitation）」「参加の制約（participation restriction）」のすべてを含む包括的な用語として用いられている。

心身機能・身体構造へのアプローチは，主として医療であり，心身機能の維持・改善をめざす。活動と参加へのアプローチは，学校教育・障害福祉フィールドにおいて，主として教師や支援者などによる教育・支援であり，活動向上や参加促進をめざすものである。

学校生活を考えた場合，ICFの活動は「子どもの個人活動」，参加は「集団参加」の場面が該当する。個人活動には，生活機能，運動機能（作業含む），言語コミュニケーション機能などがあり，集団参加には意志・意欲が大きく影響することを前提とした上で，社会性機能（対人関係），行動制御機能（自己コントロール）などがあり，子どもにとって「できる活動か？」「参加できるのは？」「している活動か？」「参加している状況は？」を検証していく。そして，個人活動と集団参加には，環境因子と個人因子という2要素があるが，そこには各々に促進要因（サポートなど）と阻害要因（苦戦や障壁など）を考えていく。

発達や健康・適応を評価する

子どもの発達状況や障害，心の病気などの健康・適応を評価するためには，多角的な側面・基準を用いていく。最終的に，支援を立案する際には，総合的な判断が必要である。その際の判断をするための4つの評価基準を以下に示す。

☐適応基準（学校生活などの環境への適応度はどうか）
☐統計基準（所属する年齢集団の平均・標準値からみた位置はどうか）
☐価値基準（文化や価値観の範囲内かどうか）
☐病理基準（障害や疾病の診断は必要か）

こうした基準にそって，「観察する」「聴取する」「試す」「推しはかる」「整理分析する」といった作業を，教師や保護者，トレーナー，サポーターなどの支援者が行う。

支援を展開するためのアセスメントである発達検査や心理検査を実施して，「これが弱い」「ここが問題である」という結果のみでは不十分である。指導や支援で何を目標とするべきかが導かれるものでないと意味がない。言い換えれば，アセスメントは指導・処遇の方向性を決める判断材料となるものである。したがって，アセスメント結果の表記には，以下の3つが最低限必要とされる。

□諸機能の現在の獲得水準や様子（発達診断や適応スキルの獲得状況など）
□障害や問題に起因する困難さの抽出（障害の状況やそれに伴う支援ニーズなど）
□支援指針・予後（必要な支援，環境，支援レベルと見通しなど）

つまり，"できない探し"に終わるのではなく，対象者の「できること（最高水準）」「困難さを引き起こさないためのヒント」「支援目標」を，探偵のごとくさまざまな知見から導き出すことが重要となる。

学校適応へのサポートを展開するために

表1-4にサポートを実践するための前提について示した。教師や支援者は，子どもの学校適応スキルをアセスメントし，その結果を整理分析し，より明確な支援目標を立案する。

この際に，うまくやれていない側面や苦戦している部分の中で，優先的に支援すべきことを1つか2つほど抽出することが求められる。数多くの教育支援ニーズが導かれた場合，その中から，限られた教育期間や学校生活の時間で優先性・緊急度の観点から，または保護者・家族と十分に協議し，どんな子どもに育ってほしいか（将来の展望）という生涯発達の視野に立ち，支援目標を設定する。

知能検査（WISC-Ⅳ，K-ABC-Ⅱ，DN-CAS，田中ビネー知能検査Ⅴ）や発達検査（新版K式発達検査，ITPA言語学習能力診断検査，LCSA学齢版言語コミュニケーション発達スケール，新版S-M社会生活能力検査）などのさまざまなアセスメントツールを使用した結果，

表1-4 適応スキル，または特別な支援ニーズへのサポート実践の前に求められること

- ・障害の診断を勝手に憶測しない。加えて，誤った診断の疑義とそのリスクを考慮する。
- ・支援や介入の効果と本人の資質の両者を考えてすすめる。
- ・適応スキルへのサポートは，環境設定を最も重視して行う。
- ・発達支援や適応スキルの領域ごとの具体的なサポートと直接的な手だてを立案する。
- ・学校や幼稚園，所属機関におけるサポート体制（環境整備，間接的支援）を確立する。
- ・本人のストレングスとウィクネスを考慮する。
- ・年齢に合ったサービスの提供と，生涯を見通した個別支援を考えていく。
- ・必要なサポートのレベル（Ⅰ．通常の対応レベル，Ⅱ．見守りや配慮を要するレベル，Ⅲ．個別に特別な支援が必要なレベル）を特定する。
- ・必要なサポートの内容（a．個人活動，b．集団参加／ⅰ．学習面，ⅱ．生活面，ⅲ．対人関係面，ⅳ．行動情緒面）を特定する。

子どもの長所と短所を導き出すための分析と解釈が求められる。つまり，何が発達課題であり，どのような活動が苦手なのか。その逆に，全体的な発達や教科などの到達から鑑みて，何が良好であり，どのような活動が得意かをみつける。こうしたプロフィールを描き出すことが必要となる。

こうして導き出された長所はより一層促進するための支援目標と手だてを考え，短所においてはいかに改善に向けて環境設定を工夫し援助するかを査定することがアセスメントの重要な役割となる。

アセスメントや本人・保護者・家族からの要望などを受けて，以下の4つの教育支援を個別に展開する。

①発達段階・適応スキルの獲得に応じた支援
　　（認知，言語コミュニケーション，運動，社会性，生活習慣など）
②行動・情緒の問題への支援
　　（学習，意欲，身体性・運動，集中力，こだわり，感覚の過敏さ，話し言葉，自己中心性・興味関心の偏り，多動・衝動性，心気的な訴え・身体不調の問題と安全管理など）
③環境整備による支援
　　（障害特性にもとづく施設整備，教室環境，学習形態〔個別，グループ，クラスなど〕の設定，教材・学習時間の工夫など）
④医療・福祉機関との連携による支援
　　（健康管理や医療的ケア，福祉的ニーズへの配慮，家庭での支援ニーズへの配慮，チーム援助による方法など）

そして，学校生活の中で（特に，授業において）具体的にきめ細かい指導を実現するために個別の指導計画（授業や指導場面ごとに指導目標と手だてを記載した計画書）を立案しながら実践する。

5節　ASISTの構成と特徴

ここまでみてきたように，子どもの発達状況や適応状態をわかりやすく評価し，適切な支援を提供するには，「発達支援」と「障害軽減」という2つの志向性（評価軸）からアセスメントすることが望ましい。発達支援とは，現在の獲得・到達レベルよりも，もっと上に積み上げていく"プラス志向"である。一方，障害軽減は，現在みられるさまざまな行動上の問題や適応を妨げる行動，不適応症状などを減らしていく"マイナス

志向"である。本書で扱う ASIST 学校適応スキルプロフィールでは，前者を「A 尺度：適応スキルの把握」，後者を「B 尺度：特別な支援ニーズの把握」とし，2 部構成の質問紙調査を行う。

　A 尺度では，学校適応スキル（学校生活に必要なスキルを集約したもの）の獲得状況を，獲得レベルプロフィール（到達学年〔AG〕・到達指数〔AQ〕）として評価する。到達学年と到達指数は，5 つの領域別，およびそれらの領域の大分類である 2 つのスキル群（個人活動スキル群と集団参加スキル群）ごとに算出される。また，最終的に，全領域の合計得点から総合獲得レベルの到達学年と到達指数も算出され，幼児・児童・生徒の学校適応スキルの獲得状況を，領域別，スキル群別，および全般的にとらえ，プロフィール・グラフとして把握することができる。

　一方，B 尺度は，学校適応を妨げる行動や症状，現況，または特別な支援ニーズの有無を評価する。10 個の支援領域別に支援レベル（通常の対応が可能／配慮を要する／常に支援を要する，の 3 段階）を算出するとともに，各支援領域を「サポート因子」と「ニーズ側面」という異なる 2 つの視点から再分類し，各サポート因子（個人活動サポート因子と集団参加サポート因子），4 つのニーズ側面ごとの支援レベルを算出する。最終的に，全支援領域の合計得点から総合評価としての支援レベルが算出されて，幼児・児童・生徒の特別な支援ニーズの実態を，支援領域やサポート因子，ニーズ側面ごとに，さらには総合的にとらえ，プロフィール・グラフとして把握できる。

A 尺度：適応スキルの把握

　発達支援（プラス志向）の概念にもとづいた，適応スキルの把握に関する質問項目を「よくあてはまる／経験していないがおそらくあてはまる」2 点，「少しあてはまる（ときどきあてはまる）」1 点，「あてはまらない／経験していないがおそらくあてはまらない」0 点としてそれぞれ評価し，（各領域やスキル群の）合計得点から到達学年（AG）と到達指数（AQ）を算出する。

　到達学年とは，標準化（付録 I を参照）の際の学年別の平均得点にもとづいた適応スキルの獲得レベルを示す。また，到達指数は，対象児本人の学年（年齢）と到達学年との隔たりを指数化したものだ。100 が学年（年齢）相当であり，概ね 80 より低い値は不十分な獲得状況と判断される。例えば，対象児の学年が小学校 3 年生の場合，到達学年も小学校 3 年生であれば到達指数は 100 となり，到達学年が小学校 1 年生だと到達指数は 75 となる。

　A 尺度の質問項目は，1. 生活習慣（Life Behavior Skills），2. 手先の巧緻性（Operation Fine motor Skills），3. 言語表現（Speech Skills），4. 社会性（Social Skills），5. 行動コン

第1編　ASIST 学校適応スキルプロフィール［幼児・児童・生徒版］

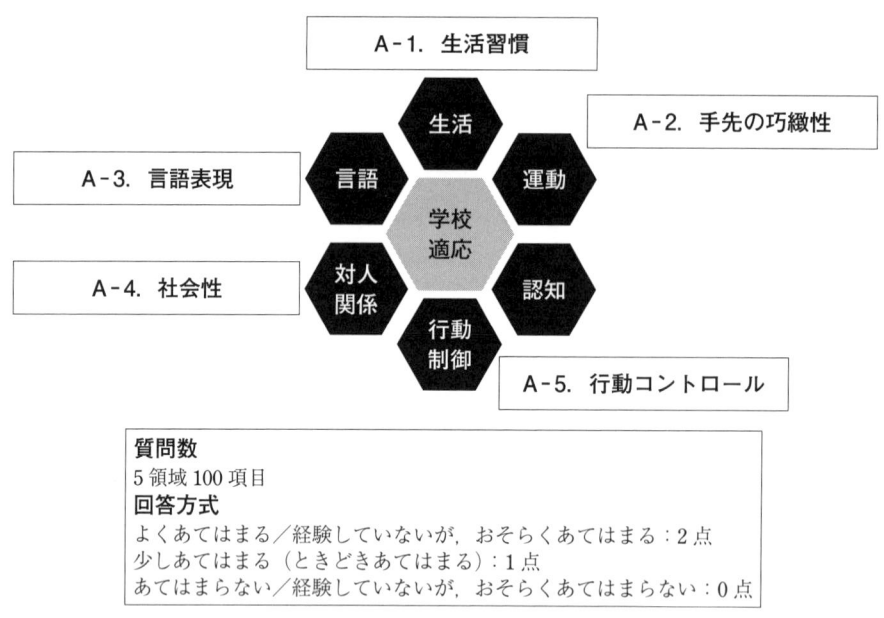

図 1-9　ASIST A 尺度［適応スキルの把握］の各質問領域

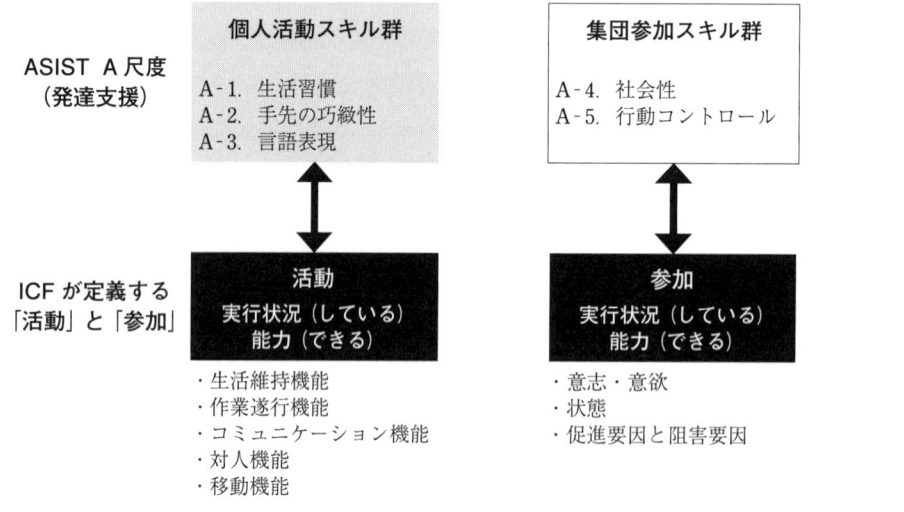

図 1-10　ASIST A 尺度の各領域と ICF との関連

トロール（Behavior Control Skills）の 5 領域 100 項目（各領域 20 項目）からなる（図 1-9）。先にあげた ICF の「活動」および「参加」に関連づけて，A 尺度の 5 領域を個人活動と集団参加に分類すると，個人活動スキル群が生活習慣，手先の巧緻性，言語表現の 3 領域，集団参加スキル群が社会性，行動コントロールの 2 領域となる（図 1-10）。

1章　発達支援の視点から学校適応スキルをアセスメントする

B尺度：特別な支援ニーズの把握

　障害軽減（マイナス志向）の概念にもとづいた，特別な支援ニーズの把握に関する質問項目を「よくあてはまる」2点，「少しあてはまる（ときどきあてはまる）」1点，「あてはまらない」0点としてそれぞれ評価し，（各領域やニーズ側面，サポート因子の）合計得点から支援ニーズを測定して，「Ⅰ．通常対応」「Ⅱ．要配慮」「Ⅲ．要支援」の支援レベルを判定する。判定は，標準化（付録Ⅰを参照）の際の各学年・年齢対象者の＋1SD（標準偏差）よりも低い点数は「通常対応」，＋1SD～＋2SDならば「要配慮」，＋2SD以上が「要支援」とした。

　B尺度の質問項目は，学習（5項目），意欲（5項目），身体性・運動（4項目），集中力（5項目），こだわり（4項目），感覚の過敏さ（6項目），話し言葉（4項目），ひとりの世界・興味関心の偏り（6項目），多動性・衝動性（5項目），心気的な訴え・不調（6項目）の10領域50項目からなる（図1-11）。

　これら10個のニーズ領域を，学校生活における支援ニーズ側面である学習面／生活面／対人関係面／行動情緒面の4つに分類すると，「学習面」（3領域14項目）は学習，意欲，身体性・運動，「生活面」（3領域15項目）は集中力，こだわり，感覚の過敏さ，「対人関係面」（2領域10項目）は話し言葉，ひとりの世界・興味関心の偏り，「行動情

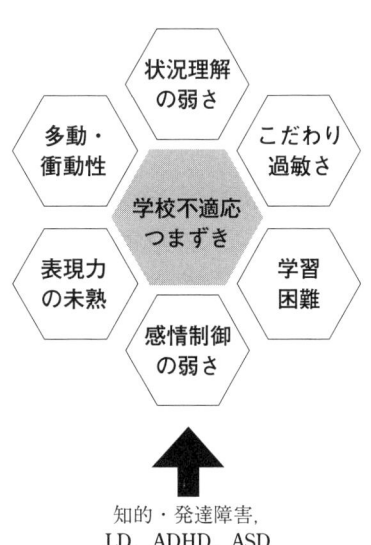

図1-11　ASIST B尺度［特別な支援ニーズの把握］の各質問領域

緒面」(2領域11項目)は多動性・衝動性,心気的な訴え・不調となる。

一方,ICFにおける「活動」と「参加」に関連づけて,B尺度の10領域を個人活動と集団参加への阻害要因(サポート因子)として分類すると,「個人活動サポート因子」が学習,意欲,身体性・運動,集中力,心気的な訴え・不調の5領域25項目,「集団参加サポート因子」が,こだわり,感覚の過敏さ,話し言葉,ひとりの世界・興味関心の偏り,多動性・衝動性の5領域25項目となる(図1-12)。

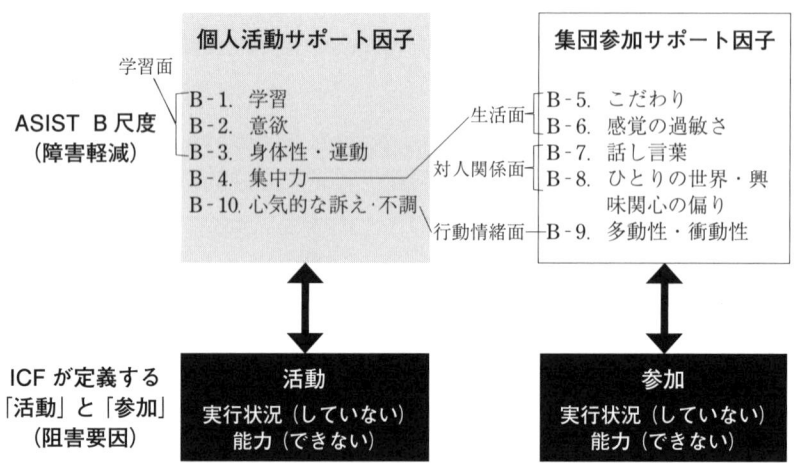

図1-12 ASIST B尺度の各領域とICFとの関連

スコア・マニュアル

1節　A尺度：適応スキルの把握

A尺度：適応スキルの把握（5領域にわたる学校生活能力全般に関する把握）における，◎，△，×の評価基準は，以下の通りである。

◎…よくあてはまる／経験していないが，おそらくよくあてはまる
△…少しあてはまる（ときどきあてはまる）
×…あてはまらない／経験していないが，おそらくあてはまらない
D…わからない

　当該質問項目における行動やスキルの獲得・達成において，◎は，おおむね獲得している，または達成できる場合である。△は，半分程度または一部の獲得をしている，または不十分な達成であり，ときどきはできるがいつも常に達成できるものではなく，周囲から何らかの声かけや働きかけ（部分的な手伝い・介助や見守り）などの一部のサポートが必要とされる場合である。×は，獲得できていない，または達成できない場合であり，周囲からの著しい声かけや働きかけ（全般的な手伝い・介助）などの全面的サポートが必要となる（経験していないが，おそらくあてはまらない場合を含む）。Dは，不明の場合である。

　項目ごとに，評価の基準例を以下に紹介する。ただし，あくまでも基準例であり，多様な行動やスキルの状態を示すことが予測される。評価の基準例と違った行動やスキルの獲得がみられる場合は，おおむね，◎8割以上の獲得・達成，△5割程度の獲得・達成，×は未獲得・未達成，として暫定的・恣意的に評価する。その上で，対象者をよく知る人物から詳しく聴取し，2～3名の複数の観察者によって合議による評価を行ったり，当該項目にある行動を実際に何度か試行させてみて再評価することが望ましい。

A-1. 生活習慣

A1-1. 衣服をひとりで着脱する
　他者からの介助なしで，衣服の着脱がひとりでできれば◎。服の前後がわからない，ボタンの掛け違いに気づかない，途中で手が止まってしまうなどの理由で声かけや働きかけが一部必要な場合には△。衣服の着脱に全般的な介助や常に手を貸す必要があるならば×。

A1-2. 言われなくても自分の持ち物と他人の持ち物を区別する
　自他の持ち物の区別を理解していて，他人の持ち物を勝手に使わなくなれば◎。普段は区別しているが，活動などに熱中している時などに他人の物を使ってしまう場合は△。自他の持ち物の区別（理解）ができず，他人の物を勝手に使ってしまう場合には×。

A1-3. こぼさないようにひとりで食事をする
　箸，スプーン，フォークなどの通常使用する食事道具を使って，食事中はほとんどこぼさないようにひとりで食べられる場合は◎。少しまたはときどきはこぼすが，ひとりで食べることができる場合は△。あまりにこぼすので，下に敷物を敷いて食べるか，エプロン・前かけなどを身につけて，食事の後にこぼしたものを必ず拾う場合には×。

A1-4. 道路では車に気をつけて歩く
　交通ルールを守って安全に気をつけて歩ける場合は◎。普段は注意して歩くが，何かに熱中すると道路に飛び出してしまうなどの場合や場所によっては声かけが必要な時は△。車の危険について無頓着で，ほとんど車に注意しないで歩く場合は×。

A1-5. 歯をひとりで磨く
　歯を磨くことが習慣になっていて，他者からの働きかけなしで歯を磨くことができる場合は◎。歯を磨くことをときどき忘れたり，磨く手が止まったりするなどして，不十分な磨き方をするなどから部分的に声かけや手伝いが必要な場合は△。毎回，歯を磨くように促す，または手を貸してあげる必要がある場合には×。

A1-6. 体の調子が悪い時に保健室に行ったり先生に訴える
　周囲の人（先生）に訴えたり，保健室に直接行ったりして，体の不調を表明・表現することができる場合は◎。決して，言葉などにより流暢に説明できる必要はない（説明

力は問わない)。重篤な症状（激痛など）の場合は表明・表現するが，軽症な体の不調などについては表明・表現できなかったり，毎回ではなくときどきならば表明・表現することができる場合は△。体の不調を他者に表明・表現しない場合や，泣く・うずくまるなどの不調から強いられる姿勢・態度を示すことしかできない場合は×。

A1-7. 朝，登園・登校した時の支度を自ら進んでする

他者からの働きかけなしで決められた場所に荷物を片づけたり整えたりするなどの支度を毎日行うことができる場合は◎。ときどき（週1～2回ほど），忘れることがあり声かけや働きかけが必要であるか，部分的な声かけや手伝いでほぼできている場合は△。ほぼ毎日，声かけや働きかけが必要であり，または全般的に手を貸してあげる必要がある場合には×。

A1-8. ひとりで入浴し，体や髪を洗う

他者からの働きかけなしで入浴し，体や髪を洗うことができる場合は◎。不十分な洗い方や洗い残しがあるなどして，部分的に声かけや手伝いなどが必要な場合は△。毎回，入浴や体などを洗うように促す，または全般的に手を貸してあげる必要がある場合には×。

A1-9. 切り傷に絆創膏を貼るなどの簡単なけがの手当てをする

簡単な切り傷を負った時に，他者に訴えて処置してもらうのではなく，自分で絆創膏やガーゼなどを使って手当てをして簡単な処理ができる場合は◎。他者からの部分的な声かけや手伝いを受けながら自分で手当てをする場合は△。自分では対応できずに他者に処置してもらう場合は×。

A1-10. 手洗いやうがいを進んでする

手洗いやうがいをすることが習慣になっていて（基本的には毎日のことであるが，状況に応じて必要な場合），他者からの働きかけなしで手洗いやうがいをすることができる場合は◎。手洗いやうがいをすることをときどき忘れたり，途中で気がそれたりするなどして，部分的に声かけや手伝いが必要な場合は△。毎回，手洗いやうがいをするように促す，または手を貸してあげる必要がある場合には×。

A1-11. 体育館の倉庫や特別教室などへ用具を適切に運び，適切に片づけることができる

用具の扱い（安全や落下など）に注意をしながら運ぶことができて，所定の位置に整

然と片づけることができる場合は◎。用具の扱いが粗雑であったり，または指定された教室などに運ぶことはできるが所定の位置に適切に片づけること（整然と片づけたり元通りの位置に正確に置くことなど）は不十分な場合には△。他者の声かけや手伝いが必要となり，所定の位置に片づけられない場合には×。

A1-12. 授業や部活などで指示されたものを適切に買ってくる

　指示されたものを間違えずに買ってくることができる場合は◎。指示されたものとは異なるが，おおむね同様の用途のものや不十分なものでも買ってくることができる場合には△。間違えて買ってくる，または指示されたものを買うことができない場合には×。

A1-13. 天候に応じて衣服を調節する

　その日の気温や気候に合わせて上着の調節（長袖や半袖に代えたり，カッパや上着を脱ぎ着する）などを行うことができる場合は◎。天候に応じた衣服の調節をしようとする意図や気持ちなどはあるが，ときどき忘れたり無頓着になって他者からの声かけが必要だったり，不十分な場合がある場合は△。ほとんどの場面で他者が声かけや働きかけをして衣服を選択してあげる場合は×。

A1-14. 爪が伸びたことに気づいて切ろうとする

　爪を上手に切る技術の達成は問わないが，自分の指の爪が伸びたことに気づいて，爪切りやハサミなどを用いてひとりで切ろうとすれば◎。ときどき，爪が伸びたことに気づいて切ろうとする場合や他者に切ってもらうように訴える場合は△。爪が伸びたことに気づかない，または無頓着であったり，爪切りは他者からの声かけや手伝いが必要とされる場合には×。

A1-15. 古い食べ物や悪くなった食べ物を見分ける

　食べ物のいたみや古さなどを見た目や臭い，一口食べるなどして判別することができ，全部またはその部分を食べなかったり取り除いたりすることができる場合は◎。明らかに腐っている食べ物であれば気づくか，あるいは，ときどき，食べ物のいたみや古さなどに気づく場合は△。食べ物のいたみや古さなどを判別することができず，または無頓着であったり，何でも口にしてしまう場合は×。

A1-16. 食事の際にみんなが食べ終わるまで待てる

　たとえ自分が先に食べ終わっていたとしても，食卓のみんなが食べ終わるまで静かに

待っていられる場合は◎。普段は待つことができるが，ときどき，次の活動などに気持ちが奪われて，思わず先に片づけてしまったり席を立つことがある場合は△。自分の食事が終わるとすぐに席を立ってしまう，または食器で遊んでしまい待つことができない場合には×。なお，食事の場面ではなく，類似した状況（グループで取り組む作業で他者の終了を待ったり，授業・活動などの終了合図を待つなど）において置き換えて評価しても構わない。

A1-17. ひとりで病院の診察を受けたり薬をもらう

病院にひとりで出かけて，診察券を出したり，医師とやりとりして自分の症状について説明ができ，料金の支払いや薬をもらってこられる場合は◎。不十分ながらもひとりで遂行できる，または一部で他者から声かけや手伝いをしてもらってできる場合は△。他者の付き添い，声かけや手伝いがないと難しい場合には×。

A1-18. 電話などで人から言われたことをメモしたり，伝言する

自発的にメモを取り，忘れずに伝言することができる場合は◎。ときどき，メモを取り忘れたり，伝言を忘れることがあり，声かけや働きかけが必要であるが，普段はほぼできている場合は△。メモを全く取らない，または伝言することを忘れることがほとんどの場合には×。

A1-19. 自分の容姿に気を配り，場所や場面にふさわしい服装をする

他者からの声かけや働きかけなしで，場所や場面にふさわしい服装をすることができる場合は◎。他者からの簡単な声かけや手伝いがあれば，またはときどきは，場所や場面にふさわしい服装をすることができる場合は△。常に他者からの声かけや働きかけがないと，場所や場面にふさわしい服装をすることが難しい場合には×。

A1-20. サンダルや上靴を自分ひとりで洗う

他者からの促しなどがなくても自分ひとりで洗える場合には◎，声かけなどの働きかけが必要な場合には△，手を貸す必要のある場合には×とする。

A-2. 手先の巧緻性

A2-1. 小さいボタンを留める

ワイシャツのボタンのような直径が1センチ程度の小さいボタンをひとりで留めるこ

第1編　ASIST学校適応スキルプロフィール［幼児・児童・生徒版］

とができる場合は◎。留めるのに時間がかかったり，不十分な留め方をするために部分的に声かけや手伝いが必要な場合は△。毎回，他者の手助けが必要な場合には×。

A2-2. 粘土でボールを作る
　粘土をボールのようなきれいな球状に作ることができる場合は◎。一部に凹凸があったり，ゆがんだ球状になる場合は△。全く球状にならず，全般的な介助や常に手を貸す必要がある場合には×。

A2-3. 線に沿って四角形をハサミで切り抜く
　線からはみ出さずにきれいに四角形をハサミで切り抜くことができる場合は◎。ときどき，線からはみ出してしまうが，おおむね四角形を切り抜ける場合は△。ほとんど線からはみ出して切ってしまう，または角を丸く切り取ってしまう場合や，常に手を貸す必要がある場合には×。

A2-4. 安全ピンをつける
　ひとりで名札に使用されているような安全ピンを服につけることができる場合は◎。ときどきはひとりで安全ピンをつけることができるが，普段は一部介助や手伝いが必要な場合は△。つけることが難しく，または常に手を貸す必要がある場合には×。

A2-5. 皮むき器でジャガイモの皮をむく
　ひとりでジャガイモ1個の皮をすべてむくことができる場合（皮を残さず）は◎。著しく時間がかかったり，不十分なむき方なために部分的に声かけや手伝いが必要な場合は△。皮むき器を扱えない，皮をむくことが難しい，毎回，他者の手助けが必要な場合には×。

A2-6. 缶ジュースのプルタブを開ける
　ひとりで缶ジュースのプルタブを開けることができる場合は◎。ときどきはひとりでプルタブを開けることができるが，普段は一部介助や手伝いが必要な場合は△。開けることが難しく，常に手を貸す必要がある場合には×。

A2-7. お盆の上にのせたお茶をこぼさずに運ぶ
　八分目程のお茶などの飲み物・液体が入ったコップをお盆にのせて，全くこぼさずに5mほどの近い距離を運ぶことができる場合は◎。ときどきはひとりでこぼさずに運べ

るが，普段は少しこぼしてしまうか，声かけが必要な場合は△。こぼさずに運ぶことは難しく，または常に手を貸す必要がある場合は×。

A2-8. 紙からはみ出さずにのりをつける

スティックタイプののりを紙からはみ出さずにつけることができる場合は◎。まれに紙からはみ出してしまうがのりづけすることはできる，または部分的に声かけや手伝いが必要な場合は△。スティックタイプのりを扱えない，下紙なしでのりづけすることが難しいほど紙からはみ出してしまう，または常に手を貸す必要がある場合には×。

A2-9. 普通の大きさの折り紙で鶴を折る

12センチサイズ程の折り紙で鶴をひとりで折ることができる場合は◎。不格好な形や折り紙の端がそろっていないなどの不十分さはあるが鶴を折ることができる，または部分的に声かけや手伝いが必要な場合には△。鶴を折ることが難しい，または常に手を貸す必要がある場合には×。

A2-10. 蝶々結びをする

他者からの働きかけなしでひもの蝶々結びができる場合は◎，蝶々結びの形はできるが明らかに緩めだったり，歪んでいてすぐにほどけてしまう場合は△，蝶々結びをすることが難しい，または常に手を貸す必要がある場合には×。

A2-11. 定規を使って線をきれいに引く

定規を使って線が曲がったりせずにきれいに直線を引くことができる場合は◎。3回に1回程度きれいに引ける，または部分的に声かけや手伝いが必要な場合は△。定規を使用して線を引くことが難しい，常に手を貸す必要がある場合には×。

A2-12. 丁寧に紙をそろえてホッチキスで留める

3～5枚程度の紙をきれいにそろえてホッチキスで留めることができる場合は◎。そろえる際，またはホッチキスで留める際にそろえた紙が少しずれてしまう，または部分的に声かけや手伝いが必要な場合には△。紙をそろえることができない，またはホッチキスで留めることが難しい，または常に手を貸す必要がある場合には×。

A2-13. 電卓の数字キーを正確に速く押す

電卓で計算をする際に，正確にすばやく数字キーを押すことができる場合は◎。例え

ば，3ケタの数字を2つ加減計算する際に10秒程かかる（押すのに時間がかかる），ときどき打ち間違いがある，または部分的に声かけや手伝いが必要な場合は△。著しく時間がかかってしまう，または何度も打ち間違いをする，常に手を貸す必要がある場合には×。

A2-14．印鑑やスタンプをまっすぐきれいに押す

　印鑑やスタンプを押す際に曲がったりはみ出さずにきれいに押すことができる場合は◎。3回に1回程度ならばきれいに押すことができる，または部分的に声かけや手伝いが必要な場合は△。きれいに押すことができない，または常に手を貸す必要がある場合には×。

A2-15．リコーダーの指使いがスムーズにできる

　リコーダーを使って簡単な曲を上手に演奏することができる（正確な音でテンポよく吹ける）場合は◎。ときどきつっかえてしまったり，ゆっくりなテンポであれば演奏することができる，または部分的に声かけや手伝いが必要な場合は△。ゆっくりなテンポであっても指使いが演奏についていくことが難しい，または常に手を貸す必要がある場合には×。

A2-16．醤油などの詰め替えをこぼさずにする

　醤油などの液体を小瓶（10cm大ほどの物）に詰め替える際にこぼさずに詰め替えることができる場合は◎，ほんの数滴程度こぼしてしまう，または部分的に声かけや手伝いが必要な場合は△，大量にこぼしてしまうおそれがあり詰め替えることは難しい，または常に手を貸す必要がある場合には×。

A2-17．自分のワイシャツの袖のボタンを片手で留める

　自分が着ているワイシャツ（ブラウスなど含む）の袖のボタンを5秒程度で片手で留めることができる場合は◎。時間は多少かかっても片手で留めることができる，または部分的に声かけや手伝いが必要な場合は△。片手で留めることが難しい，または常に手を貸す必要がある場合には×。

A2-18．箸で豆腐を崩さずにつまんで持ち上げることができる

　箸で豆腐をつまんで持ち上げる際，毎回崩さずに持ち上げることができる場合は◎。

3回に1回程度は崩さずに持ち上げることができる，または部分的に声かけや手伝いが必要な場合は△。崩さずに持ち上げることができない，または常に手を貸す必要がある場合には×。

A2-19. エプロンのひもを後ろで蝶々結びにする

　エプロンを身につける際にひもを自分の体の後ろで蝶々結びができる（直接見ないで手探りだけでできる）場合は◎，自分の体の後ろで結ぶことはできるが，すぐにほどけるなどの不十分さがみられる，または部分的に声かけや手伝いが必要な場合は△，自分の体の後ろで結ぶことが難しい，または常に手を貸す必要がある場合には×。

A2-20. パソコンのキーボードで文字を両手で打つ

　パソコンのキーボードで文字を打つ際に両手のすべての指を使用してキーボードを打つことができる場合は◎。時間がかかったり，ときどき間違えたりはするが，両手のすべての指を使って打つことができる，または部分的に声かけや手伝いが必要な場合は△。両手のすべての指を使って打つことが難しい，1本の指（人さし指など）でしか打てない，または常に手を貸す必要がある場合には×。

A-3. 言語表現

A3-1. しりとりができる

　手助けやヒントを与えずにしりとり遊びができる場合は◎。他者から用途や属性などのヒントを与えながらであればできる，または部分的に声かけや働きかけが必要な場合は△。しりとりをすることが難しい，または常に手助けの必要がある場合には×。

A3-2. 友だちを言葉で遊びに誘える

　自分ひとりで友だちを言葉で遊びに誘える場合は◎。他者から部分的に声かけや働きかけがあれば友だちを言葉で遊びに誘える場合は△。友だちを言葉で遊びに誘うことが難しい，または常に手助けの必要がある場合には×。

A3-3.「静かな声でお話しようね」と言われてささやき声で話せる

　静かにしていなければいけない状況，または小声で話さなければならない時に，「静かな声でお話しようね」と言われて，ささやき声（隣にいる人しか聞こえないほどの小さ

な音量）で話すことができる場合は◎。ときどきはささやき声で話すことができる，または他者から何度か声かけや働きかけがあればささやき声で話せる場合は△。ささやき声で話すことが難しい，または常に手助けの必要がある場合には×。

A3-4. ひらがなとカタカナ文字がほとんど読める

ひらがなとカタカナ文字をほとんど読める場合は◎。半分程度読める，他者から部分的に声かけや働きかけがあればほとんど読める場合は△。ひらがなやカタカナを読む際に常に手助けの必要がある，または読める文字が少ない場合には×。

A3-5. 歌詞カードを見ながら唄が歌える

歌詞カードを見ながら，ほぼ適切に音の高低・調子や歌詞通りに歌える（発声できる）場合は◎。他者から部分的に声かけや働きかけがあれば歌詞カードを見ながら唄が歌える場合は△。歌詞カードを見ながら歌うことが難しい，または全般的に手助けの必要がある場合には×。

A3-6. ダジャレを言って喜ぶ

ダジャレ（同じあるいは似通った音を持つ言葉をかけて言う言葉遊び；猫［ネコ］が寝込［ネコ］んだ）を言って喜ぶ，または言うことができる場合は◎。他者から部分的に声かけや働きかけがあればダジャレを言うことができる場合は△。ダジャレを言うことが難しい，または常に手助けの必要がある場合は×。

A3-7. 劇で気持ちを込めて適切に台詞が言える

簡単な劇のストーリーや台詞を理解して，気持ちを込めて適切に台詞を言うことができる場合は◎。他者から部分的に声かけや働きかけがあれば台詞を言うことができる場合は△。気持ちを込めて台詞を言うことが難しい，または常に手助けの必要がある場合には×。

A3-8. 気持ちを込めたり抑揚をつけて音読ができる

物語文などで臨場感や気持ちを込めたり抑揚をつけて音読ができる場合は◎。他者から部分的に声かけや働きかけがあれば気持ちを込めたり抑揚をつけて音読できる場合は△。気持ちを込めたり抑揚をつけて音読することが難しい，または全般的に手助けの必要がある場合には×。

A3-9. その日にあったことを日記や作文に書ける

行事などの大きなイベントがない日であっても，その日にあったことを思い出して日記や作文に書ける場合は◎。他者から部分的に声かけや働きかけがあれば，その日にあったことを思い出して日記や作文に書ける場合は△。その日にあったことを思い出せなかったり，日記や作文を書くことが難しい，または全般的に手助けの必要がある場合には×。

A3-10. 友だちの家に電話して，保護者に対し，友だちに取り次いでもらうように頼むことができる

友だちの家に電話して，保護者に対し，友だちに取り次いでもらうように頼むことが毎回できる場合は◎。他者から部分的に声かけや働きかけがあればできる，またはいつもはできるが，ときどきできないことがある場合は△。友だちの家に電話して，保護者に対し，友だちに取り次いでもらうように頼むことができない，または常に手助けの必要がある場合には×。

A3-11. 苦手なことについて友だちに「教えて」と頼むことができる

活動の中で苦手なことがあり困った時に，友だちに「教えて」「助けて」などと頼むことができる場合は◎。他者から部分的に声かけや働きかけがあれば友だちに「教えて」と頼むことができる，またはいつもはできるが，ときどき頼むことができない場合は△。友だちに「教えて」と頼むことが難しい，または常に手助けの必要がある場合には×。

A3-12. 友だちの意見に対して賛成や同意を表明する

話し合いや会話の中で，友だちの意見に対して自分が同意見であった時には賛成や同意を（言葉やジェスチャー，文字などを用いて）表明することができる場合は◎。他者から部分的に声かけや働きかけがあれば賛成や同意を表明することができる，またはいつもは賛成や同意を表明できるが，ときどきできないことがある場合は△。友だちの意見に対して賛成や同意を表明することが難しい，または全般的に手助けの必要がある場合には×。

A3-13. 相手を褒めたり，良い気分にさせる表現ができる（例：友だちの服装を「かわいい」と褒める，ゲームやスポーツをしている時に「うまいね」と褒める）

相手を褒めたり，良い気分にさせる表現を，いつも状況や場面に応じて自然にできる

場合は◎。他者から部分的に声かけや働きかけがあればできる，またはいつもはできるが，ときどきできないことがある場合は△。相手を褒めたり，良い気分にさせる表現ができない場合には×。

A3-14．ほしい物がある時に買ってもらえるように大人を説得できる
　買ってもらいたい物がある時に，自分がほしい理由や必要なものであること，買ってもらえた際の交換条件などを提示して，大人を説得することができる場合は◎。他者から部分的に声かけや働きかけ（説得の言葉や仕方などを一部教えてもらう）があれば説得できる，またはいつもはできるが，ときどき説得することができない場合は△。大人を説得することができない，または全般的に手助けの必要がある場合は×。

A3-15．朝から夕方までの行動を時間に沿って説明できる
　その日（または前日）の朝から夕方までの自分の取った行動を，具体的に時間にそって説明することができる場合は◎。他者から部分的に声かけや働きかけがあればできる，または大まかであれば自分の行動を時間にそって説明できる場合は△。説明することが難しい，または全般的に手助けの必要がある場合には×。

A3-16．誘われても行きたくない時に理由を述べてうまく断れる
　他者から誘われて，自分が行きたくない時には，うまく理由をあげて断ることができる場合は◎。他者から部分的に声かけや働きかけがあればできる，またはいつもはできるが，ときどきうまく断れない場合は△。理由を述べてうまく断ることが難しい，または全般的に手助けの必要がある場合には×。

A3-17．自分の体験について感想や意見を交えて作文が書ける
　自分の体験について感想や意見を交えて作文（200字程以上）が書ける場合は◎。他者から部分的に声かけや働きかけがあれば書ける場合は△。自分の体験について感想や意見を交えて作文を書くことが難しい，または全般的に手助けの必要がある場合は×。

A3-18．周囲に対して遠慮する表現（言葉やジェスチャーで表明）をする
　周囲に対して言葉（「もうたくさんです」「大丈夫です」「結構です」など）やジェスチャー（相手の働きかけを断るために手を左右に振るなど）で適切に遠慮する表現をできる場合は◎。他者から部分的に声かけや働きかけがあれば遠慮する表現ができる，またはいつもはできるが，ときどき遠慮する表現ができない場合は△。遠慮する表現ができ

A3-19. 道順の説明ができる（例：学校から自宅への帰り方を説明できる）

真っ直ぐに進むこと，左や右に曲がること，曲がる場所を目印となる施設・建物を示すなどをして道順の説明ができる場合は◎。他者から部分的に声かけや働きかけがあれば道順の説明ができる，またはいつもはできるが，ときどき説明することができない場合は△。道順の説明ができない場合は×。

A3-20. 攻撃的にならずに相手に自分の考えを主張する

感情を高ぶらせず，攻撃的（声を荒げたり乱暴な表現を使うこと）にならず，相手に自分の考えを主張することができる場合は◎。他者から部分的に声かけや働きかけがあれば攻撃的にならずに自分の考えを主張するができる，またはいつもはできるが，ときどきできない場合は△。攻撃的にならずに相手に自分の考えを主張できない場合には×。

A-4. 社会性

A4-1. おにごっこやドッジボールなどの簡単なルールの集団遊びに参加する

おにごっこやドッジボールなどの集団遊びに，ルールを守って参加することができる場合は◎。他者から部分的に声かけや働きかけがあれば参加できる，またはいつもは参加できるが，ときどきルールを守れないことがある場合は△。ルールに従って集団遊びに参加することが難しい，または全般的に手助けの必要がある場合には×。

A4-2. いつも一緒に遊んだりおしゃべりする仲の良い友だちが2～3人以上いる

集団に入って皆と一緒に遊ぶことではなく，学校の休み時間や放課後に一緒に遊んだりおしゃべりする仲の良い友だちが2～3人以上いる場合は◎。いつもではないが一緒に遊んだりおしゃべりする友だちが2～3人いる場合は△。一緒に遊んだりおしゃべりする仲の良い友だちが1人しかいない，またはいない場合には×。

A4-3. シール，人形，ミニカーなどを友だちと交換して遊ぶ

おもちゃや文房具などを友だちと仲良く交換して遊ぶことができる場合は◎。他者から部分的に声かけや働きかけがあれば友だちと交換できる，またはいつもは交換できるが，ときどき（仲良くできず，相手に渡したくなく）交換できない場合は△。友だちとおもちゃを交換して遊ぶことが難しい，または全般的に手助けの必要がある場合には×。

第1編　ASIST 学校適応スキルプロフィール［幼児・児童・生徒版］

A4-4. 物を貸してもらったり手伝ってもらったりした時にお礼が言える

　物を貸してもらったり手伝ってもらったりした時に，相手が誰であってもしっかりとお礼が言える場合は◎。他者から部分的に声かけや働きかけがあればお礼が言える，またはいつもはお礼が言えるが，ときどき言い忘れたり，恥ずかしくて言えない場合は△。お礼を言うことがほとんどない場合には×。

A4-5. 1つの物を友だちと共有して使える

　例えば，図工の時間で1つしかないのりやハサミを友だちと仲良く（ゆずり合ったり交互に使ったりするなど）共有して使うことができる場合は◎。他者から部分的に声かけや働きかけがあれば共有して使える，またはいつもは仲良く共有して使えるが，ときどき自己主張などから共有して使えない場合は△。友だちと共有して使うことが難しい，または常に手助けの必要がある場合には×。

A4-6. 先生や大人の一斉指示に合わせて行動する

　先生や大人がクラスやグループに向けた一斉指示（皆がやるべきことを伝えたり，活動について説明するなどの指示）を聴いて，それに合わせて行動できる場合は◎。他者から部分的に声かけや働きかけがあれば一斉指示に合わせて行動できる，またはいつも一斉指示に合わせて行動できるが，ときどき（聞きもらしたり，ふざけてしまって）行動できない場合は△。先生や大人の一斉指示に合わせて行動することができない，または常に手助けの必要がある場合には×。

A4-7. 親や大人に行き先を言って遊びに行く

　遊びに行く際には毎回行き先を言ってからひとりで遊びに行くことができる場合は◎。他者から部分的に声かけや働きかけがあれば行き先を言って遊びに行ける，またはいつもは行き先を告げてから遊びに行くが，ときどき忘れてしまう場合は△。行き先を言って遊びに行くことが難しい，または常に手助けの必要がある場合には×。

A4-8. 地域の行事や催しに親が付き添わなくても，子ども同士で参加できる（お祭り，
　　　スポーツ大会など）

　地域の行事などに親が付き添わなくてもトラブルにあうことなく（迷子にならず，時間通りに行って帰れるなど）参加できる場合は◎。他者から部分的に声かけや働きかけがあれば子ども同士で参加できる場合は△。子ども同士で参加するのは難しいために必ず大人が付き添う場合には×。

A4-9. 地域や学校のルールを理解して友だちと遊べる（「○○の場所では飲食禁止」「公園で犬を放し飼いにしない」「ポイ捨て禁止」などのルールを理解して遊べる）

　公共の場や学校などにおける基本的な規則・ルールを理解して，そのルールを守って友だちと遊ぶことができる場合は◎。他者から部分的に声かけや働きかけがあればルールを理解して友だちと遊べる，またはいつもはルールを理解して遊べるが，ときどきルールを守れない場合は△。ルールを理解して友だちと遊ぶことが難しい，または常に手助けの必要がある場合には×。

A4-10. 近所の人や園・学校の先生などになじみ，挨拶などを交わす

　近所の人や学校などの先生と，場面・状況や相手との関係性に合わせた挨拶を交わすこと（朝昼夜などの挨拶，丁寧さ・気軽さや親和性などに応じた挨拶など）ができる場合は◎。他者から部分的に声かけや働きかけがあれば場面・状況や相手との関係性に合わせた挨拶を交わすことができる，またはいつもはうまく挨拶を交わせるが，ときどきできない場合は△。場面・状況や相手との関係性に合わせた挨拶を交わすことが難しい，または常に手助けの必要がある場合には×。

A4-11. 友だちが困っている時に手助けをする

　身近な友だちや知り合いなどが困っている姿を目にした時に何らかの手助けをする（手助けを申し出る）ことができる場合は◎。他者から部分的に声かけや働きかけがあれば友だちの手助けをする，またはいつもは手助けをするが，ときどきできない場合は△。常に友だちなどの手助けをすることが難しい場合には×。

A4-12. 外出や遊びなどについて同年齢の友人グループで相談して計画を立てて実行する

　同年齢の友人グループの中で相談して（相談の会話にしっかり参加して），外出や遊びの計画を立てて，ほぼ計画通りに実行することができる場合は◎。他者から部分的に声かけや働きかけがあれば友人らと相談して計画を立てほぼ実行できる場合は△。友人らと相談して計画を立てて実行することが難しい，または全般的に手助けの必要がある場合には×。

A4-13. 初めての場所や他人の家に行った際，行儀良くしていられる

　初めての場所や他人の家に行った際に騒いだり身勝手な行動をせずに行儀良く過ごすことができる場合は◎。短い時間であったり，他者から部分的に声かけや働きかけがあれば行儀良くしていられる場合は△。行儀良くすることが難しい，または常に手助けの必要がある場合には×。

第1編　ASIST学校適応スキルプロフィール［幼児・児童・生徒版］

A4-14. 年下の子どもの世話を安心して任せられる
　年下の子ども（4歳～小学2年生）を一定時間（1時間ほど）は安全に気をつけて共に遊んだり面倒をみるなどの世話を安心して任せられるという場合は◎。おおむね安心して任せられるが，ときどき目を離してしまったり不十分な振る舞いが一部あったりする場合は△。年下の子どもの世話を任せることが難しい場合には×。

A4-15. 友だちが失敗した時，慰めたり励ましたりする
　友だちや周囲にいる人が失敗した時に「大丈夫だよ」「仕方ないよ」「よくがんばったね」などと慰めたり励ましたりできる場合は◎。特定の人や場面であれば慰めたり励ましたりできる，またはいつも慰めたり励ましたりしているが，ときどきしないことがある場合は△。友だちを慰めたり励ましたりすることが難しい場合には×。

A4-16. 幼児や老人をいたわることができる（自発的に乗り物の中で席を譲ったりするなど）
　自発的に乗り物の中で席を譲るなど，幼児や老人をいたわる行動を取ることができる場合は◎。いつもは幼児や老人をいたわる行動を自発的にするが，ときどきできない場合は△。幼児や老人をいたわる行動を自発的に取ることが難しい場合には×。

A4-17. 相手の立場や気持ちを考え，困ることや無理な要求をしない
　クラスや家庭において相手の立場や気持ちを考え，相手が困ることや無理な要求をしない場合は◎。他者から部分的に声かけや働きかけがあれば相手が困ることや無理な要求をしない，またはいつもはできるがときどき困ることや無理な要求をしてしまう場合は△。相手が困ることや無理な要求をしてしまうことが多い，または全般的に手助けの必要がある場合には×。

A4-18. 自分の特性や好みを理解した上で，対等に付き合える友だちやグループを選べる
　自分の特性や好みを理解して，その上で対等に付き合える友だちやグループを選ぶ（自分には合わない，または不適当な友たちやグループと付き合わない）ことができる場合は◎。他者から部分的に声かけや働きかけがあれば自分の特性や好みを理解し，対等に付き合える友だちやグループを選べる場合は△。自分の特性や好みを理解できない，または対等に付き合える友だちを選ぶことが難しい場合には×。

A4-19. 話し合いで自分の意見が周囲に受け入れられなくても皆の考えに合わせる
　話し合いで自分の意見が周囲に受け入れられなくても，怒ったり泣いたり無理強いを

せずに，皆の考えに合わせることができる場合は◎。他者から部分的に声かけや働きかけがあれば皆の考えに合わせることができる，またはいつもはできるがときどき自分の意見を主張し続けてしまう場合は△。皆の考えに合わせることが難しい，または全般的に手助けの必要がある場合には×。

A4-20. 仲の良い友だちや大人に悩みを相談したり，秘密を共有したりする

　仲の良い友だちや大人（特定の相手を選んで）に悩みを打ち明けて相談したり，秘密を共有した際にむやみに喋らず黙っていることができる場合は◎。いつもは特定の相手に悩みを相談したり秘密を共有することができるが，ときどき相談の相手や仕方が不適当（相談内容から相手が妥当でなかったり，説明がうまくないなど）であったり，秘密を軽々しく喋ってしまうことがある場合は△。他者に悩みの相談をしたり，秘密を共有することが難しい場合には×。

A-5. 行動コントロール

A5-1. 授業中（活動中），落ち着いて着席していられる

　授業中や30分程度の活動中，落ち着いて着席していられる場合は◎。他者から部分的に声かけや働きかけがあれば落ち着いて着席していられる，またはいつもは落ち着いて着席していられるが，ときどきそわそわしたり離席するなどがある場合は△。落ち着いて着席することが難しい，または常に手助けの必要がある場合には×。

A5-2. 1時間くらいならひとりでも留守番できる

　1時間くらいならひとりでも留守番ができる（決められた場所で時間内は安全を守ってとどまっていることができる）場合は◎。簡単な援助や工夫（その場所にとどまっているために気を紛らわす物・方法を準備するなど）があれば留守番できる，またはいつもはひとりで留守番できるが，ときどきできない（決められた場所から出てしまう，または途中でひとりでいられないと訴える）ことがある場合は△。ひとりで留守番することが難しい（ひとりで過ごさせることが心配，または本人ができないと主張する）場合には×。

A5-3. 遊具や文具などを借りたい時，「貸して」と許可を求め，「いいよ」と言われてから借りることができる

　物を借りたい時は相手に許可（「貸して」などと頼むこと）を求め，同意（「いいよ」などの了解）を得てから借りる（勝手に借りない）ことができる場合は◎。他者から部分的

に声かけや働きかけがあれば許可を求め了解を得てから借りることができる，またはいつもはできるがときどき不十分な許可の求め方や了解を得る前に借りてしまうことがある場合は△。遊具や文具などを借りたい時に許可を求めることができない，または了解を得る前に使ってしまう場合には×。

A5-4. 順番を適切に待つことができる

列に並んで順番を待つ際に順番を抜かしたりふざけたりせずに適切に待つことができる場合は◎。他者から部分的に声かけや働きかけがあれば順番を待つことができる，またはときどきふざけたり注意がそれてしまい待つことができない場合は△。順番を待つことが難しい，または常に手助けの必要がある場合には×。

A5-5. おもちゃや物を「貸してあげなさい」と言われると指示に従える

熱中して遊んでいる時や大好きな物であっても，大人から「貸してあげなさい」と言われると，不本意（しぶしぶ）であっても指示に従える場合は◎。他者から部分的に声かけや働きかけがあれば指示に従える，またはいつもは指示に従って貸してあげられるが，ときどき拒否したり指示に従えないことがある場合は△。大人からの指示があってもおもちゃや物などを貸すことが難しい，または常に手助けの必要がある場合には×。

A5-6. チャイムがなる前に授業の準備や教室に移動することができる

先生や周囲から促されなくてもチャイムがなる前に授業の準備や教室に移動することができる場合は◎。他者から部分的に声かけや働きかけがあればできる，またはいつもは授業の準備や教室の移動をチャイムがなる前にできるが，ときどき忘れたり時間に遅れたりするなどがみられる場合は△。チャイムがなる前に授業の準備や教室に移動することが難しい，または常に手助けの必要がある場合には×。

A5-7. 本などを買う時，ひとりで適当なものが選べる（値段や内容をみて吟味できる）

本などを買う時に，ひとりで値段や内容をみてふさわしいものかを判断し選ぶ（手当たり次第に選んだり，当初買おうと思っていたものと違うものに気を奪われたりせずに選ぶ）ことができる場合は◎。他者から部分的に声かけや働きかけがあれば適当なものが選べる，またはいつもはひとりで適当なものを選ぶことができるがときどきうまく選べない場合は△。買い物の時にひとりで適当なものを選ぶことが難しい，または常に手助けの必要がある場合には×。

A5-8. 繁華街や不特定多数の人がいる場所でトラブルを回避できる

繁華街や不特定多数の人がいる場所で，トラブルになる前に予測してその場から離れたり，巻き込まれそうになっても回避する（危険を予測したり過去の経験を思い出して適切な行動を取る）ことができる場合は◎。他者から部分的に声かけや働きかけがあればできる，またはいつもはできるが，ときどき不注意や他のことに気が取られてトラブルを回避できなかったりする場合は△。トラブルになる前に予測して回避することが難しい，または全般的に手助けが必要な場合には×。

A5-9. ゲームに負けたり一番になれなくても受け入れられる

ゲームに負けたり，競争のある活動で一番になれなくても，怒ったり途中で放棄することなく（悔しい感情を抑え，最後まで活動を遂行して）参加できる場合は◎。他者から部分的に声かけや働きかけがあれば負けや一番でないことを受け入れることができる，またはいつもは受け入れて最後まで活動することができるが，ときどき怒ったり泣いたりなどして受け入れらないことがある場合は△。ゲームに負けたり一番になれないことを理解して受け入れることができない，または常に手助けの必要がある場合には×。

A5-10. 一度にたくさんのお小遣いを持たせても無駄遣いせず，必要な分だけを使い残りは取っておける

お小遣いを衝動的に無駄遣いするようなことはなく，必要な買い物や使用のみにとどめ，残りは取っておける，または計画的に貯めておくことができる（眼前にある魅力的な物を買うことを我慢して必要な物を買うためにお金を取っておく，といった衝動性を抑えて計画的な行動を取ることができる）場合は◎。他者から部分的に声かけや働きかけがあればできる，またはいつもはできるが，ときどき衝動的にお小遣いを使ってしまい残しておけないことがある場合は△。常にお小遣いの無駄遣いをしてしまい取っておくことはできない，または全般的な管理や手助けの必要がある場合には×。

A5-11. わからないことがあった場合，勝手に行動せず大人に質問しに行ける

わからないことがあった時，自分勝手に行動せず（試行錯誤的に，または衝動的な行動を抑えて），必ずわかる大人や周囲に質問して解決しようとする（解決に向けた行動を組み立ててその通りに実行する）場合は◎。他者から部分的に声かけや働きかけがあれば勝手に行動せず大人に質問しに行ける，またはいつもはできるが，ときどき勝手に行動してしまうことがある場合は△。勝手に行動せず大人に質問しに行くことが難しい，または常に手助けの必要がある場合には×。

第1編　ASIST 学校適応スキルプロフィール［幼児・児童・生徒版］

A5-12. 言いたいことがあっても，相手の質問が終わってから，順番を守って答えられる（出し抜けに答えない）
　どんなに言いたいことがあっても相手の質問が終わってから，または順番を守って発言したりすることができる（言いたいという自分の意思を抑えて適切なタイミングで発言ができる）場合は◎。他者から部分的に声かけや働きかけがあればできる，またはいつもはできるが，ときどき言いたいという意思が先走って発言してしまう場合は△。相手の質問が終わってから，順番を守って答えることが難しい，または常に手助けの必要がある場合には×。

A5-13. 説明書を見ながら電化製品を操作したり，簡単な家具を組み立てられる
　初めて扱う電化製品や簡単な家具を組み立てる時，説明書を見ながら何とか操作したり作ること（操作・組み立ての手順を読解・図解から理解してその通りに操作・実行）ができる場合は◎。他者から部分的に声かけや働きかけがあれば操作・組み立てることができる，またはいつもはできるが，ときどき理解できなかったり間違ったりする場合は△。説明書を見ながら操作したり組み立てることが難しい場合には×。

A5-14. 道に迷ったりトラブルにあった時に，怒ったり泣いたりせずに振る舞える
　道に迷ったりトラブルにあった時，怒ったり泣いたりせずに（不安な感情を抑えて）問題を解決しようと適切に振る舞うことができる場合は◎。他者から部分的に声かけや働きかけがあれば怒ったり泣いたりせずに振る舞える，またはいつもはできるが，ときどき感情を抑えられず適切に振る舞えない場合は△。怒ったり泣いたりせずに振る舞うことが難しい場合には×。

A5-15. 他者と言い争いになっても興奮したりその場から逃げ出さずに対応できる
　友だちなどの他者と言い争いになっても，興奮したり手を出したりその場から逃げ出したりせずに（不安な感情や逃避行動を抑えて）言葉などでしっかりと対応することができる場合は◎。他者から部分的に声かけや働きかけがあれば興奮したりその場から逃げ出さずに対応できる，またはいつもは対応できるが，ときどき興奮したり逃げ出すことがある場合は△。他者と言い争いになると興奮したり逃げ出すことがほとんどの場合には×。

A5-16. 姿勢を崩さず先生の話や友だちの発表などを集中して聴ける
　たとえ関心の低い話であっても，20〜30分程度ならば姿勢を崩さず先生や友だちの発表などを集中して聴く（話や発表に飽きていても我慢して聴く姿勢のみは保っていられ

る）ことができる場合は◎。他者から部分的に声かけや働きかけがあれば姿勢を崩さずに集中して聴ける，またはいつもはできるが，ときどき姿勢が崩れたり，話を聴いていなかったりする場合は△。20分も先生の話や友だちの発表を姿勢を崩さずに集中して聴けない場合には×。

A5-17. 自分の要求が通らない時，カッとなったりかんしゃくを起こさずに我慢できる

　自分の要求が通らない時，カッとなったりせずに我慢したり，悔しい気持ちを言葉で優しく表現したり，時には要求が通るように興奮しないで交渉する（自分の感情をうまくコントロールして行動する）ことができる場合は◎。他者から部分的に声かけや働きかけがあればカッとせずに我慢できる，またはいつもはできるが，ときどき少し興奮してしまうことがある場合は△。我慢できずにカッとなってかんしゃくを起こしてしまう場合には×。

A5-18. 目標のため，当面のことを少し我慢できる（テレビや漫画を我慢し勉強やお手伝いをする）

　どんなに楽しいことをしていても，少し我慢し後回しにして，やるべきことや目標としている勉強や作業などを遂行できる場合は◎。他者から部分的に声かけや働きかけがあれば我慢できる，またはいつもは我慢できるが，ときどきできない場合は△。当面のことを少し我慢してやるべきことや目標としていることを先にすることが難しい場合には×。

A5-19. 予定が変更されても納得して応じる

　時間割や外出，予告された活動などの予定が急に変更されても，納得して応じる（不本意ながらも状況を受け入れて気持ちを切り替える）ことができる場合は◎。他者から部分的に声かけや働きかけがあればできる，またはいつもはできるが，ときどき納得して応じることができない場合は△。予定が変更されても受け入れることが難しい，または常に納得させるために相当の説得や手助けの必要がある場合には×。

A5-20. 2つのことを同時並行してできる（例えばテレビを観ながら，洗濯物をたたむなど）

　1つの作業ばかりに気を取られることなく，2つの作業を同時にしっかりと行う（□□しながら○○する）ことができる場合は◎。他者から部分的に声かけや働きかけがあれば2つのことを同時にできる，またはいつもはできるが，ときどき一方がおろそかになる場合は△。2つのことを同時に並行して行うことができず，1つの作業ばかりに気を取られてしまったり，あるいは両方に手がつかない場合には×。

2節　B尺度：特別な支援ニーズの把握

B尺度：特別な支援ニーズの把握（10領域にわたる教育上特別な支援が必要なことに関する把握）における，◎，△，×の評価基準は，以下の通りである。

◎…よくあてはまる
△…少しあてはまる（ときどきあてはまる）
×…あてはまらない

当該質問項目における学校適応を妨げる行動や症状，現況，または特別な支援ニーズの有無・評価において，◎は，**対象児の学年・年齢相当からみて，よくあてはまる（よくみられる）**場合であり，周囲からの著しい声かけや働きかけ（全般的な手伝い・介助）などの**全面的サポート**が必要となる。△は，**対象児の学年・年齢相当からみて，少しあてはまる（ときどきあてはまる）**，または，ときどきはみられるがいつもみられるわけではなく，周囲から何らかの声かけや働きかけ（部分的な手伝い・介助や見守り）などの**一部のサポート**が必要とされる場合である。×は，**対象児の学年・年齢相当から判断して，あてはまらない（みられない）**場合である。

項目ごとに，評価の基準例を以下に紹介する。ただし，あくまでも基準例であり，多様な行動や症状，現況，または特別な支援ニーズを示すことが予測される。評価の基準例と違った行動や症状，様子などがみられる場合は，おおむね，◎通常の生活において8割以上があてはまる場合，△5割程度があてはまる場合，×はあてはまらない（みられない），として暫定的・恣意的に評価する。その上で，対象者をよく知る人物から詳しく聴取し，2～3名の複数の観察者によって合議による評価を行ったり，当該項目にある行動や症状，現況，または特別な支援ニーズの様子を実際に何度か観察して再評価することが望ましい。

B-1. 学習

B1-1. 国語において学年相応の達成ができない

国語において全般的に学年相応の達成ができない場合は◎。特定の単元や領域（読み書きなど）において学年相応の達成ができない場合は△。学年相応に達成している場合には×。

B1-2. 算数（数学）において学年相応の達成ができない
　算数（数学）において全般的に学年相応の達成ができない場合は◎。特定の単元や分野（数量，計算，図形，論理など）において学年相応の達成ができない場合は△。学年相応に達成している場合には×。

B1-3. 音楽において学年相応の達成ができない
　音楽において全般的に学年相応の達成ができない場合は◎。特定の分野（歌唱，器楽，鑑賞，創作など）において学年相応の達成ができない場合は△。学年相応に達成している場合には×。

B1-4. 図工において学年相応の達成ができない
　図工において全般的に学年相応の達成ができない場合は◎。特定の分野（造形，絵画・版画，紙・粘土細工，木工・金工など）において学年相応の達成ができない場合は△。学年相応に達成している場合には×。

B1-5. 体育において学年相応の達成ができない
　体育において全般的に学年相応の達成ができない場合は◎。特定の分野（体作り，器械運動，陸上運動，水泳，球技，表現運動など）において学年相応の達成ができない場合は△。学年相応に達成している場合は×。

B-2. 意欲

B2-1. 失敗するとすぐに落ち込み，ちょっとでもできるとすぐに大はしゃぎする傾向が強い
　失敗するとすぐに落ち込み（著しくふさぎ込む），ちょっとでもできるとすぐに大はしゃぎ（興奮して喜ぶ）する様子が，いつもみられる場合は◎。ときどきみられる場合は△。みられない場合には×。

B2-2. 同じ課題でもやる気がある時とそうでない時の差が極端にみられる
　同じ課題であっても，やる気がある時とそうでない時の差が極端にみられる場合は◎，ときどきみられる場合は△。みられない場合には×。

B2-3. 自分から進んで課題や活動に取り組むことがない
　いつも自発的に課題や活動に取り組むことがない（常に他者から働きかけや声かけを必

要とする）場合は◎。ときどきみられる場合は△。みられない場合には×。

B2-4. あまり考えず，すぐに「わからない」と言う

　いつもあまり考えずに，すぐに「わからない」と言う場合は◎。ときどきみられる場合は△。みられない場合には×。

B2-5. 朝，学校（教室など）や園に行きたくないと言う

　いつも，または週に2～3回程度は「学校（教室や園）に行きたくない」と言う場合は◎。ときどき言う，または月に1～2回程度言う場合は△。「学校に行きたくない」とほとんど言わない場合には×。

B-3．身体性・運動

B3-1. 遊びや活動の中で転んだり，つまずいたりする回数が著しく多い

　遊びや活動の中で転んだり，つまずいたりする回数が1日に何度もみられる場合は◎。ときどきみられる，または週に1～2回程度みられる場合は△。転んだりつまずいたりすることはほとんどみられない場合には×。

B3-2. ボール運動が極端に苦手である

　投げる，受け取る，蹴る，ドリブルなどのボール運動において全般的に極端な苦手さがある場合は◎。特定の動作（例えば，カゴの中に投げ入れることは難しい）のみに極端な苦手さがある場合は△。ボール運動に苦手さはみられない場合には×。

B3-3. 手先の不器用さが極端に目立つ

　手先を使う作業などにおいて，明らかに学年相当よりも低く不器用さが目立つ（常に他者から働きかけや声かけを必要とする）場合は◎。特定の手先を使う作業（例えば，彫刻刀）のみにおいて，明らかに学年相当よりも低く不器用さが目立つ場合は△。手先の不器用さが目立ってみられない場合には×。

B3-4. ぎこちない動きや奇妙な動作をする（首を左右に振る癖，つま先で歩く，手指を繰り返し動かすなど）

　1日に何度もぎこちない動きや奇妙な動作をする場合は◎。ときどきする，週に2～3回程度する場合は△。ぎこちない動きや奇妙な動作をほとんどしない場合には×。

B-4. 集中力

B4-1. 忘れ物が多い
　忘れ物が著しく多い（常に他者から働きかけや声かけを必要とする）場合は◎。ときどき忘れ物をする，または週に2～3回程度忘れ物をする場合は△。忘れ物はごくまれにするが，目立って多くない場合には×。

B4-2. 整理整頓が極端に苦手である
　整理整頓が極端に苦手で，他者からの働きかけや声かけなしで整理することが難しい場合は◎。整理整頓において，他者から部分的に，またはときどき働きかけや声かけが必要である場合は△。学年相当には整理整頓ができ，極端に苦手さはない場合には×。

B4-3. 授業中や人の話を聞いている時，ボーっとしていることが多い
　授業中や人の話を聞いている時にボーっとしていることが多い（1日に数回以上ある）場合は◎。ときどき，ボーっとしていること（週に数回程度）がある場合は△。ボーっとしていることがない場合には×。

B4-4. 課題や活動を最後までやり遂げられない
　いつも疲れたり集中力が続かずに，課題や活動を最後までやり遂げることが難しい（常に他者から働きかけや声かけを必要とする）場合は◎。ときどき最後までやり遂げられない，または他者から部分的に働きかけや声かけがあれば最後までやり遂げることができる場合は△。課題や活動を最後までやり遂げることができる場合には×。

B4-5. 話している，聞いている時や課題に取り組んでいる時，すぐに他のことに注意がそれる
　話している時，聞いている時，課題に取り組んでいる時などで，すぐに他のことに注意がそれる（注意がそれないように，それても戻れるように他者から働きかけや声かけを必要とする）場合は◎。ときどき注意がそれる（いつもは注意をそらすことなく取り組める）場合は△。注意がそれることがない場合には×。

B-5. こだわり

B5-1. 1つの活動から次の活動へスムーズに移行できない
　自分が取り組んでいる活動，または経験している場面から，次の活動（場面）へス

ムーズに移行することが難しく，切り替えるまでに時間がかかる（常に，拒否，不平不満や言い訳などを言って移行するために時間を要する）場合は◎。ときどきスムーズに移行できない（いつもはスムーズに移行する）場合は△。次の活動（場面）へスムーズに移行できる場合には×。

B5-2．相手が嫌がっていることをくり返し行う

　相手が嫌がっていること（触る，話しかける，うるさくするなど）であっても，やめることができずにくり返し行う場合は◎。ときどき相手が嫌がることをやめることができずに行う（いつもはやめることができる）場合は△。相手が嫌がることをくり返し行うことがない場合には×。

B5-3．予定の変更を極端に嫌がる

　時間割や外出，予告された活動などの予定が変更された時，こだわりから極端に嫌がる（怒ったり泣いたりして拒否する，または受け入れるのに時間がかかる）場合は◎。ときどき極端に嫌がることがある（いつもは予定の変更を素直に受け入れる）場合は△。予定の変更を嫌がることがない場合には×。

B5-4．特定の場所にいたがったり，決まった位置に物を置かないと気が済まない

　特定の場所・コーナーに身を置くことを好んだり，物を置く場所を決めていて（窓，ドアの開閉などの状態を決めていることなども含む），こだわりからそうしていないと気が済まない（怒ったり，不安を示したりする）場合は◎。ときどき，または特定の物（状況）に対しては，決められた場所や状況にないと気が済まない場合は△。特定の場所にいたがったり，決まった位置に物を置かないと気が済まないと主張することがない場合には×。

B-6．感覚の過敏さ

B6-1．偏食が著しい（食べられるものが少ない）

　食べ物の好き嫌いが多く，食べられるものが限られるほど偏食（野菜を食べない，魚を食べない，逆に白米しか食べないなどの極端な状況）が著しい場合は◎。ときどきどうしても食べられない食材や料理がある場合は△。偏食ではない，または好き嫌いが目立って多くない場合には×。ただし，食物アレルギーが強くあって食べられるものが少

ない場合は除く（×として判断する）。

B6-2. 大勢の人の中に入ることを怖がったり，前に立って発表するのを極端に嫌がる

苦手さや嫌だと思う気持ち（過敏さ）が強いために，大勢の人の中に入ることを怖がったり，前に立って発表するのを極端に嫌がる（常に他者から働きかけや声かけを必要とする）場合は◎。ときどき不安を示したり拒否する，または部分的に他者からの働きかけや声かけが必要な場合は△。大勢の中に入ることを怖がったり，前に立って発表するのを極端に嫌がることがない場合には×。

B6-3. 知らない場所，初めての活動を極端に嫌がる

過敏さが強いために，知らない場所や初めての活動に参加することを極端に嫌がる（常に他者から働きかけや声かけを必要とする）場合は◎。ときどき不安を示したり拒否する，または部分的に他者からの働きかけや声かけが必要な場合は△。知らない場所や初めての活動に参加することを極端に嫌がることがない場合には×。

B6-4. 大きな音や特定の音などを極端に嫌がる

過敏さが強いために，大きな音や特定の音などを極端に嫌がる（常に他者から働きかけや声かけを必要とする）場合は◎。ときどき不安を示したり拒否する，または部分的に他者からの働きかけや声かけが必要な場合は△。大きな音や特定の音などを極端に嫌がることがない場合には×。

B6-5. 極端に怖がる物（人）や活動がある

過敏さが強いために，極端に怖がる物（人）や活動がある（常に他者から働きかけや声かけを必要とする）場合は◎。ときどき不安を示したり拒否する，または部分的に他者からの働きかけや声かけが必要な場合は△。極端に怖がる物（人）や活動がない場合には×。

B6-6. 人目やはずかしさを全く感じない

鈍麻が強いために，公共の場や大勢の前などであっても人目やはずかしさを全く感じない（常に他者から働きかけや声かけを必要とする）場合には◎。ときどき人目やはずかしさを感じない，または部分的に他者からの働きかけや声かけが必要な場合は△。人目やはずかしさを適度に感じている場合には×。

B-7. 話し言葉

B7-1. 話すことにまとまりがなかったり，言葉が出てこない（説明がうまくできない）
　話すことにまとまりがなかったり，言葉が出てこないために，相手に説明がうまくできない（常に他者から働きかけや声かけを必要とする）場合は◎。ときどき説明がうまくできない，または部分的に他者からの働きかけや声かけが必要な場合は△。話すことにまとまりがなかったり，言葉が出てこないことがない場合には×。

B7-2. 家族や決まった人とは話せるが，それ以外の人には口を開かない
　選択性緘黙やそれに類似した様子として，家族や身近な人，特定の人とは話せるが，それ以外の人には口を開かない（常に他者から働きかけや声かけを必要とする）場合は◎。ときどき決まった人以外には口を開かない，または部分的に他者からの働きかけや声かけが必要な場合は△。特に問題なく，誰とでも話せる場合には×。

B7-3. 嘘をついたり，相手が傷つきそうなことを平気で言う
　嘘をついたり，相手が傷つきそうな言葉や話などを平気で言う場合は◎。ときどき嘘をついたり，相手が傷つくことを平気で言う，または部分的に他者からの働きかけや声かけが必要な場合は△。特に目立って嘘をついたり傷つくことを言わない場合には×。

B7-4. 吃音がみられる
　吃音（発声時に言葉の第1音が円滑に出なかったり，連続して発せられたり，一時的に無音状態が続くなどの状態）がみられる場合は◎。ときどきみられる場合は△。吃音が全くみられない場合には×。

B-8. ひとりの世界・興味関心の偏り

B8-1. 他者の話をさえぎって自分の話ばかりをする
　自己中心性が高いために，他者の話をさえぎって自分の話ばかりをする（常に他者から働きかけや声かけを必要とする）場合は◎。ときどき他者の話をさえぎって自分の話ばかりする，または部分的に他者からの働きかけや声かけが必要な場合は△。特に目立って他者の話をさえぎって自分の話ばかりすることがない場合には×。

B8-2. ルールに従うような集団活動を著しく嫌う

マイペースさが強く他者や集団に合わせることが苦手で，ルールに従うような集団活動を著しく嫌う場合（常に他者から働きかけや声かけを必要とする）は◎。ときどき集団活動を著しく嫌う，または部分的に他者からの働きかけや声かけが必要な場合は△。特に目立って集団活動を嫌うことがない場合には×。

B8-3. 何でも自分の思い通りにしたがる

自己中心性や興味関心の偏りが強いために，何でも自分の思い通りにしたがる（常に自分の思い通りにしようと，声を荒げたり興奮してしつこく周囲に自己主張する）場合は◎。ときどきまたは特定の状況でのみ自分の思い通りにしたがる場合は△。特に目立って自分の思い通りにしたがることがない場合には×。

B8-4. 独り言が多い

自分ひとりの世界を強く持っているために，場所や状況をかえりみずに独り言（会話の相手がいないのにひとりで言葉やつぶやきを発する行為）が多い場合は◎。ときどき独り言を発する，または特定の状況などでは独り言を発する場合は△。特に目立って独り言を発することがない場合には×。

B8-5. 自分ひとりでお話を作ったり，気になることがあると頭の中でずっと考え続ける

ファンタジー性や興味関心の偏りが強いために，自分ひとりでお話を作ったり，気になることがあると頭の中でずっと考え続ける（他者からの働きかけや話を聞けず，時にはぶつぶつと考えていることや思いついたことをつぶやいている）場合は◎。ときどき自分ひとりでお話を作ったり気になることをずっと考え続ける，または部分的に他者からの働きかけや声かけが必要な場合は△。特に強く（目立って）自分ひとりでお話を作ったり，気になることをずっと考え続けることがない場合には×。

B8-6. 同じ場所をくるくる走りまわったりするなど，同じ動作をくり返す

興味関心の偏りが強いために，同じ場所をくるくる走りまわったりするなどの同じ動作をくり返す場合は◎。ときどき同じ動作をくり返す，または特定の場所などでは同じ動作をくり返すことがある場合は△。特に目立って同じ動作をくり返すことがない場合には×。

B-9. 多動性・衝動性

B9-1. すぐに攻撃的になる，または被害的になって泣いたり怒ったりする

周囲の状況や刺激に対しての反応において衝動性が高いために，すぐに攻撃的になったり，被害的になって泣いたり怒ったりする場合は◎。ときどきまたは特定の状況でみられる場合は△。すぐに攻撃的になったり被害的になって泣いたり怒ったりすることがほとんどみられない場合は×。

B9-2. 年齢からみて，その場にそぐわないほどの落ち着きのなさがみられる

多動性や衝動性が高いために，年齢からみて，その場にそぐわないほどの落ち着きのなさがみられる（常に他者から働きかけや声かけを必要とする）場合は◎。ときどき落ち着きのなさがみられる，または部分的に他者からの働きかけや声かけが必要な場合は△。年齢からみて，特に目立ってその場にそぐわないほどの落ち着きのなさがみられない場合には×。

B9-3. 体の一部を常に動かしている

多動性が高いために，手や足などの体の一部を常に動かしている（周囲からみて気になる程度に動かしている）場合は◎。ときどきまたは特定の状況で常に動かしている場合は△。特に目立って体の一部を常に動かしていることがない場合には×。

B9-4. いきなり喋り出す・怒り出す，または動き出す

反応性のはやさや衝動性が高いために，いきなり喋り出す・怒り出す，または動き出す行動がみられる（常に他者から働きかけや声かけを必要とする）場合は◎。ときどきまたは特定の状況でみられる場合は△。特に目立っていきなり喋り出す・怒り出す，または動き出すことがない場合は×。

B9-5. ほしいものや珍しいことを見たり聞いたりすると，すぐに行動してしまう

周囲の状況や刺激に対しての反応において衝動性が高いために，ほしいものや珍しいことを見たり聞いたりすると，すぐに行動してしまう（常に他者から働きかけや声かけを必要とする）場合は◎。ときどきまたは特定の状況でみられる場合は△。ほしいものや珍しいことを見たり聞いたりしても，特に目立ってすぐに行動してしまうことがない場合には×。

B-10. 心気的な訴え・不調

B10-1. 病気ではないが，腹痛や頭痛，足が痛い，ムズムズするなどをよく訴える

病気ではないが，腹痛，頭痛，足が痛い，ムズムズするなどの身体的不調や不安をよ

く訴える（常に他者から働きかけや声かけを必要とする）場合は◎。ときどきまたは特定の状況でよく訴える場合は△。特に目立って心気的訴えがない場合には×。

B10-2. チック症状がある（極端に多いまばたき，顔のひきつりなど）
　チック症状（突発的で，急速に，反復的，非律動的，常同的な運動や発声などを指し，1カ月ほど継続してみられる）がある場合は◎。日常的に頻繁にみられるわけではない，またはしなくなる時期もあるが，チック症状がみられる場合は△。チック症状がみられない場合には×。

B10-3. 指しゃぶりや爪嚙みをする
　指しゃぶりや爪嚙みを頻繁にする場合は◎。ときどきまたは特定の状況でする場合は△。特に目立って指しゃぶりや爪嚙みをしない場合には×。

B10-4. たびたび手を洗わないと気が済まない
　手が汚れた，外から戻った，トイレの後などの手を洗う必要性が高い時を除いて，あまり必要がない時でも強迫的にたびたび手を洗わないと気が済まない姿がみられる場合は◎。日常的に頻繁にみられるわけではない，またはしなくなる時期もあるが，たびたび手を洗わないと気が済まない姿がみられる場合は△。あまり必要がない時にたびたび手を洗わないと気が済まない姿がみられない場合には×。

B10-5. 常に体の一部をいじっていたり，こすっていたりする（何度も口をふくなど）
　日常の何気ない活動や状況において，常に体の一部をいじっていたり，こすっていたりする常同的な行動（例えば，何度も口をふく）がみられる場合は◎。日常的に頻繁にみられるわけではない，またはしなくなる時期もあるが，常に体の一部をいじったりこすったりする行動がみられる場合は△。特に目立って体の一部をいじったりこすったりする行動がみられない場合には×。

B10-6. 睡眠のリズムが悪い（寝つきの悪さ，眠りが浅いなど）
　深夜にならないと眠れない，寝つきの悪さ，寝起きが悪い，眠りが浅い（少しの物音で目を覚ます），夜中に必ず目を覚ます，日中はずっと眠いなどの睡眠のリズムが悪い場合は◎。日常的に頻繁に睡眠のリズムが悪いわけではない，または順調な時期もあるが，睡眠のリズムが崩れたり悪い状態がある場合は△。特に目立って睡眠のリズムが悪い状態がみられない場合には×。

3節　採点方法

領域得点の算出（A尺度，B尺度共通）
　ASISTの採点は，A尺度，B尺度の各々に用意されたプロフィール票を用いて行う（表2-1～3）。A尺度，B尺度とも，まず必要となるのは，各質問領域に含まれる項目の得点を合計した「領域得点」の算出である。そのために，記録用紙（付録CD-ROMにデータを収録）の各領域の最後にある「計（個数）」欄には，領域ごとの総回答数（A尺度は◎・△・×・Dの個数，B尺度は◎・△・×の個数）を記入しておく。
　次に，これらの回答のうち，◎および△の個数をプロフィール票の回答数記入欄に転記する。そして，以下の式で各領域の領域得点を算出し，領域得点欄に記入する（表2-1の①，表2-2の①）。

領域得点の計算式：（◎印の個数×2）＋（△印の個数×1）

A尺度プロフィールの得点計算と記入
ⅰ．2つのスキル群，総合獲得レベルの得点を算出する
　A尺度の各領域は，個人活動スキル群と集団参加スキル群に大別される。個人活動スキル群の得点は生活習慣，手先の巧緻性，言語表現の各領域の領域得点の合計，集団参加スキル群の得点は社会性，行動コントロールの領域得点の合計である。また，全5領域の合計得点が，A尺度の総合獲得レベルの得点となる。
　これらスキル群と総合獲得レベルの得点を計算し，各スキル群の得点はA尺度プロフィール票の下方にある得点記入欄，総合獲得レベルの得点は領域得点欄の右側にある得点記入欄にそれぞれ記入する（表2-1の②）。

ⅱ．得点を到達指数（AQ）と到達学年（AG）に換算する
　続いて，A尺度の各領域，各スキル群，総合獲得レベルの得点を，それぞれ到達指数（AQ）および到達学年（AG）に換算する。得点の換算には，巻末の付録Ⅱの換算表を用いる。到達指数および到達学年の算出基準は対象者の学年（年齢）によって異なるため，それぞれ対応する表を使用されたい。
　換算表には，それぞれの領域やスキル群，および総合獲得レベルについて，対象者の獲得得点に対応する到達指数と到達学年が記載されている。それらを換算表から読み取り，A尺度プロフィール票に記入する（表2-1の③）。なお，対象者が高校生以上の場合は，到達指数は換算せず，到達学年のみを換算表をもとに記入する。

表2-1 A尺度プロフィール票の記入例

③得点を到達指数と到達学年に換算する

	1. 生活習慣	2. 手先の巧緻性	3. 言語表現	4. 社会性	5. 行動コントロール	総合獲得レベル
AQ	78	100	78	78	56	78
AG	小2	小4	小2	小2	5歳	小2

①領域得点を計算する

	生活習慣	手先の巧緻性	言語表現	社会性	行動コントロール	合計
◎ 2× 個=	2×10個=20	2×13個=26	2×12個=24	2×11個=22	2×5個=10	
△ 1× 個=	1×5個=5	1×3個=3	1×4個=4	1×5個=5	1×7個=7	
得点	25点	29点	28点	27点	17点	126点

②すべての領域得点を合算する

獲得レベル:

	生活習慣	手先の巧緻性	言語表現	社会性	行動コントロール	総合獲得レベル
高1↑	39〜40	39〜40	39〜40	39〜40	37〜40	185〜200
中3	35〜38	37〜38	37〜38	36〜38	34〜36	175〜184
中2	34 ※	36 ※	36 ※	35 ※	33 ※	174 ※
中1	34 ※	36 ※	36 ※	35 ※	33 ※	174 ※
小6	34	35〜36	34〜36	35	32〜33	166〜174
小5	32〜33	33〜34	33	32〜34	29〜31	157〜165
小4	30〜31	29〜32	32	31	27〜28	144〜156
小3	27〜29	26〜28	29〜31	28〜30	23〜26	129〜143
小2	25〜26	23〜25	27〜28	27	22	121〜128
小1	21〜24	18〜22	22〜26	22〜26	18〜21	92〜120
5歳	14〜20	13〜17	13〜21	15〜21	11〜17	71〜91
4歳↓	〜13	〜12	〜12	〜14	〜10	〜70

生活習慣 / Life Behavior Skills
手先の巧緻性 / Operation Fine motor Skills
言語表現 / Speech Skills
社会性 / Social Skills
行動コントロール / Behavior Control Skills
総合獲得レベル / Synthesis Skills Level

④到達学年を結んだ折れ線グラフを描く

個人活動スキル群

得点	82
AQ	89
AG	小3

②スキル群の領域得点を合算する

集団参加スキル群

得点	44
AQ	67
AG	小1

③スキル群の得点を到達指数と到達学年に換算する

ⅲ．プロフィール・グラフを描く

　最後に，各領域と総合獲得レベルの到達学年をもとに，A尺度プロフィール票の中段に折れ線グラフを描く。それには，各領域と総合獲得レベルでの到達学年に対応する欄内の点を，順番に線で結ぶ（表2-1の④）。

B尺度プロフィールの得点計算と記入

ⅰ．4つのニーズ側面，2つのサポート因子，総合評価の得点を算出する

　B尺度の全10領域は，4つのニーズ側面（学習面，生活面，対人関係面，行動情緒面）および2つのサポート因子（個人活動サポート因子，集団参加サポート因子）の観点から，それぞれ分類できる。まず，これらのニーズ側面とサポート因子ごとの合計得点を算出し，B尺度プロフィール票の1枚目に記入する（表2-2の②）。また，2つのサポート因子の得点を合算した値（すべての領域の合計得点）を，総合評価の得点として記入する。

ⅱ．得点を配慮支援レベルに分類する

　次に，各領域，ニーズ側面，サポート因子，総合評価の得点をもとに，それぞれに対応する配慮支援レベル（Ⅰ．通常対応，Ⅱ．要配慮，Ⅲ．要支援の3種類）を特定する。この作業には，巻末の付録Ⅱの支援レベル分類表を用いる。分類表は，A尺度の到達指数・到達学年の換算表と同様に，対象者の学年（年齢）に合ったものを使用する。

　各領域，ニーズ側面，サポート因子，総合評価のそれぞれについて，対象者の得点がどのレベルにあたるのかを分類表から照合したら，B尺度プロフィール票1枚目のレベル分類欄で，該当するレベルをマーキング（丸で囲むなど）する（表2-2の③）。

ⅲ．プロフィール・グラフを描く

　最後に，B尺度の各領域の領域得点をグラフ化する。B尺度プロフィール票2枚目（プロット表）のグラフ作成欄に各領域の得点を転記し，右側にあるゲージを使って棒グラフを描けばよい（表2-3の④）。

2章 スコア・マニュアル

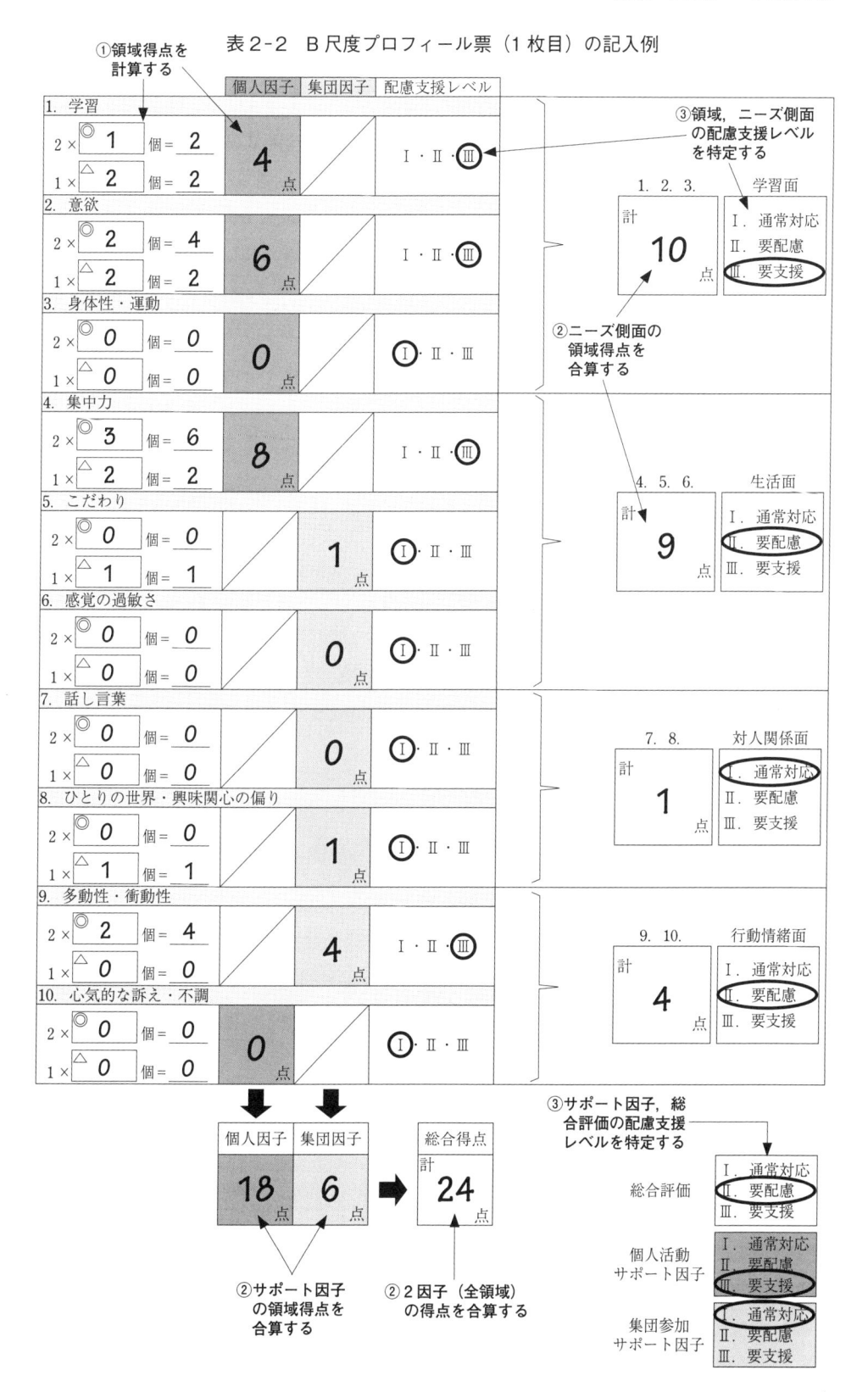

表2-2 B尺度プロフィール票（1枚目）の記入例

①領域得点を計算する

	個人因子	集団因子	配慮支援レベル

1. 学習
- 2 × ◎ 1 個 = 2
- 1 × △ 2 個 = 2
- 個人因子: 4 点
- 配慮支援レベル: Ⅰ・Ⅱ・(Ⅲ)

③領域，ニーズ側面の配慮支援レベルを特定する

2. 意欲
- 2 × ◎ 2 個 = 4
- 1 × △ 2 個 = 2
- 個人因子: 6 点
- 配慮支援レベル: Ⅰ・Ⅱ・(Ⅲ)

1. 2. 3. 学習面
- 計 10 点
- Ⅰ．通常対応
- Ⅱ．要配慮
- (Ⅲ．要支援)

3. 身体性・運動
- 2 × ◎ 0 個 = 0
- 1 × △ 0 個 = 0
- 個人因子: 0 点
- 配慮支援レベル: (Ⅰ)・Ⅱ・Ⅲ

②ニーズ側面の領域得点を合算する

4. 集中力
- 2 × ◎ 3 個 = 6
- 1 × △ 2 個 = 2
- 個人因子: 8 点
- 配慮支援レベル: Ⅰ・Ⅱ・(Ⅲ)

5. こだわり
- 2 × ◎ 0 個 = 0
- 1 × △ 1 個 = 1
- 集団因子: 1 点
- 配慮支援レベル: (Ⅰ)・Ⅱ・Ⅲ

4. 5. 6. 生活面
- 計 9 点
- Ⅰ．通常対応
- (Ⅱ．要配慮)
- Ⅲ．要支援

6. 感覚の過敏さ
- 2 × ◎ 0 個 = 0
- 1 × △ 0 個 = 0
- 集団因子: 0 点
- 配慮支援レベル: (Ⅰ)・Ⅱ・Ⅲ

7. 話し言葉
- 2 × ◎ 0 個 = 0
- 1 × △ 0 個 = 0
- 集団因子: 0 点
- 配慮支援レベル: (Ⅰ)・Ⅱ・Ⅲ

7. 8. 対人関係面
- 計 1 点
- (Ⅰ．通常対応)
- Ⅱ．要配慮
- Ⅲ．要支援

8. ひとりの世界・興味関心の偏り
- 2 × ◎ 0 個 = 0
- 1 × △ 1 個 = 1
- 集団因子: 1 点
- 配慮支援レベル: (Ⅰ)・Ⅱ・Ⅲ

9. 多動性・衝動性
- 2 × ◎ 2 個 = 4
- 1 × △ 0 個 = 0
- 個人因子: 4 点
- 配慮支援レベル: Ⅰ・Ⅱ・(Ⅲ)

9. 10. 行動情緒面
- 計 4 点
- Ⅰ．通常対応
- (Ⅱ．要配慮)
- Ⅲ．要支援

10. 心気的な訴え・不調
- 2 × ◎ 0 個 = 0
- 1 × △ 0 個 = 0
- 個人因子: 0 点
- 配慮支援レベル: (Ⅰ)・Ⅱ・Ⅲ

個人因子: 18 点　集団因子: 6 点　→　総合得点 計 24 点

②サポート因子の領域得点を合算する

②2因子（全領域）の得点を合算する

③サポート因子，総合評価の配慮支援レベルを特定する

- 総合評価
  - Ⅰ．通常対応
  - (Ⅱ．要配慮)
  - Ⅲ．要支援
- 個人活動サポート因子
  - Ⅰ．通常対応
  - Ⅱ．要配慮
  - (Ⅲ．要支援)
- 集団参加サポート因子
  - (Ⅰ．通常対応)
  - Ⅱ．要配慮
  - Ⅲ．要支援

第1編　ASIST学校適応スキルプロフィール［幼児・児童・生徒版］

表2-3　B尺度プロフィール票（2枚目）の記入例

④領域得点を転記し，得点に応じた棒グラフを描く

領域	得点	グラフ
1. 学習	4	0〜10
2. 意欲	6	0〜10
3. 身体性・運動	0	0〜8
4. 集中力	8	0〜10
5. こだわり	1	0〜8
6. 感覚の過敏さ	0	0〜12
7. 話し言葉	0	0〜8
8. ひとりの世界・興味関心の偏り	1	0〜12
9. 多動性・衝動性	4	0〜10
10. 心気的な訴え・不調	0	0〜12

	得点	判定
個人活動サポート因子	18	Ⅰ．通常対応　Ⅱ．要配慮　**Ⅲ．要支援**
集団参加サポート因子	6	**Ⅰ．通常対応**　Ⅱ．要配慮　Ⅲ．要支援
総合評価	24	Ⅰ．通常対応　**Ⅱ．要配慮**　Ⅲ．要支援

⑤サポート因子，総合評価の得点，配慮支援レベルを転記する

第2編

ASIST-IDver.
適応スキル
プロフィール
［成人知的・発達障害者版］

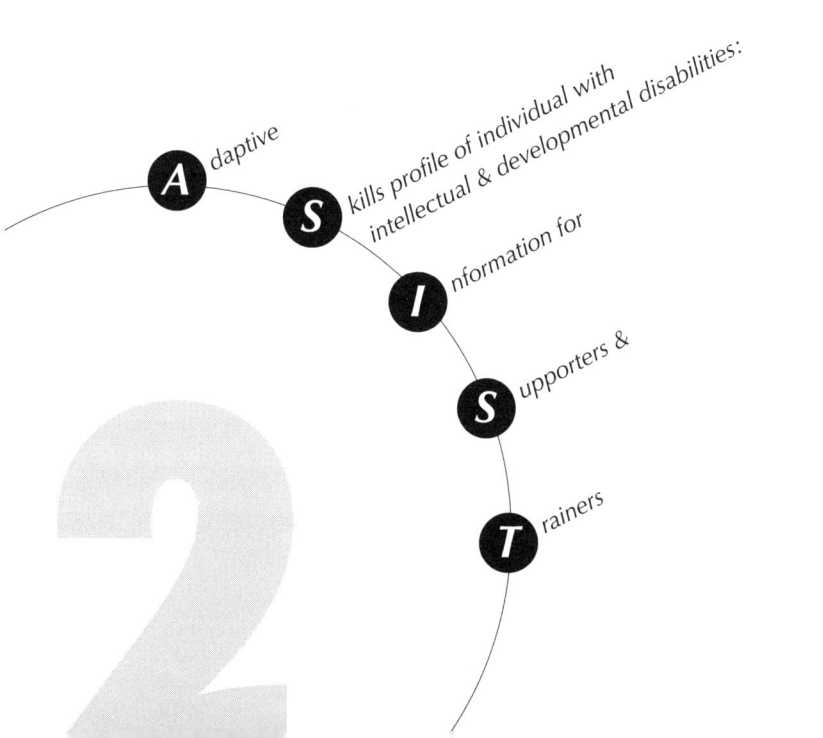

Adaptive
Skills profile of individual with intellectual & developmental disabilities:
Information for
Supporters &
Trainers

3章 成人期知的・発達障害者の適応スキルをアセスメントする

1節　知的・発達障害者の生活と社会的関係

青年・成人期のサポートの重要性

　知的・発達障害のある子どもは，幼稚園から数えると3～15歳の間，他の子どもと同様に学校生活を送る（小・中学校の特別支援学級や特別支援学校の小学部・中学部を含む）。中学校卒業後の所属集団，生活の場は多様化しうるが，多くは高等学校，専門学校などの各種学校へと進み，そして大学や短期大学に進学する人もいる。知的障害がある場合は，特別支援学校高等部に進学する人が多い。

　その後は，一般企業などで就労する人（障害者雇用を含む），障害者福祉支援サービス事業を行う通所施設（生活介護サービス，就労継続支援〔非雇用型〕サービス，就労移行支援サービスなど）に通う人，入所施設（生活介護サービス，施設入所支援サービス，生活訓練サービス，就労移行支援サービス，グループホーム・福祉ホームなど）に所属する人へと分けられるだろう。

　青年・成人期以降の知的・発達障害者が，障害ゆえの困難に悩まずに豊かな生活を送るためには，まずはその所属集団・組織において一人ひとりの特性を把握することが重要となる。場合によっては，それに合わせて環境や学習・活動の内容を調整する必要も出てくるだろう。また，青年・成人期においては，弱さや遅滞ばかりに目を向けるのではなく，暦年齢や長所，その人の個性（好みや価値観など），生活する環境などを重視した支援策の立案が求められる。

　本書で紹介しているASISTは，基本的には中学生以下の幼児・児童・生徒の学校適応に主眼を置いたものだ。しかし，青年・成人期向けの質問項目や評価基準を別に設けることで，こうした青年・成人期以降の知的発達段階（障害程度）と適応スキルの獲得状況についても評価できるようにしている。

電話相談で語られる不適応とスキル不足

知的・発達障害児（者）と保護者，支援者に対して，東京学芸大学では1995（平成7）年から電話相談を開設してきた（東京学芸大学『発達障害電話相談』）。当初は，幼児・児童を持つ保護者からの相談が大多数であったが，2005（平成17）年ころからは15歳以上の発達障害者に関する相談件数が急増している。主な相談内容は表3-1の通りである。

個々の相談は，緊急性を要する重大な問題から日常的な助言を求めるものまでさまざまだが，知的・発達障害のある当事者に関するものでは，「人間関係（社会性スキル）」に起因する活動スキルの不十分さや制約が最も多い。その他には「認知スキル（状況把握も含めて）」「運動スキル」「行動制御スキル」の不十分さと，行動・情緒面での支援ニーズの強さがみてとれる。一方，周囲（家族や職場など）の問題や当事者本人との相互作用の問題としては，就学・就労といった進路，行動上の問題などがみられた。これらの点から，日常生活を送る上での「困り感」を，個人活動における制約および集団参加への障壁という2つの側面から評価していく必要があることがわかる。

表3-1 発達障害電話相談（東京学芸大学）に寄せられた主な相談内容

当事者自身の特性に関するもの	周囲との相互作用に関する問題
対人関係	進路の問題
・自己中心的 ・非常識，空気が読めない ・コミュニケーションが取りづらい ・感情のコントロールが困難	・就労の問題 ・就学の問題
社会生活に関わるもの	社会生活上の問題
・過敏さが強い ・だまされやすい ・こだわりがある ・不器用，運動が苦手 ・落ち着きがない，集中できない ・覚えが悪い ・規則，期限を守らない	・家庭内暴力 ・ひきこもり ・嘘をつく，盗む ・金銭トラブル ・対人関係トラブル
その他	
・病気（精神，身体，睡眠・食事） ・情報提供（診断・検査，支援者について）	

第2編　ASIST-IDver. 適応スキルプロフィール［成人知的・発達障害者版］

社会的場面でのつまずき

一方,「人間関係でちょっと困った人＆発達障害者に関する調査」(橋本他, 2012)では,成人期における社会適応がうまくいかないケースとして,次の7つのタイプがあることが明らかになっている。

a. 「行動のコントロールが困難」タイプ
   注意力・集中力が低い,計画性がない,仕事の効率が悪い,など
b. 「空気が読めない」タイプ
   相手の気持ちを察したり,場の空気を読んだりすることが苦手,など
c. 「自己中心的」タイプ
   自分の思い通りに行動し周りに迷惑をかける,他者への思いやりがない,など
d. 「感情のコントロールが困難」タイプ
   感情の起伏が激しい,怒りにまかせた行動・攻撃的な態度を取る,など
e. 「非常識」タイプ
   社会的に望ましくない行動を取る,常識はずれな行動を取る,など
f. 「コミュニケーションが取りづらい」タイプ
   表情や態度が冷たい,無口,独り言,独特な話し方などが特徴となる,など
g. 「柔軟性が低い」タイプ
   こだわりが強い,決まり切ったことしかできない,など

一般に,青年・成人期には,常識やマナーに対する理解をはじめ,対人コミュニケーションの手法や自己の感情をコントロールして相手にうまく伝える能力といった「良好な人間関係を作り,それを維持するための知識（ルール）や具体的な技術全般」,すなわちソーシャルスキルの重要度が格段に増す（表3-2）。しかし,知的・発達障害者の場合,成人していてもこうしたソーシャルスキルの多くを獲得できていないケースが少なくない。そのため,日常生活や就労におけるさまざまな社会的場面で,挫折やつまずきを経験する可能性が高い。

知的・発達障害者の社会的場面でのつまずきは,その要因ごとに5つに分類できる（表3-3）。青年・成人期の知的・発達障害者に対する支援では,こうした社会的関係でのつまずきを解消するために,その要因に応じてどのような支援策をとるべきか,あるいは本人自身が必要な適応スキルを身につけたり,上手に活用したりできるかを考えていくことも重要となる。

3章 成人期知的・発達障害者の適応スキルをアセスメントする

表3-2 基本的なソーシャルスキル
（井澤・霜田・小島・細川・橋本, 2008）

話す
- 相手に聞こえる声で話す
- 相手の顔を見て話す
- 全体に向けて大きな声で話す

聴く
- 行っていた活動を中断して聴く
- 話し手に体を向けて聴く
- 話し手の顔を見て聴く
- 他者の意見を最後まで聴く

挨拶する
- 相手のほうを向いてちょうどよい大きさの声で挨拶する
- 知っている人に挨拶する
- 自分から挨拶する

やりとり（会話）する
- 自分から声をかける
- 言葉でやりとりする
- かかってきた電話に簡単な応対ができる

話し合う
- じゃんけんや多数決で決められる
- 他者の意見を聞いて賛成や同意を表明する

応答する
- 働きかけられた時，応答する
- 他者の質問に礼儀正しく答える
- 名前を呼ばれた時に返事する
- 他者から何か頼まれた時，応じる
- 断りたい時，適切に断る

質問する
- わからないことがあった時，他者に尋ねる
- 活動中わからないことを挙手して質問する

主張する
- 「やめて」などの言葉で拒否したり抗議する
- 他者がよくないことをしていたら注意する

お願いする
- してほしいことを要求する
- 「貸して」と言って許可を求める
- 優しい頼み方ができる
- 「いいよ」と相手が言ってから借りる／了解してくれたらお礼を言う

関係を作る
- 自己紹介できる
- 他者を遊びや活動に誘える
- 他者と物を分け合う
- 他者と親和的に遊んだり活動できる
- 他者と道具を一緒に使うことを求める

問題を解決する
- 困った時に助けを求める
- 他者から攻撃された時，相手をせず対処する
- 自発的に他者と仲直りする

関係を維持したり，より良い関係にする
- 他者の嫌がることをしない
- 他者の行動を手伝う
- 他者を褒める
- 他者に何かしてもらった時，感謝の気持ちを伝える
- 他者と約束する
- 他者がひとりで寂しそうな時，声をかける
- 他者を心配する
- 他者が失敗した時，励ましたり慰めたりする

対人関係・集団参加する
- 仲間に入りたい時「入れて」などと言える
- 周りの動きを見て判断し，自分も行動できる
- 順番を理解して行動する
- ルールを理解して参加する
- 順位や勝敗を意識して遊ぶ
- 他者と協力する
- 場に応じた行動や態度が取れる
- 形式にそって号令をかけることができる

感情を処理する
- 気持ちを適切に処理する
- 過敏な反応を抑える
- 怒りを適切に表現する
- 相手の表情の違いや変化に気づく
- 表情から相手の感情を推しはかる
- 喜び，怒り，不安，哀しさを共感する
- 自分の思いが否定された時，興奮しない

第2編　ASIST-IDver.適応スキルプロフィール［成人知的・発達障害者版］

表3-3　知的・発達障害者の社会的場面でのつまずき

つまずき要因	必要な適応スキル	具体的な行動目標
状況理解のつまずき	認知スキル	状況を把握・理解する
感情コントロールのつまずき	感情抑制スキル ストレスへの対処スキル	感情の高ぶりや興奮を適度にコントロールする。自身のストレスを把握し，他に発散できる
多動・衝動性の強さ	行動制御スキル	状況に応じて欲求や衝動を抑え，行動をコントロールする
こだわり・過敏さの強さ	問題解決スキル 生活習慣スキル 社会性スキル	困難な状況を回避（予知，交渉，代替行動）する。援助依頼をする。健康的な生活習慣を身につける。適度な耐性による行動を取る
表現力の未熟さによるつまずき	言語コミュニケーションスキル	状況に即して，相手にわかりやすく，効果的なコミュニケーションや言語表現をする

2節　青年・成人期の支援に固有の問題

個々の障害特性と青年・成人期の経過

「知的・発達障害者」と一口に言っても，個々人の障害の特性やその度合いはそれぞれ異なる。例えば，青年期や成人期に入ると，児童や生徒とは異なり，直接的な学習活動（いわゆる「勉強」）に携わる時間は次第に減ってくる。しかし，知的障害や境界域知能，学習障害（LD）など，いわば「学習の困難さ」を抱える人にとっては，それまで読み書きや計算といったアカデミックスキルの習得に制限があったことも影響し，日常生活を送ったり，就労したりする上でしばしば困難が生じる。

一方，自閉症スペクトラム障害者の場合，こうした学習の困難に伴う問題は起きにくいものの，自閉症圏独自の問題を抱えている。すなわち，その知的能力に比して，社会適応は必ずしも良好であるとは言いがたく，特に思春期から青年・成人期にかけて激しい社会的不適応を示す人が少なくないのだ。

特に，アスペルガー症タイプの人は，学力は高くても基本的な社会的スキルが獲得されておらず，加えて本人はその自覚に乏しいことがよくある。その結果，職場の対人関係のトラブルへと発展し，挫折するケースが多くみられる。重篤な場合になると，青年期前後から，うつ状態，幻聴，被害関係念慮，被害妄想が出現したり，一次障害として存在する固執に加え，強迫神経症に類した症状が現れて苦痛を訴えたりすることもある。

知的障害,発達障害の診断・定義

　我が国の法律には,知的障害に関する明確な定義がない。厚生労働省と文部科学省が用語解説として示してはいるが診断基準ではない。これは,発達障害についても同様で,診断基準ではなく,その障害の用語説明にとどまる記述である。

　知的障害の国際的な定義としては,① WHO（2003）ICD-10 国際障害分類第 10 版,② APA（2012）DSM-5 精神障害の分類と診断の手引き第 5 版,③ AAIDD（2010）知的障害の定義／診断マニュアル第 11 版に共通する「知的能力＆適応の障害」「18 歳未満で生じる」「支援が必要」の 3 点があげられる。一方,発達障害は,複数の障害をグループとしてまとめた名称であり,各々の障害ごとに診断基準や定義がある（第 1 編 1 章の表 1-1 を参照）。

　また,「脳機能の障害」「認知機能と適応行動から診断される」「支援方法が同一または類似している」などの理由から,両者を広義の発達障害のグループとして捉えることが,国際的な知見といえる。

青年・成人期における支援のポイント

　これらの障害特性の違いをふまえたうえで,支援の際の声かけや働きかけのポイントをまとめると,次ページの表 3-4 の通りになる。また,知的・発達障害者に対して作業などの指示を出す際には,以下の点に留意すると理解を得やすい。

・原則 1 回の指示で 1 つの活動を行えるようにする
　（長い文章の理解や状況理解に困難を伴う場合があるため）
・今行っている活動が終わるまで次の指示を出さない
　（活動中に指示・説明を聞き,理解するのが難しい場合があるため）
・対象者が理解できる言葉を使うよう心がけたり,視覚的な情報（指さしやイラスト付きのカード,文字情報など）を併用したりする
・指示や説明に構造を持たせる
　（例えば「1 番に○○,2 番に□□,最後に△△してください」,または「ゴールは△△です。そのために,まずは○○,その後で□□をしてください」など）
・指示をしっかり聴くことに慣れてもらう
　（まず指示する人や対象物に注目させたり,指示を理解したら返事をするよう促すなど）

表3-4 障害特性に応じた具体的な手だて（声かけ・働きかけ）

知的障害者への支援＜理解する力が全般的に低い人＞
・すぐそばから（近くで）
・視線を合わせて（おだやかに）
・時間をかけて（じっくりと）
・はっきり単一的に（それだけを）
・実際に体験させながら（やってみながら）
・プライドを重んじて（歳相応に）

ADHD（多動・衝動性）への支援＜落ち着きがなく衝動的に行動する人＞
・すぐそばから（近くで）
・注意をひきつけて
・その人のタイミングで
・はっきり明瞭に（きっぱりと）
・見本を示して（視覚的に）
・気持ちの高ぶりを抑えて（冷静に）

自閉症スペクトラム障害者への支援＜感覚過敏があり対人関係に制約がある人＞
・適度な距離から（その人の距離）
・注意をひきつけて（静かに）
・タイミングをはかって（適時性）
・はっきり明瞭に（きっぱりと）
・見本を示して（視覚的に）
・パターン化して（繰り返し）

ADHD者（不注意）への支援＜不注意が強く消極的で穏やかな人＞
・適度な距離から（その人の距離）
・注意をひきつけて
・時間をかけて（じっくりと）
・はっきり単一的に（それだけを）
・実際に体験させながら（やってみながら）
・自信を持たせながら（確かめながら）

行動障害が強い人への支援
・安全の確保を優先する（本人，周囲の両者において）
・刺激物（者）を避ける（興奮したりアクティブになる原因を取り除く）
・興奮させない（声かけや働きかけにおいて）
・「待つ」練習を繰り返し行う（行動抑制を徐々に身につける練習）
・時には「無視」する（問題行動に対して周囲が無視することで影響を抑える）

　さらに，保育や教育の現場では，タイミングやケースに合わせて「上手に褒める」ことが重要視される（表3-5）。これは，知的・発達障害者の支援においても，同じことがいえる。

3章　成人期知的・発達障害者の適応スキルをアセスメントする

表3-5　「上手な褒め方」のガイドライン

・すぐ褒める……………基本的には即時性が重要なので、できるかぎりその場で褒める。
・たくさん褒める………対象者の気分を良くし、情緒の安定をもたらす。
・大げさに褒める………対象者に自信を持たせたり、支援者との間に信頼関係を構築したりする。
・一定の基準で褒める……褒めるべき時には、いつでも必ず褒める（褒めたり褒めなかったりしない）。
・叱るより褒める………してはいけない問題行動をやめない時は、代わりの行動を促して、それができたら褒める。また、問題行動を起こしそうな時は、それをする前に良い行動を代わりに褒めることで、問題行動の発生をあらかじめ防ぐ。

理解者・支援者の存在が"二次障害"を防ぐ

知的・発達障害が要因となり、学校や社会への不適応が生じた場合、青年・成人期に"二次障害"ともいうべき状態を引き起こしがちなことにも注意すべきだ。代表的なものとしては、自信のなさや意欲の低さ、やるべきことからの回避、過剰適応による対人緊張、いじめによる被害的な対人認知や人間不信、被害妄想的な見方などがあげられる。例えば、幼少期から児童期にかけての嫌な体験を思い出し、それを再体験するかのように感じてパニックになってしまったり（フラッシュバック）、叱責・批判された経験が積み重なって「自分はダメだ」という思いから投げやりになったり、反社会的な行動に発展したりしてしまうといったケースがある。

また、状況を認識したり、他者の気持ちを推測したりする力が弱く、加えて自らの特性を客観的に評価できないために、能力にそぐわないほど高望みしたり、逆に悲観的で無気力な状態になったりすることもある。これは、現実の自己と「こうあるべき自己像」との統合がなされず、結果として自身の置かれた現状を受け入れられなくなったものといえる。

さらに、これまでの青年・成人期の知的・発達障害者の研究では、「急激退行」（青年期に入ってから、元気がなくなる、行動が著しく遅くなる、情緒不安を起こして今までできていたことができなくなる。ダウン症者の一部にみられる）、「中途リタイア」（職場の人間関係や家族関係の変化が、仕事に対する意欲の低下、問題行動、離職などにつながる）、「疾病による退行」（精神障害や身体疾患を成人期になって発症し、行動や能力の低下を示す）、「早期老化」（老化による体力低下や意欲の減退などがみられる）といった事例も報告されている。

これら青年・成人期の不適応現象は、まだ研究が十分に進んでおらず、原因や症状、予防・治療の方法などは必ずしも明確になっていない。しかし、少なくとも、家族や周

囲から、障害やそれに伴う特性について正確な理解が得られず、その人に合った指導・助言がなされないと、不適応状態は一層深刻化してしまう。

知的・発達障害者の自立や就労に何らかの支障が生じた際、良き理解者や支援者の存在は大きな助けとなる。自分の気持ちを理解してくれる人、思いを受け止めてくれる人、寄り添ってくれる人、しっかり助言してくれる人、そして見放さずに面倒をみてくれる人が周囲にいることは何よりも大切である。

3節　支援の方針と実践

青年・成人期向けトレーニングの事例

青年・成人期の知的・発達障害者をみていると、いきいきと豊かな生活をしている人や、いったんは不適応を起こしても適切なサポートのもとで復帰できた人には、共通する特徴がある。それは、「自分の特性を前向きに捉えられる」「周囲に理解者・援助者（怒らず助言する人）がいる」「過去に自分なりの達成経験があったり、現在夢中になっているものや得意なものがある」「感情や衝動をある程度コントロールできる」といった点だ。また、発達支援や教育支援を受けた経験があること自体も、青年期以降の良好な経過と密接に関連している。

知的・発達障害者のキャリア教育や就労前訓練を実施する際には、支援者側はこうした点にも留意して、受講者の心理状態を良好に保てるよう配慮すべきだろう。青年・成人期の知的・発達障害者向けのトレーニングとしては、例えば以下のようなものが実際に行われている。

ケース1　自分自身のことを理解していますか？

表3-6は、特別支援学校高等部の在学生や、障害者雇用で働く知的・発達障害者向けに実施される「自分のことを知っていますか？　語りましょう！」というプログラムで使われるワークシート（の一部）である。知的・発達障害者の中には、自身についての理解があまり明確でない人が少なくない。そこで、教師や支援者の指導、相談のもとで、自己に関する質問項目に答えていき、それを使って友だちや同僚とのグループセッションを行って、本当の自分について理解して語れるように練習していく。

なお、質問項目は、受講者の年齢やトレーニングの目的に応じて適宜追加してもよい。例えば、「同僚の〇〇さんはどんな人ですか？」といった周囲の友だち、同僚に関する質問や、「仕事で疲れた時は体のどこが痛い、または疲れますか？」といった身体や健康状態に関する自己認識を尋ねる質問、「駅で困ったことがあったら誰に何と質問しま

表3-6 知的・発達障害者のための「自分のことを知っていますか？語りましょう！」ワークシート

※以下の項目にうまく答えられるようになりましょう！
　うまく語れたら，□にチェックを入れていきましょう。

□あなたの名前は？　　　　　　　　　　□誕生日はいつ？
□どこに住んでいますか？　　　　　　　□一緒に住んでいる人は誰ですか？
□好きな食べ物は何ですか？　　　　　　□今，働いていますか？（はい・いいえ）
□どんな仕事をしていますか？　　　　　□時間がある時には，何がしたいですか？
□趣味（好きなもの）は何ですか？　　　□家族はいますか？家族の名前と年齢は？
□あなたが好きな人は誰ですか？　　　　□あなたと一緒に過ごす時間が，一番長い人は誰ですか？

すか？」など，適応スキル（ここではコミュニケーションスキル）の獲得状況を確認する質問を設ける場合もある。

ケース2　ソーシャルスキルトレーニング

前述した通り，知的・発達障害者の中には，社会生活を円滑に進めるためのソーシャルスキルを十分に持ち合わせていない人も少なくない。そこで，こうしたソーシャルスキルを獲得するためのトレーニング（ソーシャルスキルトレーニング：SST）を，青年・成人向けに実施する機会が増えている。例えば，ある作業所では，毎週水曜日午後の1時間を「グループSSTの時間」とし，お茶を飲みながら「さまざまな社会的エピソードを扱ったDVDや紙芝居を見て，問題を知る」「仲間同士で話し合う」「ロールプレイングや自己評価を行う」といった取り組みを実践している。

ケース3　就労に必要なスキルのトレーニング

また，特別支援学校高等部や，就労支援を行う福祉サービス事業所，障害者職業センターなどでは，以下のようなキャリアトレーニングを頻繁に実施している。

・対人スキルトレーニング
　基本的な対人スキル（挨拶，報告，依頼，謝罪）の習得や，仕事上での人間関係に関する個別の課題の解決をめざす
・ストレスコーピング
　ストレスの感じ方を理解し，その対処方法を学ぶ

- 作業トレーニング
  軽作業やPCを使った入力作業，清掃作業などを実際に行う
- 手順書作成スキルトレーニング
  仕事の手順書の作成技能を習得し，実際に簡易作業の手順書を作成する
- 求職活動スキルトレーニング
  求職活動全般に関するトレーニング。「働くこと」とは何かを知る，職場でのマナーや，職場の選び方，面接技法を習得する，ハローワークとの職業相談を行う
- 障害理解
  自身の得意・不得意を知る，障害について知る，自己紹介シートを作成する
- 職場実習
  就労に向けての作業実習を行う，仕事ぶりを自己評価したり，他者による評価を受け入れることを学んだりする

場面や状況ごとの支援・対応策

　最後に，青年・成人期における支援の方針と注意点を，場面や状況別にまとめておく。保護者や教師，支援者は参考にしてもらいたい。

　なお，青年・成人期の知的・発達障害者を支援する際には，過剰な手助けや「甘やかし」が，かえって本人のやる気をそいだり，自立を妨げたりしてしまうおそれがあることにも留意しておきたい。もちろん，まずは本人の意欲や能力を把握し，個々の制約に見合った支援を行うことを優先すべきだ。だが，知的・発達障害者自身で対処できることが増え，本人に積極性もみられるならば，援助の度合いや種類を徐々に減らすことも検討すべきである。

仕事・学習

　仕事や学習の際には，やることがはっきり決まっていて，工程やスケジュールもあらかじめ示されていると，知的・発達障害者自身が安心して取り組める。逆に，「臨機応変に」「自己判断で」というあいまいな指示や，急な変更には対応しきれない場合が多い。したがって，なるべく指示を明確化し，見通しを持たせるようにする。

　また，障害の度合いや種類などによって，単調な作業や学習を長時間集中して行うことを得意とする人，逆に集中力が長続きしない人，日々新しい活動に取り組むことを好む人，誰かがそばにいて，親しくおしゃべりしながら作業することを好む人など，さまざまなタイプがいる。周囲の支援者は，そうした特性を見極め，仕事の内容や負荷，職場の雰囲気作りや休憩の取り方などを工夫していきたい。

家庭

ほとんどの知的・発達障害者にとって、家族（特に保護者）は最も身近かつ長期にわたる支援者である。だが、その距離感の近さゆえに、自分本位な主張を繰り返したり、相手の話を聞き入れなかったりといった問題が生じることもある。また、相手の状況や気持ちを推しはかることが不得手な場合、家族の何気ない言葉や行為に対して、怒りをコントロールできずに感情を爆発させるといったケースも起こりうる。

青年・成人期の知的・発達障害者と他の家族との間でこうした衝突が起きた時は、むしろ淡々とした態度で、冷静に伝えるべきことだけを話すのが有効な場合も多い。常日頃から、年齢に見合った接し方を心がけ、過度な身体接触や幼稚な言葉遣いは避けるべきである。

余暇活動（趣味）

仕事や学業以外に何か趣味を持っているならば、思いきり取り組めるようにサポートすべきである。ただし、中には、度を超えて没頭してしまい、さまざまな支障をきたすケースもある。その場合は、制限時間を設けたり、進み具合で止め時を決めたりする。その際、本人との間で「何分まで」「ここまで」と具体的に約束を交わし、それを守らせるようにする。

逆に、これといって趣味を持たない場合は、本人が得意なことや好きなことをきちんと認識できるよう支援し、その上で周囲が何か推薦するとよい。本人が取り組んで楽しい、あるいは自信がつくような趣味がよいだろう。また、ひとりで楽しむほうがよいか、他者と共有できるほうがよいかといった好みにも気を配りたい。いずれの場合でも、こうした余暇活動が、他者との共感力を高めたり、人間関係を広げたりするきっかけになることは多い。

ストレスや不安

一般に、ストレスが高まり不安が強くなると、こだわりが激しくなったり、感情や行動のコントロールがさらに困難になったりといった、知的・発達障害の特性のネガティブな面が顕著になる。これらを未然に防ぐためには、ストレスとうまく付き合うこと（ストレスマネジメント）が大切である。余暇活動や気分転換でストレスの解消を図る、休息して心身の疲労を取るといった方法が有効だ。

ただし、知的・発達障害者の中には、自らの心や体の状態に気づきにくく、ストレスフルな状態を認識できない人がいる。その場合は、周囲が本人の様子に気を配り、必要に応じて対応していく。

また，周囲の人間からネガティブな反応（叱責や否定など）があると，ストレス耐性が低いためにどう応答していいかわからなくなる人も少なくない。こうした状況も，まわりが配慮することである程度避けられるはずだ。

他者との交流

雑談やグループワーク，親睦会といった普段あまり顔を合わせない他者とのコミュニケーションが求められる場面は，一部の知的・発達障害者が最も苦手とするところだ。他人とうまく話せず孤立してしまうことや，話し方や内容が独特であるために相手に違和感を抱かせたり，会話が嚙み合わなかったりする状況が多々みられる。

こうしたコミュニケーション面での特性については，周囲の人がそれを理解し受容することが大切である。例えば，話し相手の気持ちを読み取るのが苦手な人と会話する際には，皮肉や婉曲的な表現は用いず，話の要点や話し手側の率直な感想を簡潔に伝えるようにするといった工夫が求められる。

同時に，知的・発達障害者本人に対しても，会話のマナーやより良い話し方を周囲が指導していくとよい。成人でも習得に時間のかかる場合があるので，本人の身につくまで気長に少しずつ教えていってほしい。

自己理解

一般に，青年・成人期に入ると，将来的な職業選択を見据え，自己の得手不得手を的確に把握するとともに，得意な部分を伸ばし，苦手な部分を補うといった試みが重要となる。これは，知的・発達障害者でも，まったく同じことがいえる。

ただし，知的・発達障害者によっては，自己の能力について客観的に把握することが苦手なケースもある。その場合，自身の発揮できる力をより良く見極めるために，周囲の人間による助言や，新たな活動への参加支援が不可欠となる。

その結果，知的・発達障害者本人が自らの障害の特性を理解し，自分の行える作業や学習の質・量を把握できるようになったら，次の段階では仕事を上手にこなす方法や，不得手なことをうまく避けるやり方を，実践を交えつつ学んでいくのがよいだろう。

4章 スコア・マニュアル

1節　A尺度：適応スキルの把握

　青年・成人期の人間を対象にASISTを実施する場合も，基本的な実施方法は第1編で説明したものと同じである。本章では，青年・成人期向けの各質問項目の評価の基準例と，プロフィール票の採点方法について説明する。

　A尺度：適応スキルの把握における，◎，△，×の評価基準は，以下の通りである。

　◎…よくあてはまる／経験していないが，おそらくよくあてはまる
　△…少しあてはまる（ときどきあてはまる）
　×…あてはまらない／経験していないが，おそらくあてはまらない
　D…わからない

　当該質問項目における行動やスキルの獲得・達成において，◎は，おおむね獲得している，または達成できる場合である。△は，半分程度または一部の獲得をしている，または不十分な達成であり，ときどきはできるがいつも常に達成できるものではなく，周囲から何らかの声かけや働きかけ（部分的な手伝い・介助や見守り）などの一部のサポートが必要とされる場合である。×は，獲得できていない，または達成できない場合であり，周囲からの著しい声かけや働きかけ（全般的な手伝い・介助）などの全面的サポートが必要となる（経験していないが，おそらくあてはまらない場合を含む）。Dは，不明の場合である。

　以下で紹介する評価の基準例と違った行動やスキルの獲得がみられる場合は，おおむね，◎8割以上の獲得・達成，△5割程度の獲得・達成，×は未獲得・未達成，として暫定的・恣意的に評価する。その上で，対象者をよく知る人物から詳しく聴取し，2～3名の複数の観察者によって合議による評価を行ったり，当該項目にある行動を実際に何度か試行させてみて再評価することが望ましい。

第2編　ASIST-IDver.適応スキルプロフィール［成人知的・発達障害者版］

A-1. 生活習慣

A1-1. 衣服をひとりで着脱する
　他者からの介助なしで，衣服の着脱がひとりでできれば◎。服の前後がわからない，ボタンの掛け違いに気づかない，途中で手が止まってしまうなどの理由で声かけや働きかけが一部必要な場合には△。衣服の着脱に全般的な介助や常に手を貸す必要があるならば×。

A1-2. 言われなくても自分の持ち物と他人の持ち物を区別する
　自他の持ち物の区別を理解していて，他人の持ち物を勝手に使わなくなれば◎。普段は区別しているが，活動などに熱中している時などに他人の物を使ってしまう場合は△。自他の持ち物の区別（理解）ができず，他人の物を勝手に使ってしまう場合には×。

A1-3. こぼさないようにひとりで食事をする
　箸，スプーン，フォークなどの通常使用する食事道具を使って，食事中はほとんどこぼさないようにひとりで食べられる場合は◎。少しまたはときどきはこぼすが，ひとりで食べることができる場合は△。あまりにこぼすので，下に敷物を敷いて食べるか，エプロン・前かけなどを身につけて，食事の後にこぼしたものを必ず拾う場合には×。

A1-4. 道路では車に気をつけて歩く
　交通ルールを守って安全に気をつけて歩ける場合は◎。普段は注意して歩くが，何かに熱中すると道路に飛び出してしまうなどの場合や場所によっては声かけが必要な時は△。車の危険について無頓着で，ほとんど車に注意しないで歩く場合は×。

A1-5. 歯をひとりで磨く
　歯を磨くことが習慣になっていて，他者からの働きかけなしで歯を磨くことができる場合は◎。歯を磨くことをときどき忘れたり，磨く手が止まったりするなどして，不十分な磨き方をするなどから部分的に声かけや手伝いが必要な場合は△。毎回，歯を磨くように促す，または手を貸してあげる必要がある場合には×。

A1-6. 体の調子が悪い時に上司や職員，家族に訴える
　周囲の人（上司や職員）に訴えるなど，体の不調を表明・表現することができる場合は◎。決して，言葉などにより流暢に説明できる必要はない（説明力は問わない）。重篤

な症状（激痛など）の場合は表明・表現するが，軽症な体の不調などについては表明・表現できなかったり，毎回ではなくときどきならば表明・表現することができる場合は△。体の不調を他者に表明・表現しない場合や，泣く・うずくまるなどの不調から強いられる姿勢・態度を示すことしかできない場合は×。

A1-7. 朝，出勤・登所した時の支度を自ら進んでする

　他者からの働きかけなしで決められた場所に荷物を片づけたり整えたりするなどの支度を毎日行うことができる場合は◎。ときどき（週1〜2回ほど）忘れることがあり声かけや働きかけが必要であるか，部分的な声かけや手伝いでほぼできている場合は△。ほぼ毎日，声かけや働きかけが必要であり，または全般的に手を貸してあげる必要がある場合には×。

A1-8. ひとりで入浴し，体や髪を洗う

　他者からの働きかけなしで入浴し，体や髪を洗えることができる場合は◎。不十分な洗い方や洗い残しがあるなどして，部分的に声かけや手伝いなどが必要な場合は△。毎回，入浴や体などを洗うように促す，または全般的に手を貸してあげる必要がある場合には×。

A1-9. 切り傷に絆創膏を貼るなどの簡単なけがの手当てをする

　簡単な切り傷を負った時に，他者に訴えて処置してもらうのではなく，自分で絆創膏やガーゼなどを使って手当てをして簡単な処理ができる場合は◎。他者からの部分的な声かけや手伝いを受けながら自分で手当てをする場合は△。自分では対応できずに他者に処置してもらう場合は×。

A1-10. 手洗いやうがいを進んでする

　手洗いやうがいをすることが習慣になっていて（基本的には毎日のことであるが，状況に応じて必要な場合），他者からの働きかけなしで手洗いやうがいをすることができる場合は◎。手洗いやうがいをすることをときどき忘れたり，途中で気がそれたりするなどして，部分的に声かけや手伝いが必要な場合は△。毎回，手洗いやうがいをするように促す，または手を貸してあげる必要がある場合には×。

A1-11. 倉庫やロッカー室などへ物品・用具を適切に運び，適切に片づけることができる

　用具の扱い（安全や落下など）に注意をしながら運ぶことができて，所定の位置に整然と片づけることができる場合は◎。用具の扱いが粗雑であったり，または指定された

部屋などに運ぶことはできるが所定の位置に適切に片づけること（整然と片づけたり元通りの位置に正確に置くことなど）は不十分な場合には△。他者の声かけや手伝いが必要となり，所定の位置に片づけられない場合には×。

A1-12. 職場やサークル活動などで指示されたものを適切に買ってくる
　指示されたものを間違えずに買ってくることができる場合は◎。指示されたものとは異なるが，おおむね同様の用途のものや不十分なものでも買ってくることができる場合には△。間違えて買ってくる，または指示されたものを買うことができない場合には×。

A1-13. 天候に応じて衣服を調節する
　その日の気温や気候に合わせて上着の調節（長袖や半袖に代えたり，カッパや上着を脱ぎ着する）などを行うことができる場合は◎。天候に応じた衣服の調節をしようとする意図や気持ちなどはあるが，ときどき忘れたり無頓着になって他者からの声かけが必要だったり，不十分な場合がある場合は△。ほとんどの場面で他者が声かけや働きかけをして衣服を選択してあげる場合は×。

A1-14. 爪が伸びたことに気づいて切ろうとする
　爪を上手に切る技術の達成は問わないが，自分の指の爪が伸びたことに気づいて，爪切りやハサミなどを用いてひとりで切ろうとすれば◎。ときどき，爪が伸びたことに気づいて切ろうとする場合や他者に切ってもらうように訴える場合は△。爪が伸びたことに気づかない，または無頓着であったり，爪切りは他者からの声かけや手伝いが必要とされる場合には×。

A1-15. 古い食べ物や悪くなった食べ物を見分ける
　食べ物のいたみや古さなどを見た目や臭い，一口食べるなどして判別することができ，全部またはその部分を食べなかったり取り除いたりすることができる場合は◎。明らかに腐っている食べ物であれば気づくか，あるいは，ときどき，食べ物のいたみや古さなどに気づく場合は△。食べ物のいたみや古さなどを判別することができず，または無頓着であったり，何でも口にしてしまう場合は×。

A1-16. 食事の際にみんなが食べ終わるまで待てる
　たとえ自分が先に食べ終わっていたとしても，食卓のみんなが食べ終わるまで静かに待っていられる場合は◎。普段は待つことができるが，ときどき，次の活動などに気持

4章 スコア・マニュアル

ちが奪われて，思わず先に片づけてしまったり席を立つことがある場合は△。自分の食事が終わるとすぐに席を立ってしまう，または食器で遊んでしまい待つことができない場合には×。なお，食事の場面ではなく，類似した状況（グループで取り組む作業で他者の終了を待ったり，活動などの終了合図を待つなど）において置き換えて評価しても構わない。

A1-17. ひとりで病院の診察を受けたり薬をもらう

病院にひとりで出かけて，診察券を出したり，医師とやりとりして自分の症状について説明ができ，料金の支払いや薬をもらってこられる場合は◎。不十分ながらもひとりで遂行できる，または一部で他者から声かけや手伝いをしてもらってできる場合は△。他者の付き添い，声かけや手伝いがないと難しい場合には×。

A1-18. 電話などで人から言われたことをメモしたり，伝言する

自発的にメモを取り，忘れずに伝言することができる場合は◎。ときどき，メモを取り忘れたり，伝言を忘れることがあり，声かけや働きかけが必要であるが，普段はほぼできている場合は△。メモを全く取らない，または伝言することを忘れることがほとんどの場合には×。

A1-19. 自分の容姿に気を配り，場所や場面にふさわしい服装をする

他者からの声かけや働きかけなしで，場所や場面にふさわしい服装をすることができる場合は◎。他者からの簡単な声かけや手伝いがあれば，またはときどきは，場所や場面にふさわしい服装をすることができる場合は△。常に他者からの声かけや働きかけがないと，場所や場面にふさわしい服装をすることが難しい場合には×。

A1-20. サンダルや上靴を自分ひとりで洗う

他者からの促しなどがなくても自分ひとりで洗える場合には◎，声かけなどの働きかけが必要な場合には△，手を貸す必要のある場合には×とする。

A-2. 手先の巧緻性

A2-1. 小さいボタンを留める

ワイシャツのボタンのような直径が1センチ程度の小さいボタンをひとりで留めることができる場合は◎。留めるのに時間がかかったり，不十分な留め方をするために部分的に声かけや手伝いが必要な場合は△。毎回，他者の手助けが必要な場合には×。

第 2 編　ASIST-IDver. 適応スキルプロフィール［成人知的・発達障害者版］

A2-2. 粘土でボールを作る

　粘土をボールのようなきれいな球状に作ることができる場合は◎。一部に凹凸があったり，ゆがんだ球状になる場合は△。全く球状にならず，全般的な介助や常に手を貸す必要がある場合には×。

A2-3. 線に沿って四角形をハサミで切り抜く

　線からはみ出さずにきれいに四角形をハサミで切り抜くことができる場合は◎。ときどき，線からはみ出してしまうが，おおむね四角形を切り抜ける場合は△。ほとんど線からはみ出して切ってしまう，または角を丸く切り取ってしまう場合や，常に手を貸す必要がある場合には×。

A2-4. 安全ピンをつける

　ひとりで名札に使用されているような安全ピンを服につけることができる場合は◎。ときどきはひとりで安全ピンをつけることができるが，普段は一部介助や手伝いが必要な場合は△。つけることが難しく，または常に手を貸す必要がある場合には×。

A2-5. 皮むき器でジャガイモの皮をむく

　ひとりでジャガイモ 1 個の皮をすべてむくことができる場合（皮を残さず）は◎。著しく時間がかかったり，不十分なむき方なために部分的に声かけや手伝いが必要な場合は△。皮むき器を扱えない，皮をむくことが難しい，毎回他者の手助けが必要な場合には×。

A2-6. 缶ジュースのプルタブを開ける

　ひとりで缶ジュースのプルタブを開けることができる場合は◎。ときどきはひとりでプルタブを開けることができるが，普段は一部介助や手伝いが必要な場合は△。開けることが難しく，常に手を貸す必要がある場合には×。

A2-7. お盆の上にのせたお茶をこぼさずに運ぶ

　八分目程のお茶などの飲み物・液体が入ったコップをお盆にのせて，全くこぼさずに 5m ほどの近い距離を運ぶことができる場合は◎。ときどきはひとりでこぼさずに運べるが，普段は少しこぼしてしまうか，声かけが必要な場合は△。こぼさずに運ぶことは難しく，または常に手を貸す必要がある場合は×。

A2-8. 紙からはみ出さずにのりをつける

　スティックタイプののりを紙からはみ出さずにつけることができる場合は◎。まれに紙からはみ出してしまうがのりづけすることはできる，または部分的に声かけや手伝いが必要な場合は△。スティックタイプのりを扱えない，下紙なしでのりづけすることが難しいほど紙からはみ出してしまう，または常に手を貸す必要がある場合には×。

A2-9. 普通の大きさの折り紙で鶴を折る

　12センチサイズ程の折り紙で鶴をひとりで折ることができる場合は◎。不格好な形や折り紙の端がそろっていないなどの不十分さはあるが鶴を折ることができる，または部分的に声かけや手伝いが必要な場合には△。鶴を折ることが難しい，または常に手を貸す必要がある場合には×。

A2-10. 蝶々結びをする

　他者からの働きかけなしでひもの蝶々結びができる場合は◎，蝶々結びの形はできるが明らかに緩めだったり，歪んでいてすぐにほどけてしまう場合は△，蝶々結びをすることが難しい，または常に手を貸す必要がある場合には×。

A2-11. 定規を使って線をきれいに引く

　定規を使って線が曲がったりせずにきれいに直線を引くことができる場合は◎。3回に1回程度きれいに引ける，または部分的に声かけや手伝いが必要な場合は△。定規を使用して線を引くことが難しい，常に手を貸す必要がある場合には×。

A2-12. 丁寧に紙をそろえてホッチキスで留める

　3～5枚程度の紙をきれいにそろえてホッチキスで留めることができる場合は◎。そろえる際，またはホッチキスで留める際にそろえた紙が少しずれてしまう，または部分的に声かけや手伝いが必要な場合には△。紙をそろえることができない，またはホッチキスで留めることが難しい，または常に手を貸す必要がある場合には×。

A2-13. 電卓の数字キーを正確に速く押す

　電卓で計算をする際に，正確にすばやく数字キーを押すことができる場合は◎。例えば，3ケタの数字を2つ加減計算する際に10秒程かかる（押すのに時間がかかる），ときどき打ち間違いがある，または部分的に声かけや手伝いが必要な場合は△。著しく時間がかかってしまう，または何度も打ち間違いをする，常に手を貸す必要がある場合には×。

第2編　ASIST-IDver. 適応スキルプロフィール［成人知的・発達障害者版］

A2-14. 印鑑やスタンプをまっすぐきれいに押す
　印鑑やスタンプを押す際に曲がったりはみ出さずにきれいに押すことができる場合は◎。3回に1回程度ならばきれいに押すことができる，または部分的に声かけや手伝いが必要な場合は△。きれいに押すことができない，または常に手を貸す必要がある場合には×。

A2-15. リコーダーや笛の指使いがスムーズにできる
　リコーダーや笛を使って簡単な曲を上手に演奏することができる（正確な音でテンポよく吹ける）場合は◎。ときどきつっかえてしまったり，ゆっくりなテンポであれば演奏することができる，または部分的に声かけや手伝いが必要な場合は△。ゆっくりなテンポであっても指使いが演奏についていくことが難しい，または常に手を貸す必要がある場合には×。

A2-16. 醤油などの詰め替えをこぼさずにする
　醤油などの液体を小瓶（10cm大ほどの物）に詰め替える際にこぼさずに詰め替えることができる場合は◎，ほんの数滴程度こぼしてしまう，または部分的に声かけや手伝いが必要な場合は△，大量にこぼしてしまうおそれがあり詰め替えることは難しい，または常に手を貸す必要がある場合には×。

A2-17. 自分のワイシャツの袖のボタンを片手で留める
　自分が着ているワイシャツ（ブラウスなど含む）の袖のボタンを5秒程度で片手で留めることができる場合は◎。時間は多少かかっても片手で留めることができる，または部分的に声かけや手伝いが必要な場合は△。片手で留めることが難しい，または常に手を貸す必要がある場合には×。

A2-18. 箸で豆腐を崩さずにつまんで持ち上げることができる
　箸で豆腐をつまんで持ち上げる際，毎回崩さずに持ち上げることができる場合は◎。3回に1回程度は崩さずに持ち上げることができる，または部分的に声かけや手伝いが必要な場合は△。崩さずに持ち上げることができない，または常に手を貸す必要がある場合には×。

A2-19. エプロンのひもを後ろで蝶々結びにする
　エプロンを身につける際にひもを自分の体の後ろで蝶々結びができる（直接見ないで手探りだけでできる）場合は◎，自分の体の後ろで結ぶことはできるが，すぐにほどけるなどの不十分さがみられる，または部分的に声かけや手伝いが必要な場合は△，自分の体の後ろで結ぶことが難しい，または常に手を貸す必要がある場合には×。

A2-20. パソコンのキーボードで文字を両手で打つ

パソコンのキーボードで文字を打つ際に両手のすべての指を使用してキーボードを打つことができる場合は◎。時間がかかったり，ときどき間違えたりはするが，両手のすべての指を使って打つことができる，または部分的に声かけや手伝いが必要な場合は△。両手のすべての指を使って打つことが難しい，1本の指（人さし指など）でしか打てない，または常に手を貸す必要がある場合には×。

A-3. 言語表現

A3-1. しりとりができる

手助けやヒントを与えずにしりとり遊びができる場合は◎。他者から用途や属性などのヒントを与えながらであればできる，または部分的に声かけや働きかけが必要な場合は△。しりとりをすることが難しい，または常に手助けの必要がある場合には×。

A3-2. 同僚・仲間を言葉で遊びに誘える

自分ひとりで同僚・仲間を言葉で遊びに誘える場合は◎。他者から部分的に声かけや働きかけがあれば同僚・仲間を言葉で遊びに誘える場合は△。同僚・仲間を言葉で遊びに誘うことが難しい，または常に手助けの必要がある場合には×。

A3-3.「静かな声でお話しようね」と言われてささやき声で話せる

静かにしていなければいけない状況，または小声で話さなければならない時に，「静かな声でお話しようね」と言われて，ささやき声（隣にいる人しか聞こえないほどの小さな音量）で話すことができる場合は◎。ときどきはささやき声で話すことができる，または他者から何度か声かけや働きかけがあればささやき声で話せる場合は△。ささやき声で話すことが難しい，または常に手助けの必要がある場合には×。

A3-4. ひらがなとカタカナ文字がほとんど読める

ひらがなとカタカナ文字をほとんど読める場合は◎。半分程度読める，他者から部分的に声かけや働きかけがあればほとんど読める場合は△。ひらがなやカタカナを読む際に常に手助けの必要がある，または読める文字が少ない場合には×。

A3-5. 歌詞カードを見ながら唄が歌える

歌詞カードを見ながら，ほぼ適切に音の高低・調子や歌詞通りに歌える（発声できる）

場合は◎。他者から部分的に声かけや働きかけがあれば歌詞カードを見ながら唄が歌える場合は△。歌詞カードを見ながら歌うことが難しい，または全般的に手助けの必要がある場合には×。

A3-6. ダジャレを言って喜ぶ

ダジャレ（同じあるいは似通った音を持つ言葉をかけて言う言葉遊び；猫［ネコ］が寝込［ネコ］んだ）を言って喜ぶ，または言うことができる場合は◎。他者から部分的に声かけや働きかけがあればダジャレを言うことができる場合は△。ダジャレを言うことが難しい，または常に手助けの必要がある場合は×。

A3-7. 劇や芝居などで気持ちを込めて適切に台詞が言える

簡単な劇のストーリーや台詞を理解して，気持ちを込めて適切に台詞を言うことができる場合は◎。他者から部分的に声かけや働きかけがあれば台詞を言うことができる場合は△。気持ちを込めて台詞を言うことが難しい，または常に手助けの必要がある場合には×。

A3-8. 気持ちを込めたり抑揚をつけて音読ができる

物語文などで臨場感や気持ちを込めたり抑揚をつけて音読ができる場合は◎。他者から部分的に声かけや働きかけがあれば気持ちを込めたり抑揚をつけて音読できる場合は△。気持ちを込めたり抑揚をつけて音読することが難しい，または全般的に手助けの必要がある場合には×。

A3-9. その日にあったことを日記や作文に書ける

行事などの大きなイベントがない日であっても，その日にあったことを思い出して日記や作文に書ける場合は◎。他者から部分的に声かけや働きかけがあれば，その日にあったことを思い出して日記や作文に書ける場合は△。その日にあったことを思い出せなかったり，日記や作文を書くことが難しい，または全般的に手助けの必要がある場合には×。

A3-10. 同僚・仲間の家に電話して，家族などに対し取り次いでもらうように頼むことができる

同僚・仲間の家に電話して，家族などに対し取り次いでもらうように頼むことが毎回できる場合は◎。他者から部分的に声かけや働きかけがあればできる，またはいつもはできるが，ときどきできないことがある場合は△。同僚・仲間の家に電話して，家族などに対

し取り次いでもらうように頼むことができない，または常に手助けの必要がある場合には×。

A3-11. 苦手なことについて同僚・仲間に「教えて」と頼むことができる

　活動の中で苦手なことがあり困った時に，同僚・仲間に「教えて」「助けて」などと頼むことができる場合は◎。他者から部分的に声かけや働きかけがあれば同僚・仲間に「教えて」と頼むことができる，またはいつもはできるが，ときどき頼むことができない場合は△。同僚・仲間に「教えて」と頼むことが難しい，または常に手助けの必要がある場合には×。

A3-12. 同僚・仲間の意見に対して賛成や同意を表明する

　話し合いや会話の中で，同僚・仲間の意見に対して自分が同意見であった時には賛成や同意を（言葉やジェスチャー，文字などを用いて）表明することができる場合は◎。他者から部分的に声かけや働きかけがあれば賛成や同意を表明することができる，またはいつもは賛成や同意を表明できるが，ときどきできないことがある場合は△。同僚・仲間の意見に対して賛成や同意を表明することが難しい，または全般的に手助けの必要がある場合には×。

A3-13. 相手を褒めたり，良い気分にさせる表現ができる（例：同僚・仲間などの服装を「かわいい」と褒める，ゲームやスポーツをしている時に「うまいね」と褒める）

　相手を褒めたり，良い気分にさせる表現を，いつも状況や場面に応じて自然にできる場合は◎。他者から部分的に声かけや働きかけがあればできる，またはいつもはできるが，ときどきできないことがある場合は△。相手を褒めたり，良い気分にさせる表現ができない場合には×。

A3-14. ほしい物がある時に買ってもらえるよう他者を説得できる

　買ってもらいたい物がある時に，自分がほしい理由や必要なものであること，買ってもらえた際の交換条件などを提示して，他者を説得することができる場合は◎。他者から部分的に声かけや働きかけ（説得の言葉や仕方などを一部教えてもらう）があれば説得できる，またはいつもはできるが，ときどき説得することができない場合は△。他者を説得することができない，または全般的に手助けの必要がある場合は×。

A3-15. 朝から夕方までの行動を時間に沿って説明できる

　その日（または前日）の朝から夕方までの自分の取った行動を，具体的に時間にそっ

て説明することができる場合は◎。他者から部分的に声かけや働きかけがあればできる，または大まかであれば自分の行動を時間にそって説明できる場合は△。説明することが難しい，または全般的に手助けの必要がある場合には×。

A3-16. 誘われても行きたくない時に理由を述べてうまく断れる

　他者から誘われて，自分が行きたくない時には，うまく理由をあげて断ることができる場合は◎。他者から部分的に声かけや働きかけがあればできる，またはいつもはできるが，ときどきうまく断れない場合は△。理由を述べてうまく断ることが難しい，または全般的に手助けの必要がある場合には×。

A3-17. 自分の体験について感想や意見を交えて作文が書ける

　自分の体験について感想や意見を交えて作文（200字程以上）が書ける場合は◎。他者から部分的に声かけや働きかけがあれば書ける場合は△。自分の体験について感想や意見を交えて作文を書くことが難しい，または全般的に手助けの必要がある場合は×。

A3-18. 周囲に対して遠慮する表現（言葉やジェスチャーで表明）をする

　周囲に対して言葉（「もうたくさんです」「大丈夫です」「結構です」など）やジェスチャー（相手の働きかけを断るために手を左右に振るなど）で適切に遠慮する表現をすることができる場合は◎。他者から部分的に声かけや働きかけがあれば遠慮する表現ができる，またはいつもはできるが，ときどき遠慮する表現ができない場合は△。遠慮する表現ができない場合は×。

A3-19. 道順の説明ができる（例：職場から自宅への帰り方を説明できる）

　真っ直ぐに進むこと，左や右に曲がること，曲がる場所を目印となる施設・建物を示すなどをして道順の説明ができる場合は◎。他者から部分的に声かけや働きかけがあれば道順の説明ができる，またはいつもはできるが，ときどき説明することができない場合は△。道順の説明ができない場合は×。

A3-20. 攻撃的にならずに相手に自分の考えを主張する

　感情を高ぶらせず，攻撃的（声を荒げたり乱暴な表現を使うこと）にならず，相手に自分の考えを主張することができる場合は◎。他者から部分的に声かけや働きかけがあれば攻撃的にならずに自分の考えを主張するができる，またはいつもはできるが，ときどきできない場合は△。攻撃的にならずに相手に自分の考えを主張できない場合には×。

A-4. 社会性

A4-1. おにごっこやドッジボールなどの簡単なルールの集団遊びに参加する

おにごっこやドッジボールなどの集団遊びに，ルールを守って参加することができる場合は◎。他者から部分的に声かけや働きかけがあれば参加できる，またはいつもは参加できるが，ときどきルールを守れないことがある場合は△。ルールに従って集団遊びに参加することが難しい，または全般的に手助けの必要がある場合には×。

A4-2. いつも一緒に遊んだりおしゃべりする仲の良い同僚・仲間が2～3人以上いる

集団に入って皆と一緒に遊ぶことではなく，職場の休み時間や降所後に一緒に遊んだりおしゃべりする仲の良い同僚・仲間が2～3人以上いる場合は◎。いつもではないが一緒に遊んだりおしゃべりする同僚・仲間が2～3人いる場合は△。一緒に遊んだりおしゃべりする仲の良い同僚・仲間が1人しかいない，またはいない場合には×。

A4-3. 趣味で使う物品などを同僚・仲間と交換して遊ぶ（楽しむ）

趣味で使う物品などを同僚・仲間と仲良く交換して遊ぶことができる場合は◎。他者から部分的に声かけや働きかけがあれば同僚・仲間と交換できる，またはいつもは交換できるが，ときどき（仲良くできず，相手に渡したくなく）交換できない場合は△。同僚・仲間と物品を交換して遊ぶことが難しい，または全般的に手助けの必要がある場合には×。

A4-4. 物を貸してもらったり手伝ってもらったりした時にお礼が言える

物を貸してもらったり手伝ってもらったりした時に，相手が誰であってもしっかりとお礼が言える場合は◎。他者から部分的に声かけや働きかけがあればお礼が言える，またはいつもはお礼が言えるが，ときどき言い忘れたり，恥ずかしくて言えない場合は△。お礼を言うことがほとんどない場合には×。

A4-5. 1つの物を同僚・仲間と共有して使える

例えば，絵画や工作で1つしかないのりやハサミを同僚・仲間と仲良く（ゆずり合ったり交互に使ったりするなど）共有して使うことができる場合は◎。他者から部分的に声かけや働きかけがあれば共有して使える，またはいつもは仲良く共有して使えるが，ときどき自己主張などから共有して使えない場合は△。同僚・仲間と共有して使うことが難しい，または常に手助けの必要がある場合には×。

A4-6. 職場の上司や職員（指導員）の一斉指示に合わせて行動する

　職場の上司や職員（指導員）がグループに向けた一斉指示（皆がやるべきことを伝えたり，活動について説明するなどの指示）を聴いて，それに合わせて行動できる場合は◎。他者から部分的に声かけや働きかけがあれば一斉指示に合わせて行動できる，またはいつも一斉指示に合わせて行動できるが，ときどき（聞きもらしたり，ふざけてしまって）行動できない場合は△。職場の上司や職員（指導員）の一斉指示に合わせて行動することができない，または常に手助けの必要がある場合には×。

A4-7. 他者や家族に行き先を言って遊びに行く（出かける）

　遊びに行く（出かける）際には毎回行き先を言ってからひとりで遊びに行くことができる場合は◎。他者から部分的に声かけや働きかけがあれば行き先を言って遊びに行ける，またはいつもは行き先を告げてから遊びに行くが，ときどき忘れてしまう場合は△。行き先を言って遊びに行くことが難しい，または常に手助けの必要がある場合には×。

A4-8. 地域の行事や催しに付き添いがなくても，友人らと参加できる（お祭り，スポーツ大会など）

　地域の行事などに付き添いがなくてもトラブルにあうことなく（道に迷わず，時間通りに行って帰れるなど）参加できる場合は◎。他者から部分的に声かけや働きかけがあれば友人らと参加できる場合は△。友人らと参加するのは難しいために必ず大人が付き添う場合には×。

A4-9. 地域や職場のルールを理解して友人・同僚と遊べる（「○○の場所では飲食禁止」「公園で犬を放し飼いにしない」「ポイ捨て禁止」などのルールを理解して遊べる）

　公共の場や職場などにおける基本的な規則・ルールを理解して，そのルールを守って友人・同僚と遊ぶことができる場合は◎。他者から部分的に声かけや働きかけがあればルールを理解して友人・同僚と遊べる，またはいつもはルールを理解して遊べるが，ときどきルールを守れない場合は△。ルールを理解して友人・同僚と遊ぶことが難しい，または常に手助けの必要がある場合には×。

A4-10. 近所の人や職場の上司・職員（指導員）などになじみ，挨拶などを交わす

　近所の人や職場の上司・職員（指導員）などに，場面・状況や相手との関係性に合わせた挨拶を交わすこと（朝昼夜などの挨拶，丁寧さ・気軽さや親和性などに応じた挨拶など）ができる場合は◎。他者から部分的に声かけや働きかけがあれば場面・状況や相手

との関係性に合わせた挨拶を交わすことができる，またはいつもはうまく挨拶を交わせるが，ときどきできない場合は△。場面・状況や相手との関係性に合わせた挨拶を交わすことが難しい，または常に手助けの必要がある場合には×

A4-11. 同僚・仲間が困っている時に手助けをする

身近な同僚・仲間や知り合いなどが困っている姿を目にした時に何らかの手助けをする（手助けを申し出る）ことができる場合は◎。他者から部分的に声かけや働きかけがあれば同僚・仲間の手助けをする，またはいつもは手助けをするが，ときどきできない場合は△。常に同僚・仲間などの手助けをすることが難しい場合には×。

A4-12. 外出や遊びなどについて同僚・仲間のグループで相談して計画を立てて実行する

同僚・仲間のグループの中で相談して（相談の会話にしっかり参加して），外出や遊びの計画を立てて，ほぼ計画通りに実行することができる場合は◎。他者から部分的に声かけや働きかけがあれば同僚・仲間と相談して計画を立てほぼ実行できる場合は△。同僚・仲間と相談して計画を立てて実行することが難しい，または全般的に手助けの必要がある場合には×。

A4-13. 初めての場所や他人の家に行った際，行儀良くしていられる

初めての場所や他人の家に行った際に騒いだり身勝手な行動をせずに行儀良く過ごすことができる場合は◎。短い時間であったり，他者から部分的に声かけや働きかけがあれば行儀良くしていられる場合は△。行儀良くすることが難しい，または常に手助けの必要がある場合には×。

A4-14. 年下の同僚・仲間（うまくできない同僚・仲間）の世話を安心して任せられる

年下の同僚・仲間（うまくできない同僚・仲間）を一定時間（1時間ほど）は安全に気をつけて共に遊んだり面倒をみるなどの世話を安心して任せられるという場合は◎。おおむね安心して任せられるが，ときどき目を離してしまったり不十分な振る舞いが一部あったりする場合は△。年下の同僚・仲間（うまくできない同僚・仲間）の世話を任せることが難しい場合には×。

A4-15. 同僚・仲間が失敗した時，慰めたり励ましたりする

同僚・仲間や周囲にいる人が失敗した時に「大丈夫だよ」「仕方ないよ」「よくがんばったね」などと慰めたり励ましたりできる場合は◎。特定の人や場面であれば慰めた

り励ましたりできる，またはいつも慰めたり励ましたりしているが，ときどきしないことある場合は△。同僚・仲間を慰めたり励ましたりすることが難しい場合には×。

A4-16. 幼児や老人をいたわることができる（自発的に乗り物の中で席を譲ったりするなど）
　自発的に乗り物の中で席を譲るなど，幼児や老人をいたわる行動を取ることができる場合は◎。いつもは幼児や老人をいたわる行動を自発的にするが，ときどきできない場合は△。幼児や老人をいたわる行動を自発的に取ることが難しい場合には×。

A4-17. 相手の立場や気持ちを考え，困ることや無理な要求をしない
　職場や家庭において相手の立場や気持ちを考え，相手が困ることや無理な要求をしない場合は◎。他者から部分的に声かけや働きかけがあれば相手が困ることや無理な要求をしない，またはいつもはできるがときどき困ることや無理な要求をしてしまう場合は△。相手が困ることや無理な要求をしてしまうことが多い，または全般的に手助けの必要がある場合には×。

A4-18. 自分の特性や好みを理解した上で，対等に付き合える同僚・仲間やグループを選べる
　自分の特性や好みを理解して，その上で対等に付き合える同僚・仲間やグループを選ぶ（自分には合わない，または不適当な同僚・仲間やグループと付き合わない）ことができる場合は◎。他者から部分的に声かけや働きかけがあれば自分の特性や好みを理解し，対等に付き合える同僚・仲間やグループを選べる場合は△。自分の特性や好みを理解できない，または対等に付き合える同僚・仲間やグループを選ぶことが難しい場合には×。

A4-19. 話し合いで自分の意見が周囲に受け入れられなくても皆の考えに合わせる
　話し合いで自分の意見が周囲に受け入れられなくても，怒ったり泣いたり無理強いをせずに，皆の考えに合わせることができる場合は◎。他者から部分的に声かけや働きかけがあれば皆の考えに合わせることができる，またはいつもはできるがときどき自分の意見を主張し続けてしまう場合は△。皆の考えに合わせることが難しい，または全般的に手助けの必要がある場合には×。

A4-20. 仲の良い友人や上司・職員（指導員）に悩みを相談したり，秘密を共有したりする
　仲の良い友人や上司・職員（指導員）（特定の相手を選んで）に悩みを打ち明けて相談したり，秘密を共有した際にむやみに喋らず黙っていることができる場合は◎。いつもは特定の相手に悩みを相談したり秘密を共有することができるが，ときどき相談の相手

や仕方が不適当（相談内容から相手が妥当でなかったり，説明がうまくないなど）であったり，秘密を軽々しく喋ってしまうことがある場合は△。他者に悩みの相談をしたり，秘密を共有することが難しい場合には×。

A-5．行動コントロール

A5-1．仕事中または活動中，落ち着いて着席していられる

仕事中や30分程度の活動中，落ち着いて着席していられる場合は◎。他者から部分的に声かけや働きかけがあれば落ち着いて着席していられる，またはいつもは落ち着いて着席していられるが，ときどきそわそわしたり離席するなどがある場合は△。落ち着いて着席することが難しい，または常に手助けの必要がある場合には×。

A5-2．1時間くらいならひとりでも留守番できる

1時間くらいならひとりでも留守番ができる（決められた場所で時間内は安全を守ってとどまっていることができる）場合は◎。簡単な援助や工夫（その場所にとどまっているために気を紛らわす物・方法を準備するなど）があれば留守番できる，またはいつもはひとりで留守番できるが，ときどきできない（決められた場所から出てしまう，または途中でひとりでいられないと訴える）ことがある場合は△。ひとりで留守番することが難しい（ひとりで過ごさせることが心配，または本人ができないと主張する）場合には×。

A5-3．遊具や文具などを借りたい時，「貸して」と許可を求め，「いいよ」と言われてから借りることができる

物を借りたい時は相手に許可（「貸して」などと頼むこと）を求め，同意（「いいよ」などの了解）を得てから借りる（勝手に借りない）ことができる場合は◎，他者から部分的に声かけや働きかけがあれば許可を求め了解を得てから借りることができる，またはいつもはできるがときどき不十分な許可の求め方や了解を得る前に借りてしまうことがある場合は△。遊具や文具などを借りたい時に許可を求めることができない，または了解を得る前に使ってしまう場合には×。

A5-4．順番を適切に待つことができる

列に並んで順番を待つ際に順番を抜かしたりふざけたりせずに適切に待つことができる場合は◎。他者から部分的に声かけや働きかけがあれば順番を待つことができる，またはときどきふざけたり注意がそれてしまい待つことができない場合は△。順番を待つ

ことが難しい，または常に手助けの必要がある場合には×。

A5-5. おもちゃや物を「貸してあげなさい」と言われると指示に従える

　熱中して遊んでいる時や大好きな物であっても，上司・職員（指導員）から「貸してあげなさい」と言われると，不本意（しぶしぶと）であっても指示に従える場合は◎。他者から部分的に声かけや働きかけがあれば指示に従える，またはいつもは指示に従って貸してあげられるが，ときどき拒否したり指示に従えないことがある場合は△。上司・職員（指導員）からの指示があってもおもちゃや物などを貸すことが難しい，または常に手助けの必要がある場合には×。

A5-6. 始業の合図やチャイムがなる前に仕事や活動の準備や所定の場所に移動することができる

　上司や職員（指導員）から促されなくてもチャイムがなる前に仕事や活動の準備や所定の場所に移動することができる場合は◎。他者から部分的に声かけや働きかけがあればできる，またはいつもは仕事や活動の準備や所定の場所の移動を始業の合図やチャイムがなる前にできるが，ときどき忘れたり時間に遅れたりするなどがみられる場合は△。始業の合図やチャイムがなる前に仕事や活動の準備や所定の場所に移動することが難しい，または常に手助けの必要がある場合には×。

A5-7. 本などを買う時，ひとりで適当なものが選べる（値段や内容をみて吟味できる）

　本などを買う時に，ひとりで値段や内容をみてふさわしいものかを判断し選ぶ（手当たり次第に選んだり，当初買おうと思っていたものと違うものに気を奪われたりせずに選ぶ）ことができる場合は◎。他者から部分的に声かけや働きかけがあれば適当なものが選べる，またはいつもはひとりで適当なものを選ぶことができるがときどきうまく選べない場合は△。買い物の時にひとりで適当なものを選ぶことが難しい，または常に手助けの必要がある場合には×。

A5-8. 繁華街や不特定多数の人がいる場所でトラブルを回避できる

　繁華街や不特定多数の人がいる場所で，トラブルになる前に予測してその場から離れたり，巻き込まれそうになっても回避する（危険を予測したり過去の経験を思い出して適切な行動を取る）ことができる場合は◎。他者から部分的に声かけや働きかけがあればできる，またはいつもはできるが，ときどき不注意や他のことに気が取られてトラブルを回避できなかったりする場合は△。トラブルになる前に予測して回避することが難し

い，または全般的に手助けが必要な場合には×。

A5-9. ゲームに負けたり一番になれなくても受け入れられる

ゲームに負けたり，競争のある活動で一番になれなくても，怒ったり途中で放棄することなく（悔しい感情を抑え，最後まで活動を遂行して）参加できる場合は◎。他者から部分的に声かけや働きかけがあれば負けや一番でないことを受け入れることができる，またはいつもは受け入れて最後まで活動することができるが，ときどき怒ったり泣いたりなどして受け入れないことがある場合は△。ゲームに負けたり一番になれないことを理解して受け入れることができない，または常に手助けの必要がある場合には×。

A5-10. 一度にたくさんのお小遣いを持たせても無駄遣いせず，必要な分だけを使い残りは取っておける

お小遣いを衝動的に無駄遣いするようなことはなく，必要な買い物や使用のみにとどめ，残りは取っておける，または計画的に貯めておくことができる（眼前にある魅力的な物を買うことを我慢して必要な物を買うためにお金を取っておく，といった衝動性を抑えて計画的な行動を取ることができる）場合は◎。他者から部分的に声かけや働きかけがあればできる，またはいつもはできるが，ときどき衝動的にお小遣いを使ってしまい残しておけないことがある場合は△。常にお小遣いの無駄遣いをしてしまい取っておくことはできない，または全般的な管理や手助けの必要がある場合には×。

A5-11. わからないことがあった場合，勝手に行動せず上司・職員（指導者）に質問しに行ける

わからないことがあった時，自分勝手に行動せず（試行錯誤的に，または衝動的な行動を抑えて），必ずわかる上司・職員（指導者）や周囲に質問して解決しようとする（解決に向けた行動を組み立ててその通りに実行する）場合は◎，他者から部分的に声かけや働きかけがあれば勝手に行動せず上司・職員（指導者）に質問しに行ける，またはいつもはできるが，ときどき勝手に行動してしまうことがある場合は△。勝手に行動せず上司・職員（指導者）に質問しに行くことが難しい，または常に手助けの必要がある場合には×。

A5-12. 言いたいことがあっても，相手の質問が終わってから，順番を守って答えられる（出し抜けに答えない）

どんなに言いたいことがあっても相手の質問が終わってから，または順番を守って発言したりすることができる（言いたいという自分の意思を抑えて適切なタイミングで発言が

できる）場合は◎。他者から部分的に声かけや働きかけがあればできる，またはいつもはできるが，ときどき言いたいという意思が先走って発言してしまう場合は△。相手の質問が終わってから，順番を守って答えることが難しい，または常に手助けの必要がある場合には×。

A5-13. 説明書を見ながら電化製品を操作したり，簡単な家具を組み立てられる

　初めて扱う電化製品や簡単な家具を組み立てる時，説明書を見ながら何とか操作したり作ること（操作・組み立ての手順を読解・図解から理解してその通りに操作・実行）ができる場合は◎。他者から部分的に声かけや働きかけがあれば操作・組み立てることができる，またはいつもはできるが，ときどき理解できなかったり間違ったりする場合は△。説明書を見ながら操作したり組み立てることが難しい場合には×。

A5-14. 道に迷ったりトラブルにあった時に，怒ったり泣いたりせずに振る舞える

　道に迷ったりトラブルにあった時，怒ったり泣いたりせずに（不安な感情を抑えて）問題を解決しようと適切に振る舞うことができる場合は◎。他者から部分的に声かけや働きかけがあれば怒ったり泣いたりせずに振る舞える，またはいつもはできるが，ときどき感情を抑えられずに適切に振る舞えない場合は△。怒ったり泣いたりせずに振る舞うことが難しい場合には×。

A5-15. 他者と言い争いになっても興奮したりその場から逃げ出さずに対応できる

　同僚・仲間などの他者と言い争いになっても，興奮したり手を出したりその場から逃げ出したりせずに（不安な感情や逃避行動を抑えて）言葉などでしっかりと対応することができる場合は◎。他者から部分的に声かけや働きかけがあれば興奮したりその場から逃げ出さずに対応できる，またはいつもは対応できるが，ときどき興奮したり逃げ出すことがある場合は△。他者と言い争いになると興奮したり逃げ出すことがほとんどの場合には×。

A5-16. 姿勢を崩さず他者の話や同僚・仲間の発表などを集中して聴ける

　たとえ関心の低い話であっても，20～30分程度ならば姿勢を崩さずに他者や同僚・仲間の発表などを集中して聴く（話や発表に飽きていても我慢して聴く姿勢のみは保っていられる）ことができる場合は◎。他者から部分的に声かけや働きかけがあれば姿勢を崩さずに集中して聴ける，またはいつもはできるが，ときどき姿勢が崩れたり，話を聴い

ていなかったりする場合は△。20分も他者の話や同僚・仲間の発表を姿勢を崩さずに集中して聴けない場合には×。

A5-17. 自分の要求が通らない時，カッとなったりかんしゃくを起こさずに我慢できる

　自分の要求が通らない時，カッとなったりせずに我慢したり，悔しい気持ちを言葉で優しく表現したり，時には要求が通るように興奮しないで交渉する（自分の感情をうまくコントロールして行動する）ことができる場合は◎。他者から部分的に声かけや働きかけがあればカッとせずに我慢できる，またはいつもはできるが，ときどき少し興奮してしまうことがある場合は△。我慢できずにカッとなってかんしゃくを起こしてしまう場合には×。

A5-18. 目標のため，当面のことを少し我慢できる（テレビや漫画を我慢し仕事や家事の手伝いをする）

　どんなに楽しいことをしていても，少し我慢し後回しにして，やるべきことや目標としている仕事や作業などを遂行できる場合は◎。他者から部分的に声かけや働きかけがあれば我慢できる，またはいつもは我慢できるが，ときどきできない場合は△。当面のことを少し我慢してやるべきことや目標としていることを先にすることが難しい場合には×。

A5-19. 予定が変更されても納得して応じる

　時間割や外出，予告された活動などの予定が急に変更されても，納得して応じる（不本意ながらも状況を受け入れて気持ちを切り替える）ことができる場合は◎。他者から部分的に声かけや働きかけがあればできる，またはいつもはできるが，ときどき納得して応じることができない場合は△。予定が変更されても受け入れることが難しい，または常に納得させるために相当の説得や手助けの必要がある場合には×。

A5-20. 2つのことを同時並行してできる（例えばテレビを観ながら，洗濯物をたたむなど）

　1つの作業ばかりに気を取られることなく，2つの作業を同時にしっかりと行う（□□しながら○○する）ことができる場合は◎。他者から部分的に声かけや働きかけがあれば2つのことを同時にできる，またはいつもはできるが，ときどき一方がおろそかになる場合は△。2つのことを同時に並行して行うことができず，1つの作業ばかりに気を取られてしまったり，あるいは両方に手がつかない場合には×。

2節　B尺度：特別な支援ニーズの把握

B尺度：特別な支援ニーズの把握における◎，△，×の評価基準は，以下の通りである。

◎…よくあてはまる
△…少しあてはまる（ときどきあてはまる）
×…あてはまらない

当該質問項目における適応を妨げる行動や症状，現況，または特別な支援ニーズの有無・評価において，◎は，**対象者の年齢相当からみて，よくあてはまる（よくみられる）**場合であり，周囲からの著しい声かけや働きかけ（全般的な手伝い・介助）などの**全面的サポート**が必要となる。△は，**対象者の年齢相当からみて，少しあてはまる（ときどきあてはまる）**，または，ときどきはみられるがいつもみられるわけではなく，周囲から何らかの声かけや働きかけ（部分的な手伝い・介助や見守り）などの**一部のサポート**が必要とされる場合である。×は，**対象者の年齢相当から判断して，あてはまらない（みられない）**場合である。

以下で紹介する評価の基準例と違った行動や症状，様子などがみられる場合は，おおむね，◎通常の生活において8割以上があてはまる場合，△5割程度があてはまる場合，×はあてはまらない（みられない），として暫定的・恣意的に評価する。その上で，対象者をよく知る人物から詳しく聴取し，2～3名の複数の観察者によって合議による評価を行ったり，当該項目にある行動や症状，現況，または特別な支援ニーズの様子を実際に何度か観察して再評価することが望ましい。

B-1. 学習

B1-1. 読み書きにおいて年齢相応の獲得がなされていない
　読み書きにおいて全般的に年齢相応の達成ができない場合は◎。特定の単元や領域において年齢相応の達成ができない場合は△。年齢相応に達成している場合には×。

B1-2. 計算において年齢相応の獲得がなされていない
　計算において全般的に年齢相応の達成ができない場合は◎。特定の単元や分野（数量，計算，図形，論理など）において年齢相応の達成ができない場合は△。年齢相応に達成している場合には×。

B1-3. 音楽（唄や演奏など）において年齢相応の獲得がなされていない

　音楽（唄や演奏など）において全般的に年齢相応の達成ができない場合は◎。特定の分野（歌唱，器楽，鑑賞，創作など）において年齢相応の達成ができない場合は△。年齢相応に達成している場合には×。

B1-4. 描画や工作において年齢相応の獲得がなされていない

　描画や工作において全般的に年齢相応の達成ができない場合は◎。特定の分野（造形，絵画・版画，紙・粘土細工，木工・金工など）において年齢相応の達成ができない場合は△。年齢相応に達成している場合には×。

B1-5. 運動面において年齢相応の獲得がなされていない

　運動面において全般的に年齢相応の達成ができない場合は◎。特定の分野（体作り，器械運動，陸上運動，水泳，球技，表現運動など）において年齢相応の達成ができない場合は△。年齢相応に達成している場合は×。

B-2. 意欲

B2-1. 失敗するとすぐに落ち込み，ちょっとでもできるとすぐに大はしゃぎする傾向が強い

　失敗するとすぐに落ち込み（著しくふさぎ込む），ちょっとでもできるとすぐに大はしゃぎ（興奮して喜ぶ）する様子が，いつもみられる場合は◎。ときどきみられる場合は△。みられない場合には×。

B2-2. 同じ仕事や活動でもやる気がある時とそうでない時の差が極端にみられる

　同じ仕事や活動であっても，やる気がある時とそうでない時の差が極端にみられる場合は◎，ときどきみられる場合は△。みられない場合には×。

B2-3. 自分から進んで仕事や活動に取り組むことがない

　いつも自発的に仕事や課題や活動に取り組むことがない（常に他者から働きかけや声かけを必要とする）場合は◎。ときどきみられる場合は△。みられない場合には×。

B2-4. あまり考えず，すぐに「わからない」と言う

　いつもあまり考えずに，すぐに「わからない」と言う場合は◎。ときどきみられる場合は△。みられない場合には×。

B2-5. 朝，出勤や出所したくないと言う

いつも，または週に2～3回程度は「出勤（出所）したくない」と言う場合は◎。ときどき言う，または月に1～2回程度言う場合は△。「出勤（出所）したくない」とほとんど言わない場合には×。

B-3. 身体性・運動

B3-1. 仕事や活動の中で転んだり，つまずいたりする回数が著しく多い

仕事や活動の中で転んだり，つまずいたりする回数が1日に何度もみられる場合は◎。ときどきみられる，または週に1～2回程度みられる場合は△。転んだりつまずいたりすることはほとんどみられない場合には×。

B3-2. ボール運動が極端に苦手である

投げる，受け取る，蹴る，ドリブルなどのボール運動において全般的に極端な苦手さがある場合は◎。特定の動作（例えば，カゴの中に投げ入れることは難しい）のみに極端な苦手さがある場合は△。ボール運動に苦手さはみられない場合には×。

B3-3. 手先の不器用さが極端に目立つ

手先を使う作業などにおいて，明らかに年齢相当よりも低く不器用さが目立つ（常に他者から働きかけや声かけを必要とする）場合は◎。特定の手先を使う作業（例えば，彫刻刀）のみにおいて，明らかに年齢相当よりも低く不器用さが目立つ場合は△。手先の不器用さが目立ってみられない場合には×。

B3-4. ぎこちない動きや奇妙な動作をする（首を左右に振る癖，つま先で歩く，手指を繰り返し動かすなど）

1日に何度もぎこちない動きや奇妙な動作をする場合は◎。ときどきする，週に2～3回程度する場合は△。ぎこちない動きや奇妙な動作をほとんどしない場合には×。

B-4. 集中力

B4-1. 忘れ物が多い

忘れ物が著しく多い（常に他者から働きかけや声かけを必要とする）場合は◎。ときどき忘れ物をする，または週に2～3回程度忘れ物をする場合は△。忘れ物はごくまれに

するが，目立って多くない場合には×。

B4-2. 整理整頓が極端に苦手である

整理整頓が極端に苦手で，他者からの働きかけや声かけなしで整理することが難しい場合は◎。整理整頓において，他者から部分的に，またはときどき働きかけや声かけが必要である場合は△。年齢相当には整理整頓ができ，極端に苦手さはない場合には×。

B4-3. 仕事や活動中，人の話を聞いている時，ボーっとしていることが多い

仕事や活動中，人の話を聞いている時にボーっとしていることが多い（1日に数回以上ある）場合は◎。ときどき，ボーっとしていること（週に数回程度）がある場合は△。ボーっとしていることがない場合には×。

B4-4. 課題や活動を最後までやり遂げられない

いつも疲れたり集中力が続かずに，課題や活動を最後までやり遂げることが難しい（常に他者から働きかけや声かけを必要とする）場合は◎。ときどき最後までやり遂げられない，または他者から部分的に働きかけや声かけがあれば最後までやり遂げることができる場合は△。課題や活動を最後までやり遂げることができる場合には×。

B4-5. 話している，聞いている時や課題に取り組んでいる時，すぐに他のことに注意がそれる

話している時，聞いている時，課題に取り組んでいる時などで，すぐに他のことに注意がそれる（注意がそれないように，それても戻れるように他者から働きかけや声かけを必要とする）場合は◎。ときどき注意がそれる（いつもは注意をそらすことなく取り組める）場合は△。注意がそれることがない場合には×。

B-5. こだわり

B5-1. 1つの活動から次の活動へスムーズに移行できない

自分が取り組んでいる活動，または経験している場面から，次の活動（場面）へスムーズに移行することが難しく，切り替えるまでに時間がかかる（常に，拒否，不平不満や言い訳などを言って移行するために時間を要する）場合は◎。ときどきスムーズに移行できない（いつもはスムーズに移行する）場合は△。次の活動（場面）へスムーズに移行できる場合には×。

B5-2. 相手が嫌がっていることをくり返し行う

相手が嫌がっていること（触る，話しかける，うるさくするなど）であっても，やめることができずにくり返し行う場合は◎。ときどき相手が嫌がることをやめることができずに行う（いつもはやめることができる）場合は△。相手が嫌がることをくり返し行うことがない場合には×。

B5-3. 予定の変更を極端に嫌がる

外出や予告された活動などの予定が変更された時，こだわりから極端に嫌がる（怒ったり泣いたりして拒否する，または受け入れるのに時間がかかる）場合は◎。ときどき極端に嫌がることがある（いつもは予定の変更を素直に受け入れる）場合は△。予定の変更を嫌がることがない場合には×。

B5-4. 特定の場所にいたがったり，決まった位置に物を置かないと気が済まない

特定の場所・コーナーに身を置くことを好んだり，物を置く場所を決めていて（窓，ドアの開閉などの状態を決めていることなども含む），こだわりからそうしていないと気が済まない（怒ったり，不安を示したりする）場合は◎。ときどき，または特定の物（状況）に対しては，決められた場所や状況にないと気が済まない場合は△。特定の場所にいたがったり，決まった位置に物を置かないと気が済まないと主張することがない場合には×。

B-6. 感覚の過敏さ

B6-1. 偏食が著しい（食べられるものが少ない）

食べ物の好き嫌いが多く，食べられるものが限られるほど偏食（野菜を食べない，魚を食べない，逆に白米しか食べないなどの極端な状況）が著しい場合は◎。ときどきどうしても食べられない食材や料理がある場合は△。偏食ではない，または好き嫌いが目立って多くない場合には×。ただし，食物アレルギーが強くあって食べられるものが少ない場合は除く（×として判断する）。

B6-2. 大勢の人の中に入ることを怖がったり，前に立って発表するのを極端に嫌がる

苦手さや嫌だと思う気持ち（過敏さ）が強いために，大勢の人の中に入ることを怖がったり，前に立って発表するのを極端に嫌がる（常に他者から働きかけや声かけを必要とする）場合は◎。ときどき不安を示したり拒否する，または部分的に他者からの働き

かけや声かけが必要な場合は△。大勢の中に入ることを怖がったり，前に立って発表するのを極端に嫌がることがない場合には×。

B6-3. 知らない場所，初めての活動を極端に嫌がる

過敏さが強いために，知らない場所や初めての活動に参加することを極端に嫌がる（常に他者から働きかけや声かけを必要とする）場合は◎。ときどき不安を示したり拒否する，または部分的に他者からの働きかけや声かけが必要な場合は△。知らない場所や初めての活動に参加することを極端に嫌がることがない場合には×。

B6-4. 大きな音や特定の音などを極端に嫌がる

過敏さが強いために，大きな音や特定の音などを極端に嫌がる（常に他者から働きかけや声かけを必要とする）場合は◎。ときどき不安を示したり拒否する，または部分的に他者からの働きかけや声かけが必要な場合は△。大きな音や特定の音などを極端に嫌がることがない場合には×。

B6-5. 極端に怖がる物（人）や活動がある

過敏さが強いために，極端に怖がる物（人）や活動がある（常に他者から働きかけや声かけを必要とする）場合は◎。ときどき不安を示したり拒否する，または部分的に他者からの働きかけや声かけが必要な場合は△。極端に怖がる物（人）や活動がない場合には×。

B6-6. 人目やはずかしさを全く感じない

鈍麻が強いために，公共の場や大勢の前などであっても人目やはずかしさを全く感じない（常に他者から働きかけや声かけを必要とする）場合には◎。ときどき人目やはずかしさを感じない，または部分的に他者からの働きかけや声かけが必要な場合は△。人目やはずかしさを適度に感じている場合には×。

B-7. 話し言葉

B7-1. 話すことにまとまりがなかったり，言葉が出てこない（説明がうまくできない）

話すことにまとまりがなかったり，言葉が出てこないために，相手に説明がうまくできない（常に他者から働きかけや声かけを必要とする）場合は◎。ときどき説明がうまく

できない，または部分的に他者からの働きかけや声かけが必要な場合は△。話すことにまとまりがなかったり，言葉が出てこないことがない場合には×。

B7-2. 家族や決まった人とは話せるが，それ以外の人には口を開かない

選択性緘黙やそれに類似した様子として，家族や身近な人，特定の人とは話せるが，それ以外の人には口を開かない（常に他者から働きかけや声かけを必要とする）場合は◎。ときどき決まった人以外には口を開かない，または部分的に他者からの働きかけや声かけが必要な場合は△。特に問題なく，誰とでも話せる場合には×。

B7-3. 嘘をついたり，相手が傷つきそうなことを平気で言う

嘘をついたり，相手が傷つきそうな言葉や話などを平気で言う場合は◎。ときどき嘘をついたり，相手が傷つくことを平気で言う，または部分的に他者からの働きかけや声かけが必要な場合は△。特に目立って嘘をついたり傷つくことを言わない場合には×。

B7-4. 吃音がみられる

吃音（発声時に言葉の第1音が円滑に出なかったり，連続して発せられたり，一時的に無音状態が続くなどの状態）がみられる場合は◎。ときどきみられる場合は△。吃音が全くみられない場合には×。

B-8. ひとりの世界・興味関心の偏り

B8-1. 他者の話をさえぎって自分の話ばかりをする

自己中心性が高いために，他者の話をさえぎって自分の話ばかりをする（常に他者から働きかけや声かけを必要とする）場合は◎。ときどき他者の話をさえぎって自分の話ばかりする，または部分的に他者からの働きかけや声かけが必要な場合は△。特に目立って他者の話をさえぎって自分の話ばかりすることがない場合には×。

B8-2. ルールに従うような集団活動を著しく嫌う

マイペースさが強く他者や集団に合わせることが苦手で，ルールに従うような集団活動を著しく嫌う場合（常に他者から働きかけや声かけを必要とする）は◎。ときどき集団活動を著しく嫌う，または部分的に他者からの働きかけや声かけが必要な場合は△。特に目立って集団活動を嫌うことがない場合には×。

B8-3. 何でも自分の思い通りにしたがる

自己中心性や興味関心の偏りが強いために，何でも自分の思い通りにしたがる（常に自分の思い通りにしようと，声を荒げたり興奮してしつこく周囲に自己主張する）場合は◎。ときどきまたは特定の状況でのみ自分の思い通りにしたがる場合は△。特に目立って自分の思い通りにしたがることがない場合には×。

B8-4. 独り言が多い

自分ひとりの世界を強く持っているために，場所や状況をかえりみずに独り言（会話の相手がいないのにひとりで言葉やつぶやきを発する行為）が多い場合は◎。ときどき独り言を発する，または特定の状況などでは独り言を発する場合は△。特に目立って独り言が発することがない場合には×。

B8-5. 自分ひとりでお話を作ったり，気になることがあると頭の中でずっと考え続ける

ファンタジー性や興味関心の偏りが強いために，自分ひとりでお話を作ったり，気になることがあると頭の中でずっと考え続ける（他者からの働きかけや話を聞けず，時にはぶつぶつと考えていることや思いついたことをつぶやいている）場合は◎。ときどき自分ひとりでお話を作ったり気になることをずっと考え続ける，または部分的に他者からの働きかけや声かけが必要な場合は△。特に強く（目立って）自分ひとりでお話を作ったり，気になることをずっと考え続けることがない場合には×。

B8-6. 同じ場所をくるくる走りまわったりするなど，同じ動作をくり返す

興味関心の偏りが強いために，同じ場所をくるくる走りまわったりするなどの同じ動作をくり返す場合は◎。ときどき同じ動作をくり返す，または特定の場所などでは同じ動作をくり返すことがある場合は△。特に目立って同じ動作をくり返すことがない場合には×。

B-9. 多動性・衝動性

B9-1. すぐに攻撃的になる，または被害的になって泣いたり怒ったりする

周囲の状況や刺激に対しての反応において衝動性が高いために，すぐに攻撃的になったり，被害的になって泣いたり怒ったりする場合は◎。ときどきまたは特定の状況でみられる場合は△。すぐに攻撃的になったり被害的になって泣いたり怒ったりすることが

ほとんどみられない場合には×。

B9-2. 年齢からみて，その場にそぐわないほどの落ち着きのなさがみられる

多動性や衝動性が高いために，年齢からみて，その場にそぐわないほどの落ち着きのなさがみられる（常に他者から働きかけや声かけを必要とする）場合は◎。ときどき落ち着きのなさがみられる，または部分的に他者からの働きかけや声かけが必要な場合は△。年齢からみて，特に目立ってその場にそぐわないほどの落ち着きのなさがみられない場合には×。

B9-3. 体の一部を常に動かしている

多動性が高いために，手や足などの体の一部を常に動かしている（周囲からみて気になる程度に動かしている）場合は◎。ときどきまたは特定の状況で常に動かしている場合は△。特に目立って体の一部を常に動かしていることがない場合には×。

B9-4. いきなり喋り出す・怒り出す，または動き出す

反応性のはやさや衝動性が高いために，いきなり喋り出す・怒り出す，または動き出す行動がみられる（常に他者から働きかけや声かけを必要とする）場合は◎。ときどきまたは特定の状況でみられる場合は△。特に目立っていきなり喋り出す・怒り出す，または動き出すことがない場合には×。

B9-5. ほしいものや珍しいことを見たり聞いたりすると，すぐに行動してしまう

周囲の状況や刺激に対しての反応において衝動性が高いために，ほしいものや珍しいことを見たり聞いたりすると，すぐに行動してしまう（常に他者から働きかけや声かけを必要とする）場合は◎。ときどきまたは特定の状況でみられる場合は△。ほしいものや珍しいことを見たり聞いたりしても，特に目立ってすぐに行動してしまうことがない場合には×。

B-10. 心気的な訴え・不調

B10-1. 病気ではないが，腹痛や頭痛，足が痛い，ムズムズするなどをよく訴える

病気ではないが，腹痛，頭痛，足が痛い，ムズムズするなどの身体的不調や不安をよく訴える（常に他者から働きかけや声かけを必要とする）場合は◎。ときどきまたは特定

の状況でよく訴える場合は△。特に目立って心気的訴えがない場合には×。

B10-2. チック症状がある（極端に多いまばたき，顔のひきつりなど）

　チック症状（突発的で，急速に，反復的，非律動的，常同的な運動や発声などを指し，1カ月ほど継続してみられる）がある場合は◎。日常的に頻繁にみられるわけではない，またはしなくなる時期もあるが，チック症状がみられる場合は△。チック症状がみられない場合には×。

B10-3. 指しゃぶりや爪嚙みをする

　指しゃぶりや爪嚙みを頻繁にする場合は◎。ときどきまたは特定の状況でする場合は△。特に目立って指しゃぶりや爪嚙みをしない場合には×。

B10-4. たびたび手を洗わないと気が済まない

　手が汚れた，外から戻った，トイレの後などの手を洗う必要性が高い時を除いて，あまり必要がない時でも強迫的にたびたび手を洗わないと気が済まない姿がみられる場合は◎。日常的に頻繁にみられるわけではない，またはしなくなる時期もあるが，たびたび手を洗わないと気が済まない姿がみられる場合は△。あまり必要がない時にたびたび手を洗わないと気が済まない姿がみられない場合には×。

B10-5. 常に体の一部をいじっていたり，こすっていたりする（何度も口をふくなど）

　日常の何気ない活動や状況において，常に体の一部をいじっていたり，こすっていたりする常同的な行動（例えば，何度も口をふく）がみられる場合は◎。日常的に頻繁にみられるわけではない，またはしなくなる時期もあるが，常に体の一部をいじったりこすったりする行動がみられる場合は△。特に目立って体の一部をいじったりこすったりする行動がみられない場合には×。

B10-6. 睡眠のリズムが悪い（寝つきの悪さ，眠りが浅いなど）

　深夜にならないと眠れない，寝つきの悪さ，寝起きが悪い，眠りが浅い（少しの物音で目を覚ます），夜中に必ず目を覚ます，日中はずっと眠いなどの睡眠のリズムが悪い場合は◎。日常的に頻繁に睡眠のリズムが悪いわけではない，または順調な時期もあるが，睡眠のリズムが崩れたり悪い状態がある場合は△。特に目立って睡眠のリズムが悪い状態がみられない場合には×。

3節　採点方法

領域得点の算出（A尺度，B尺度共通）

採点は，幼児・児童・生徒向けのASIST（第1編2章3節）と同じく，プロフィール票を用いて行う（表4-1～3）。付録CD-ROMに，青年・成人期向けバージョン（IDver.）のプロフィール票が別途収録されているので，そちらを使用されたい。

A尺度，B尺度とも，まず必要となるのは，各質問領域に含まれる項目の得点を合計した「領域得点」の算出である。そのために，記録用紙（付録CD-ROMにデータを収録）の各領域の最後にある「計（個数）」欄には，領域ごとの総回答数（A尺度は◎・△・×・Dの個数，B尺度は◎・△・×の個数）を記入しておく。

次に，これらの回答のうち，◎および△の個数をプロフィール票の回答数記入欄に転記する。そして，以下の式で各領域の領域得点を算出し，領域得点欄に記入する（表4-1の①，表4-2の①）。

領域得点の計算式：（◎印の個数×2）＋（△印の個数×1）

A尺度プロフィールの得点計算と記入

ⅰ．2つのスキル群，総合獲得レベルの得点を算出する

A尺度の各領域は，個人活動スキル群と集団参加スキル群に大別される。個人活動スキル群の得点は生活習慣，手先の巧緻性，言語表現の各領域の領域得点の合計，集団参加スキル群の得点は社会性，行動コントロールの領域得点の合計である。また，全5領域の合計得点が，A尺度の総合獲得レベルの得点となる。

これらスキル群と総合獲得レベルの得点を計算し，各スキル群の得点はA尺度プロフィール票の下方にある得点記入欄，総合獲得レベルの得点は領域得点欄の右側にある得点記入欄にそれぞれ記入する（表4-1の②）。

ⅱ．得点を到達年齢（AG）に換算する

続いて，A尺度の各領域，各スキル群，総合獲得レベルの得点を，それぞれ到達年齢（AG）に換算する。得点の換算には，巻末の付録Ⅱの換算表を用いる。なお，幼児・児童・生徒が対象の場合とは異なり，到達指数（AQ）への換算は行わない。

換算表には，それぞれの領域やスキル群，および総合獲得レベルについて，対象者の獲得得点に対応する到達年齢が記載されている。それらを換算表から読み取り，A尺度プロフィール票に記入する（表4-1の③）。

表 4-1　A 尺度プロフィール票の記入例

③得点を到達年齢に換算する

	1. 生活習慣	2. 手先の巧緻性	3. 言語表現	4. 社会性	5. 行動コントロール	総合獲得レベル
AG	14歳	9歳	11歳	14歳	14歳	14歳

①領域得点を計算する

	生活習慣	手先の巧緻性	言語表現	社会性	行動コントロール	合計
◎ 2× 個=	18 個=36	15 個=30	15 個=30	16 個=32	15 個=30	
△ 1× 個=	2 個=2	1 個=1	5 個=5	4 個=4	5 個=5	
得点	38 点	31 点	35 点	36 点	35 点	合計 175 点

②すべての領域得点を合算する

獲得レベル

	生活習慣	手先の巧緻性	言語表現	社会性	行動コントロール	総合
15歳以上レベル	● 39〜40	● 39〜40	● 39〜40	● 39〜40	● 37〜40	● 185〜200
14歳レベル	● 35〜38	● 37〜38	● 37〜38	● 36〜38	● 34〜36	● 175〜184
13歳レベル	● 34	● 36 ※	● 36 ※	● 35 ※	● 33 ※	● 174 ※
12歳レベル	● 34	● 36 ※	● 36 ※	● 35 ※	● 33 ※	● 174 ※
11歳レベル	● 34	● 35〜36 ※	● 34〜36 ※	● 35 ※	● 32〜33 ※	● 166〜174 ※
10歳レベル	● 32〜33	● 33〜34	● 33	● 32〜34	● 29〜31	● 157〜165
9歳レベル	● 30〜31	● 29〜32	● 32	● 31	● 27〜28	● 144〜156
8歳レベル	● 27〜29	● 26〜28	● 29〜31	● 28〜30	● 23〜26	● 129〜143
7歳レベル	● 25〜26	● 23〜25	● 27〜28	● 27	● 22	● 121〜128
6歳レベル	● 21〜24	● 18〜22	● 22〜26	● 22〜26	● 18〜21	● 92〜120
5歳レベル	● 14〜20	● 13〜17	● 13〜21	● 15〜21	● 11〜17	● 71〜91
4歳以下レベル	● 〜13	● 〜12	● 〜12	● 〜14	● 〜10	● 〜70

生活習慣	手先の巧緻性	言語表現	社会性	行動コントロール	総合獲得レベル
Life Behavior Skills	Operation Fine motor Skills	Speech Skills	Social Skills	Behavior Control Skills	Synthesis Skills Level

④到達年齢を結んだ折れ線グラフを描く

個人活動スキル群

得点	104
AG	13歳

集団参加スキル群

得点	71
AG	15歳↑

②スキル群の領域得点を合算する
③スキル群の得点を到達年齢に換算する

ⅲ．プロフィール・グラフを描く

　最後に，各領域と総合獲得レベルの到達年齢をもとに，A 尺度プロフィール票の中段に折れ線グラフを描く。それには，各領域と総合獲得レベルでの到達年齢に対応する欄内の点を，順番に線で結ぶ（表 4-1 の④）。

B尺度プロフィールの得点計算と記入

ⅰ．4つのニーズ側面，2つのサポート因子，総合評価の得点を算出する

B尺度の全10領域は，4つのニーズ側面（学習面，生活面，対人関係面，行動情緒面）および2つのサポート因子（個人活動サポート因子，集団参加サポート因子）の観点から，それぞれ分類できる。まず，これらのニーズ側面とサポート因子ごとの合計得点を算出し，B尺度プロフィール票の1枚目に記入する（表4-2の②）。また，2つのサポート因子の得点を合算した値（すべての領域の合計得点）を，総合評価の得点として記入する。

ⅱ．得点を配慮支援レベルに分類する

次に，各領域，ニーズ側面，サポート因子，総合評価の得点をもとに，それぞれに対応する配慮支援レベル（Ⅰ．通常対応，Ⅱ．要配慮，Ⅲ．要支援の3種類）を特定する。この作業には，巻末の付録Ⅱの支援レベル分類表を用いる。

各領域，ニーズ側面，サポート因子，総合評価のそれぞれについて，対象者の得点がどのレベルにあたるのかを分類表から照合したら，B尺度プロフィール票1枚目のレベル分類欄で，該当するレベルをマーキング（丸で囲むなど）する（表4-2の③）。

ⅲ．プロフィール・グラフを描く

最後に，B尺度の各領域の領域得点をグラフ化する。B尺度プロフィール票2枚目（プロット表）のグラフ作成欄に各領域の得点を転記し，右側にあるゲージを使って棒グラフを描けばよい（表4-3の④）。

4章 スコア・マニュアル

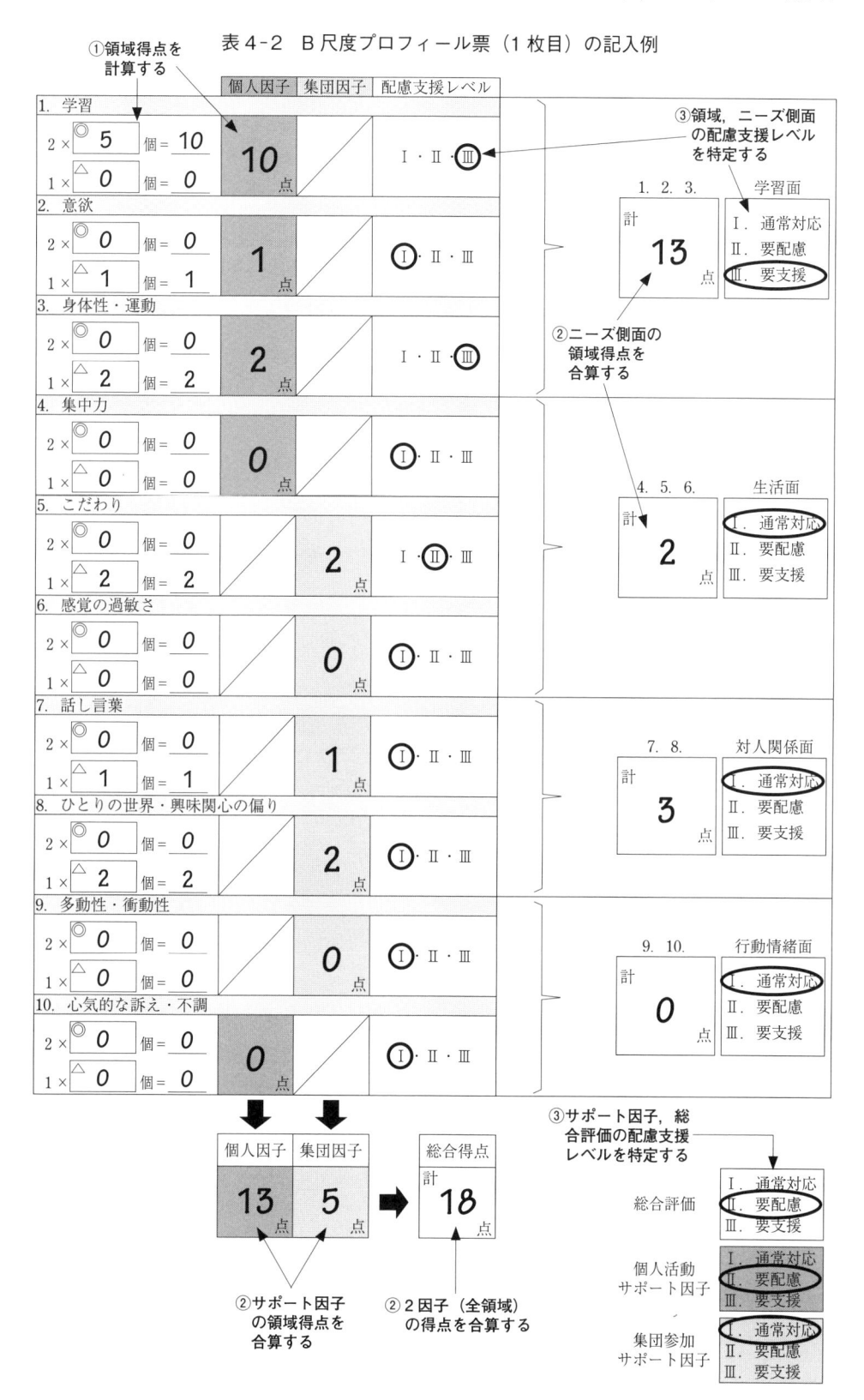

表4-2 B尺度プロフィール票（1枚目）の記入例

① 領域得点を計算する

	個人因子	集団因子	配慮支援レベル

1. 学習
2 × ◎ 5 個 = 10
1 × △ 0 個 = 0
→ 10 点 ／ ／ Ⅰ・Ⅱ・**Ⅲ**

③ 領域，ニーズ側面の配慮支援レベルを特定する

1. 2. 3. 学習面
計 13 点
Ⅰ．通常対応
Ⅱ．要配慮
Ⅲ．要支援

2. 意欲
2 × ◎ 0 個 = 0
1 × △ 1 個 = 1
→ 1 点 ／ ／ **Ⅰ**・Ⅱ・Ⅲ

3. 身体性・運動
2 × ◎ 0 個 = 0
1 × △ 2 個 = 2
→ 2 点 ／ ／ Ⅰ・Ⅱ・**Ⅲ**

② ニーズ側面の領域得点を合算する

4. 集中力
2 × ◎ 0 個 = 0
1 × △ 0 個 = 0
→ 0 点 ／ ／ **Ⅰ**・Ⅱ・Ⅲ

4. 5. 6. 生活面
計 2 点
Ⅰ．通常対応
Ⅱ．要配慮
Ⅲ．要支援

5. こだわり
2 × ◎ 0 個 = 0
1 × △ 2 個 = 2
／ → 2 点 ／ Ⅰ・**Ⅱ**・Ⅲ

6. 感覚の過敏さ
2 × ◎ 0 個 = 0
1 × △ 0 個 = 0
／ → 0 点 ／ **Ⅰ**・Ⅱ・Ⅲ

7. 話し言葉
2 × ◎ 0 個 = 0
1 × △ 1 個 = 1
→ 1 点 ／ ／ **Ⅰ**・Ⅱ・Ⅲ

7. 8. 対人関係面
計 3 点
Ⅰ．通常対応
Ⅱ．要配慮
Ⅲ．要支援

8. ひとりの世界・興味関心の偏り
2 × ◎ 0 個 = 0
1 × △ 2 個 = 2
→ 2 点 ／ ／ **Ⅰ**・Ⅱ・Ⅲ

9. 多動性・衝動性
2 × ◎ 0 個 = 0
1 × △ 0 個 = 0
／ → 0 点 ／ **Ⅰ**・Ⅱ・Ⅲ

9. 10. 行動情緒面
計 0 点
Ⅰ．通常対応
Ⅱ．要配慮
Ⅲ．要支援

10. 心気的な訴え・不調
2 × ◎ 0 個 = 0
1 × △ 0 個 = 0
→ 0 点 ／ ／ **Ⅰ**・Ⅱ・Ⅲ

個人因子	集団因子
13 点	5 点

→ 総合得点 計 18 点

② サポート因子の領域得点を合算する
② 2因子（全領域）の得点を合算する

③ サポート因子，総合評価の配慮支援レベルを特定する

総合評価
Ⅰ．通常対応
Ⅱ．要配慮
Ⅲ．要支援

個人活動サポート因子
Ⅰ．通常対応
Ⅱ．要配慮
Ⅲ．要支援

集団参加サポート因子
Ⅰ．通常対応
Ⅱ．要配慮
Ⅲ．要支援

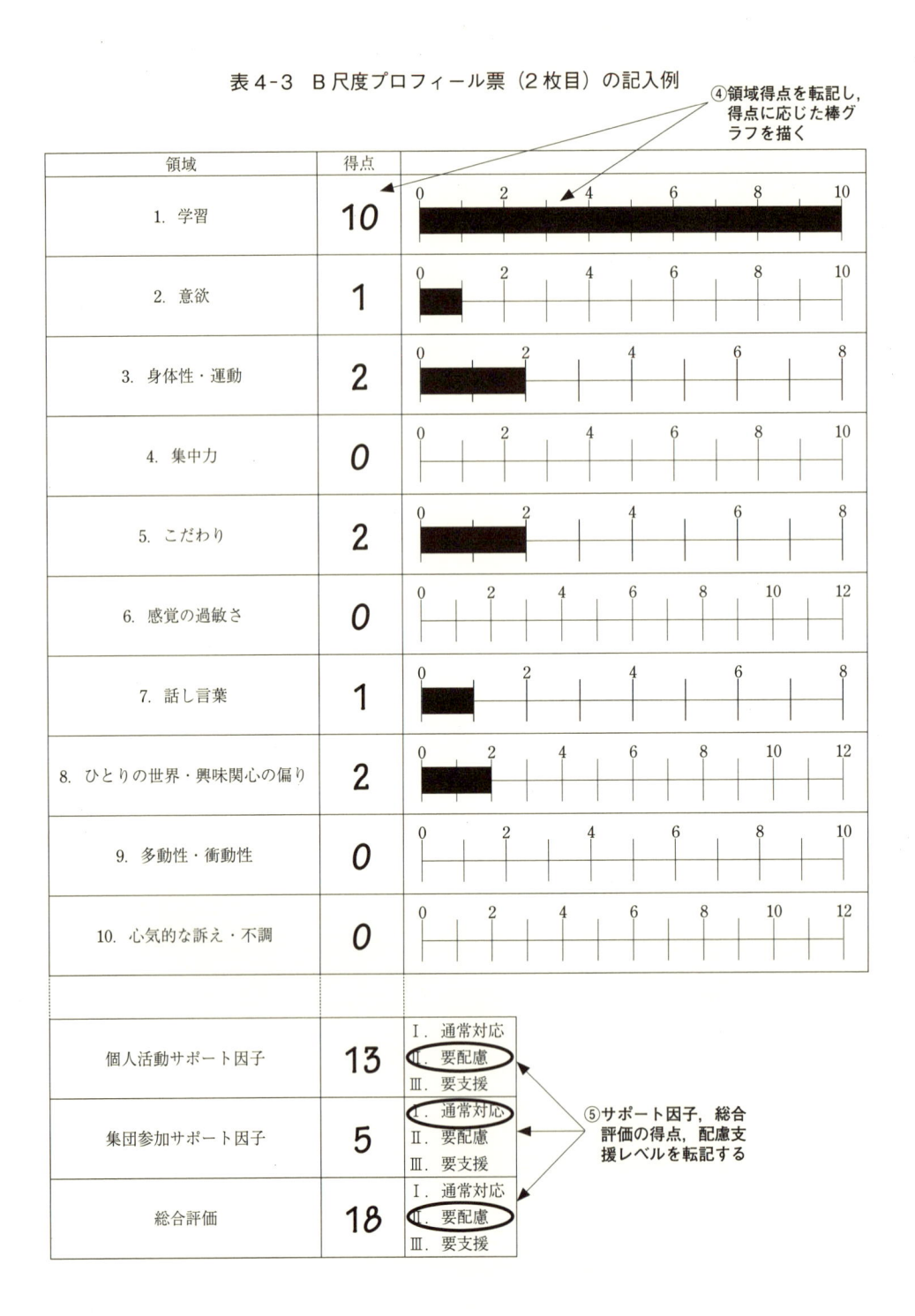

第2編　ASIST-IDver.適応スキルプロフィール［成人知的・発達障害者版］

表4-3　B尺度プロフィール票（2枚目）の記入例

④領域得点を転記し、得点に応じた棒グラフを描く

領域	得点	グラフ
1. 学習	10	10 / 10
2. 意欲	1	1 / 10
3. 身体性・運動	2	2 / 8
4. 集中力	0	0 / 10
5. こだわり	2	2 / 8
6. 感覚の過敏さ	0	0 / 12
7. 話し言葉	1	1 / 8
8. ひとりの世界・興味関心の偏り	2	2 / 12
9. 多動性・衝動性	0	0 / 10
10. 心気的な訴え・不調	0	0 / 12
個人活動サポート因子	13	Ⅰ. 通常対応　**Ⅱ. 要配慮**　Ⅲ. 要支援
集団参加サポート因子	5	**Ⅰ. 通常対応**　Ⅱ. 要配慮　Ⅲ. 要支援
総合評価	18	Ⅰ. 通常対応　**Ⅱ. 要配慮**　Ⅲ. 要支援

⑤サポート因子、総合評価の得点、配慮支援レベルを転記する

第3編

ASISTの
適用事例と支援目標

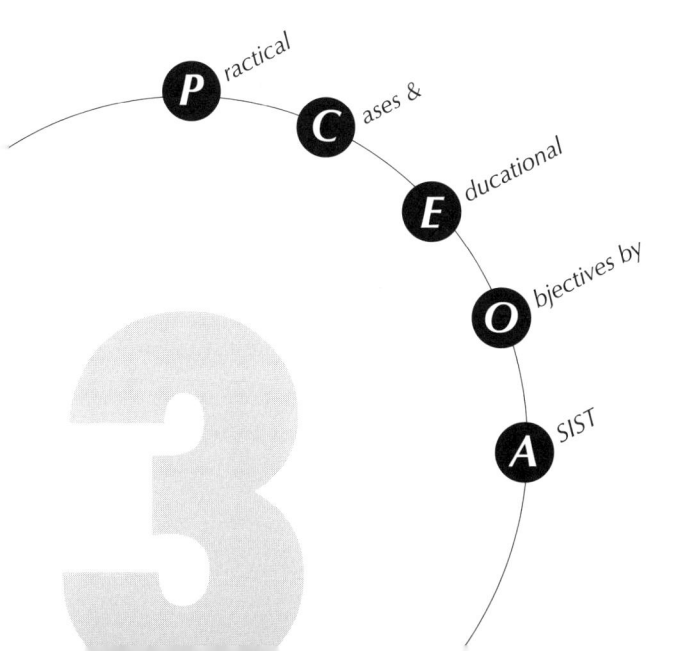

Practical
Cases &
Educational
Objectives by
ASIST

3

5章 ASISTによるアセスメント事例

事例1　通常学級に在籍する軽度知的障害のある小学5年生
―学習の遅れから通学への意欲の低下がみられる―

A尺度[適応スキルの把握]について

　生活習慣領域，手先の巧緻性領域，社会性領域，個人活動スキル群，集団参加スキル群，総合獲得レベルにおいて1学年，行動コントロール領域において2学年，言語表現領域において3学年の遅れがみられ，全般的な適応スキルの遅れがあることがうかがえ

表5-1-1　A尺度プロフィール票の採点結果

	1. 生活習慣	2. 手先の巧緻性	3. 言語表現	4. 社会性	5. 行動コントロール	総合獲得レベル
AQ	90	90	70	90	80	90
AG	小4	小4	小2	小4	小3	小4
得点	31点	32点	27点	31点	26点	合計 147点

個人活動スキル群		集団参加スキル群	
AQ	90	AQ	90
AG	小4	AG	小4

た（表5-1-1）。未通過項目は「授業や部活などで指示されたものを適切に買ってくる」「電話などで人から言われたことをメモしたり，伝言する」「姿勢をくずさず先生の話や友だちの発表などを集中して聴ける」などであった。

B尺度［特別な支援ニーズの把握］について

学習領域，学習面，個人活動サポート因子で要支援レベル，意欲領域，集中力領域，多動性・衝動性領域，行動情緒面，総合評価などで要配慮レベルであり，幅広い領域において支援ニーズがあることがうかがえた（表5-1-2）。チェック項目は「国語において学年相応の達成ができない」「算数（数学）において学年相応の達成ができない」「音楽において学年相応の達成ができない」「あまり考えず，すぐにわからないと言う」「忘れ物が多い」「授業中や人の話を聞いている時，ボーっとしていることが多い」などであった。

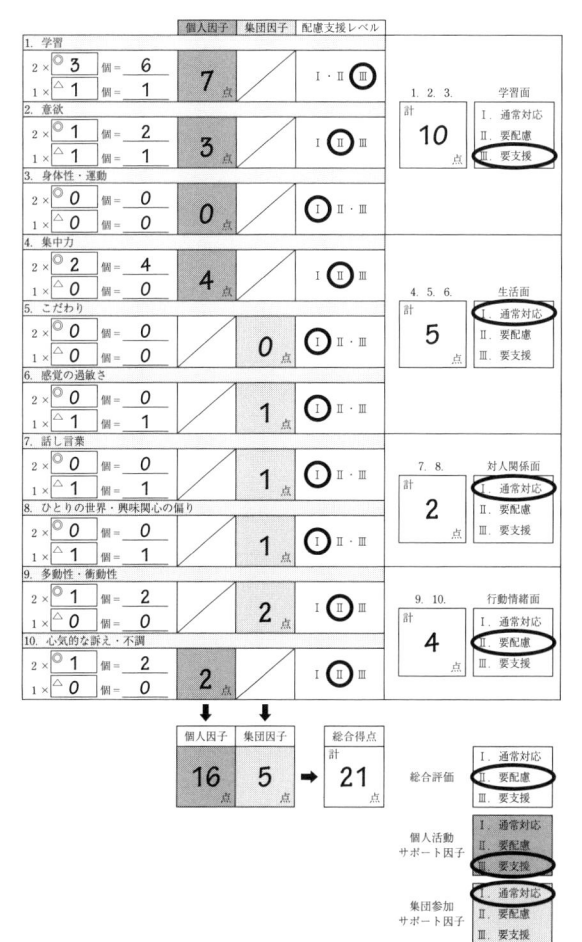

表5-1-2　B尺度プロフィール票の採点結果

第3編　ASISTの適用事例と支援目標

表5-1-3　WISC-Ⅳの検査結果（暦年齢11歳2カ月）

	VCI（言語理解）					PRI（知覚推理）				WMI（ワーキングメモリ）			PSI（処理速度）		
下位検査	類似	単語	理解	(知識)	(語の推理)	積木模様	絵の概念	行列推理	(絵の完成)	数唱	語音整列	(算数)	符号	記号探し	(絵の抹消)
	8	7	8	-	-	5	4	5	-	7	1	-	7	6	-
合成得点	86					67				65			81		
FSIQ	69														

総合的評価／解釈

　本児は適応スキルにおいて1〜3学年の遅れがみられた。未通過項目から集中力に関わる面の難しさがあると推測される。また、学習領域をはじめとして複数の領域において特別な支援ニーズがあることがうかがえた。本児は学習の遅れが大きく、最近では授業中にボーっとしていたり、学校に行きたくないと保護者につぶやく様子がみられたりしている。学習の遅れから、学習そのものへの意欲や通学への意欲が低下していることが推測された。

他検査の結果

　FSIQ（全検査IQ）では69と遅れがみられるが、その他の合成得点間で有意な差がみられ、解釈を慎重に行う必要がある（表5-1-3）。VCIとPRIや【類似】と【絵の概念】の差から、聴覚からの情報処理が得意で、それによる知識の蓄積が多い児であるが、【数唱：順唱】と【数唱：逆唱】の差からワーキングメモリを必要とする課題で困難のある児であることが推測される。全体的には意欲的に取り組む様子がみられるが、特に【数唱：逆唱】【語音整列】【算数】ではほとんど考えずに「わかんない」と応えることが多くみられた。

支援目標［個別の指導計画など］

　本児の集中力の低さは知的発達の遅れとワーキングメモリの低さ、意欲の低下は学習面の遅れが要因の一部であると予想されるが、具体的な目標としては、長期目標を「授業時間中は先生や黒板を見ている」こと、短期目標は「授業開始後10分間は姿勢良く座る」「宿題を忘れずに行う」こととした。

支援・手立て

　通常学級の生活の中での支援、また小学校5年生という年齢を考慮して、まず本児自

身（できれば保護者も）と支援者とで目標を共有することが必要である。本児にとって特別な支援がはずかしいことではなく，少なくとも自身にとって必要なことであり，目標についても本児自身が適切かどうか支援者と相談できることが必要である。本児がすぐ「わからない」と言う背景には失敗したくない気持ちがあると推測されるため，目標は本児が確実に成功できるものから設定していく必要がある。そのため，学力に見合った量と難易度の宿題を渡すこと，授業中姿勢良く座れる時間は本児と相談し，調整する必要がある。その上で，短期目標をクリアできている時に賞賛を与え，できなかった場合には指摘しない対応が必要である。

事例2　通常学級に在籍する知的障害の疑われる中学1年生
―話し言葉の苦手さから活動の参加が妨げられる―

A尺度［適応スキルの把握］について

　生活領域，手先の巧緻性領域では学年相当以上であったが，個人活動スキル群で1学年，社会性領域，総合獲得レベルで2学年，集団参加スキル群で3学年，言語表現領域，行動コントロール領域で4学年の遅れがみられ，適応スキルのアンバランスが認められた（表5-2-1）。未通過項目は，「電話などで人から言われたことをメモしたり，伝言す

表5-2-1　A尺度プロフィール票の採点結果

	1. 生活習慣	2. 手先の巧緻性	3. 言語表現	4. 社会性	5. 行動コントロール	総合獲得レベル
AQ	100	117	67	83	67	83
AG	中1	中3	小3	小5	小3	小5
得点	34点	37点	30点	32点	26点	合計 159点

個人活動スキル群	集団参加スキル群
AQ 92	AQ 75
AG 小6	AG 小4

第3編 ASISTの適用事例と支援目標

る」「その日にあったことを日記や作文に書ける」「相手の立場を考え，困ることや無理を要求しない」「2つのことを同時並行してできる（例えばテレビを見ながら，洗濯物をたたむなど）」であった。

B尺度［特別な支援ニーズの把握］について

集中力領域，話し言葉領域，多動性・衝動性領域，生活面で要支援レベル，学習領域，意欲領域，学習面，対人関係面，行動情緒面，個人活動サポート因子，集団参加サポート因子，総合評価で要配慮レベルであり，幅広い領域において支援ニーズがあることがうかがえた（表5-2-2）。チェック項目は「人目やはずかしさを全く感じない」「忘れ物が多い」「整理整頓が極端に苦手である」「同じ課題でもやる気がある時とそうでない時の差が極端にみられる」「国語において学年相応の達成ができない」「話すことにまとまりがなかったり，言葉が出てこない（説明がうまくできない）」であった。

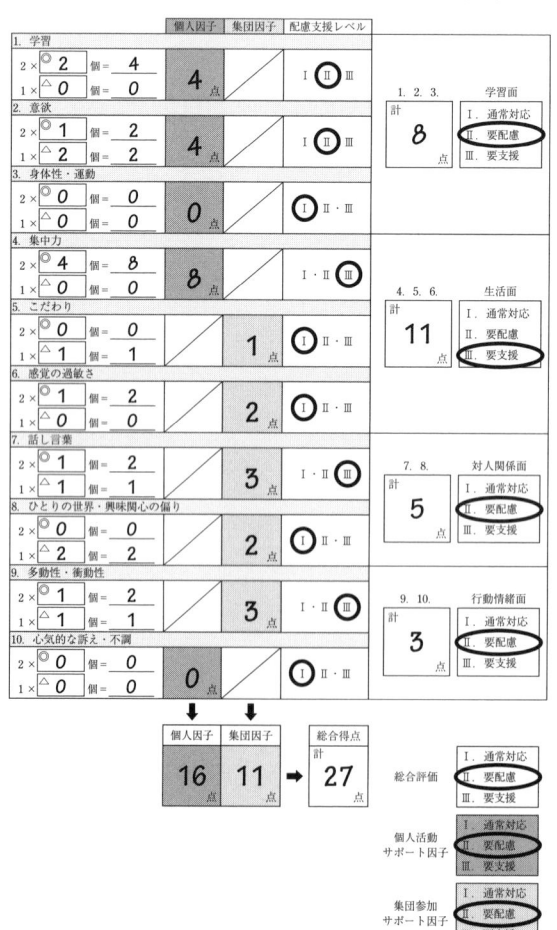

表5-2-2 B尺度プロフィール票の採点結果

総合的評価／解釈

本生徒は学校適応スキルにおいて複数の領域で1～4学年の遅れがみられた。また、集中力領域をはじめとして複数の領域において特別な支援ニーズがあることがうかがえた。

本生徒は、部活動や委員会活動に積極的に参加しており、学級での他生徒との関わりも充実していた。しかし、学習面における遅れがみられ、一斉授業での学習場面においては、落ち着きのなさや授業中に他生徒に話しかけるなどの行動問題がみられた。必要な道具のみを選択することも苦手であり、学級での本生徒の机の周りには多くの筆箱がかかっていた。

他検査の結果

全般的な知的発達の遅れがみられ、軽度知的障害の領域であった（表5-2-3）。言語を用いた課題が苦手であり「共通点」や「差異点と共通点」などの言葉で解答する必要のある課題では、伝えようとする意思はみられるものの、言葉が出てこなかったり支離滅裂であったりして、不通過となることが多かった。対して、言語を用いない「記憶によるひも通し」や「図形の記憶」「ボール探し」はスムーズに実施することができていた。検査に対しては、開始時は集中していたものの、約30分経過したころから姿勢が悪くなり、落ち着きのなさがみられた。

表5-2-3　田中ビネー知能検査Vの検査結果（暦年齢12歳4カ月）

精神年齢	知能指数
7:10	64

支援目標［個別の指導計画など］

思ったことや感じたこと、経験したことなどを言語表現することを苦手とすることから、長期目標を「その日にあったことを先生や両親に伝える」と設定し、短期目標を「いつ、どこで、何を、誰と、どうした、を明確にした簡単な文章を書く」とした。

支援・手立て

初めに「いつ」「どこで」「何を」「誰と」「どうした」に対して、単語で答えることができるようにする。慣れてきたら、単語で答えることができるようになった項目を文章にする練習をしていく。助詞の理解が必要であるため、初めのうちは「○○，○○は○○で○○と○○をしました」のようにプロンプトを与え、少しずつプロンプトを減らしながら、ひとりで文章を完成させることができるようにしていく。その後、文章を見ながらその日にあったことを先生や両親に伝える機会を設定し、最終的には文章を見ないで他者に伝えられるようになることをめざすとした。

事例3 通常学級に在籍する自閉症スペクトラム障害のある小学5年生
―ひとりの世界・興味関心の偏りの強さにより対人関係でトラブルになる―

A尺度［適応スキルの把握］について

手先の巧緻性領域，行動コントロール領域，総合獲得レベルにおいて1学年，社会性領域，集団参加スキル群において2学年の遅れがみられた（表5-3-1）。一方で，生活習慣領域，個人活動スキル群は学年相応，言語表現領域は1学年上のスキルを獲得していることがうかがえた。未通過項目は「リコーダーの指使いがスムーズにできる」「先生や大人の一斉指示に合わせて行動する」「ゲームに負けたり一番になれなくても受け入れられる」などであった。

B尺度［特別な支援ニーズの把握］について

総合評価，個人活動サポート因子，学習面，行動情緒面などは通常対応レベルだった一方，ひとりの世界・興味関心の偏り領域は要支援レベル，集中力領域，こだわり領域，多動性・衝動性領域などは要配慮レベルであり，さまざまな領域で支援ニーズがあるこ

表5-3-1　A尺度プロフィール票の採点結果

	1. 生活習慣	2. 手先の巧緻性	3. 言語表現	4. 社会性	5. 行動コントロール	総合獲得レベル
AQ	100	90	110	80	90	90
AG	小5	小4	小6	小3	小4	小4
得点	33点	30点	34点	28点	27点	合計 152点

5章 ASISTによるアセスメント事例

とがうかがえた（表5-3-2）。チェック項目は「他者の話をさえぎって自分の話ばかりをする」「授業中や人の話を聞いているとき，ボーっとしていることが多い」「相手が嫌がっていることを繰り返し行う」「いきなり喋り出す・怒り出す，または動き出す」などであった。

総合的評価／解釈

本児は適応スキルにおいて獲得レベルにばらつきがみられ，学年相応もしくは学年以上のスキルを獲得している領域と，1〜2学年の遅れがみられる領域があることがうかがえた。また集中力やこだわりなど，さまざまな領域で支援ニーズがあると考えられた。

本児は国語・算数などの学習は得意としており，知識も豊富であるが，授業中に教師の指示と違うことをしている様子が度々みられた。他の児童とは仲良くしたい気持ちが

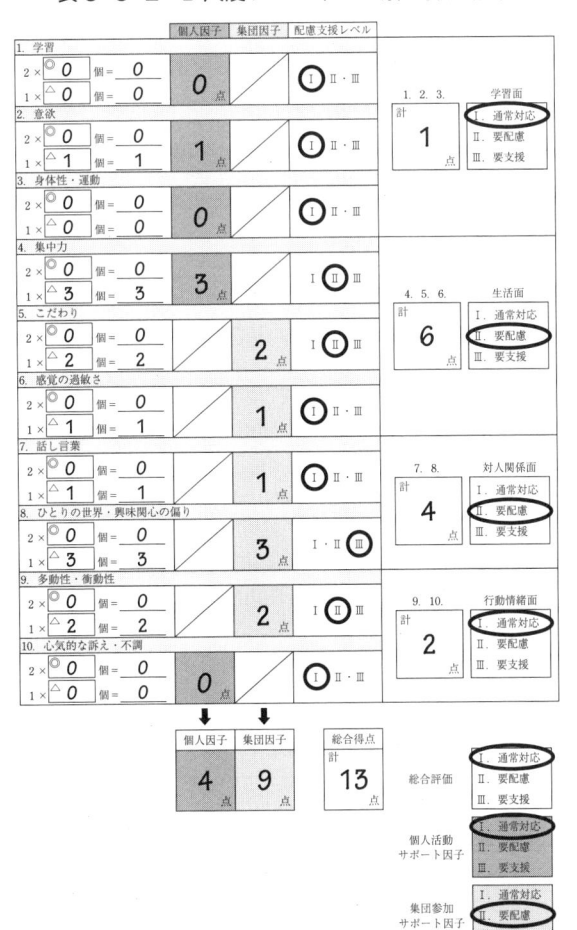

表5-3-2 B尺度プロフィール票の採点結果

第3編　ASISTの適用事例と支援目標

強くあるものの、ルールが守れない、自分の主張を通そうとするなど仲間に嫌がられることがみられた。

他検査の結果

全検査は平均の範囲内であるが、下位検査の合成得点にはばらつきがみられる（表5-3-3）。言語理解は平均の上の範囲であり、言葉の理解や表現は得意であるといえる。しかし「類似」や「単語」に比べ、「理解」の評価点が低く出ており、日常の事柄についての理解が難しいものと思われる。ワーキングメモリーは平均の下の範囲であり、聴覚的な刺激の記憶や操作が苦手であると推測された。

支援目標［個別の指導計画など］

他の児童との関係の中で、自分の主張を通そうとすることがあるため、長期目標を「相手の立場や気持ちを考え、困ることや無理な要求をしない」と設定し、短期目標を「相手に意見を尋ねる」とした。

支援・手立て

学級活動などでソーシャルスキルトレーニングの時間を作り、「相手の意見を尊重する」「話し合いのまとめ方」などのテーマをクラス全体で取り組むようにする。その中で、教師が良いモデル／悪いモデルを示しながら、友だちが嫌な気持ちにならない方法を考え、実際にそれらのスキルを使った活動を行う。本児に対しては日常生活の中でも、自分の意見を伝えた後に「○○くんはどう？」と意見を尋ねることを意識させる。また友だちの意見を受け入れたり、自分の主張を我慢したりしている場面を認め、褒める声かけを行うこととした。

表5-3-3　WISC-Ⅳの検査結果（暦年齢10歳10カ月）

	VCI（言語理解）					PRI（知覚推理）				WMI（ワーキングメモリ）			PSI（処理速度）		
下位検査	類似	単語	理解	(知識)	(語の推理)	積木模様	絵の概念	行列推理	(絵の完成)	数唱	語音整列	(算数)	符号	記号探し	(絵の抹消)
	15	16	8	-		12	11	11	-	9	7		8	9	
合成得点	117					109				88			91		
FSIQ	104														

事例4　通常学級に在籍するADHDのある小学2年生
―多動性・衝動性から他児とのトラブルや授業中の離席がみられる―

A尺度［適応スキルの把握］について

　全般的に遅れがみられ，手先の巧緻性領域，社会性領域，行動コントロール，個人活動スキル群，集団参加スキル群，総合獲得レベルは5歳児レベルであり，適応スキルの著しい遅れがみられた（表5-4-1）。未通過項目は「紙からはみ出さずのりをつける」「攻撃的にならずに相手に自分の考えを主張する」「授業中，落ち着いて着席していられる」「言いたいことがあっても相手の質問が終わってから，順番を守って答えられる」などであった。

B尺度［特別な支援ニーズの把握］について

　学習領域，意欲領域，多動性・衝動性領域，すべてのニーズ側面，個人活動サポート因子，集団参加サポート因子，総合評価など多くの領域で要支援レベルであった（表5

表5-4-1　A尺度プロフィール票の採点結果

	1. 生活習慣	2. 手先の巧緻性	3. 言語表現	4. 社会性	5. 行動コントロール	総合獲得レベル
AQ	86	71	86	71	71	71
AG	小1	5歳	小1	5歳	5歳	5歳
得点	22点	16点	22点	18点	11点	合計 89点

個人活動スキル群　AQ 71　AG 5歳
集団参加スキル群　AQ 71　AG 5歳

第3編　ASISTの適用事例と支援目標

-4-2)。特に多動性・衝動性領域は全項目が「よくあてはまる」であった。また，「忘れ物が多い」「整理整頓が極端に苦手である」といった注意集中の問題，「失敗するとすぐに落ち込み，ちょっとできるとすぐに大はしゃぎする傾向が強い」といった意欲の問題もみられた。こうした課題が授業の参加に影響し学習の遅れもみられた。

総合的評価／解釈

　本児の適応スキルは，行動コントロールスキルをはじめとし，全般的に遅れていた。注意集中や多動性・衝動性という本児の特性の問題に加え，意欲の低下や学習の遅れという二次的な問題に支援を要した。一対一の落ち着いた場面で話す内容は，学年相応でありクラスの友だちと休み時間に楽しんで遊ぶことができるが，衝動的に人の物を取ってしまったり，周りから聞こえてくる音や言葉に反応し授業に参加できないことも多

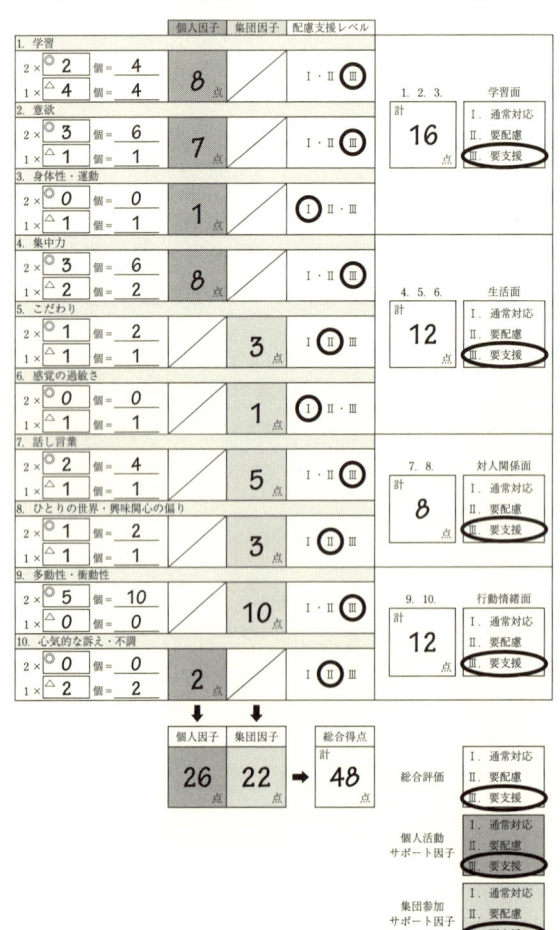

表5-4-2　B尺度プロフィール票の採点結果

5章　ASISTによるアセスメント事例

い。そのため，学校生活において注意や叱責を受ける機会が多く，教師の言葉がけに過度に反応してしまう傾向もみられた。

他検査の結果

知的発達水準は平均に位置するが，言語性IQ＞動作性IQや，群指数間に有意な差が認められる（表5-4-3）。検査から1時間経過したころから許可なく離席する様子や，動作性下位検査で自分の誤りが明らかになる

表5-4-3　WISC-Ⅲの検査結果（暦年齢8歳2カ月）

下位検査	評価点	IQ／群指数	
絵画完成	9	VIQ（言語性）	95
知識	11	PIQ（動作性）	85
符号	10	FIQ（全検査）	90
類似	12	VC（言語理解）	95
絵画配列	6	PO（知覚統合）	78
算数	8	FD（注意記憶）	83
積木模様	9	PS（処理速度）	90
単語	9		
組合せ	7		
理解	7		
記号探し	-		
数唱	-		
迷路	-		

と「めんどくさい」「まだ終わんないの」などの発言がみられた。群指数の比較から聴覚的短期記憶の問題，部分から全体を予測する力などの問題が仮定される。また，［言語理解］の中でも「理解」の評価点は低く社会的に望ましい対処行動の理解や文章を組み立てながら話すことが不得手と推測された。

支援目標［個別の指導計画など］

苦手な教科や友だちとのトラブルがあった後には授業中に離席したり，イライラして攻撃的な振る舞いをしてしまう。また着席していても周囲の刺激に反応し課題に集中することが難しいことから長期目標を「授業中，先生の指示に従い自分から学習に参加できる」と設定した。短期目標は「学習課題を投げ出さずに，最後まで取り組む」「イライラする時は先生に伝えてから離席する」とした。

支援・手立て

一斉の指示では聞いていなかったり，理解できなかったりすることも多いため，指示をする前に個別に声かけをして意識を向けさせる。指示は短く1回に1つの指示にし，個別に復唱させるようにする。座席は声かけしやすく刺激の少ない前の列にする。課題に最後まで取り組めるように，量や時間を調整し，見通しが持てるよう始めと終わりを明確に示すようにする。また，離席に関しては本児と教師の間で離席する際の合図を決めておく。全体的に自信がないことから，離席の合図を示した場合や，少しでも着席し課題ができたことなど，本児の行動に対し小さなことでも認め評価していくとした。

事例5　通常学級に在籍するダウン症のある小学2年生
―指示理解の不十分さから活動への意欲が低下する―

A尺度［適応スキルの把握］について

　手先の巧緻性領域は3学年，それ以外の4領域および個人活動スキル群，集団参加スキル群，総合獲得レベルは2学年の遅れがみられ，適応スキルの全般的遅れがうかがわれた（表5-5-1）。未通過項目としては「手洗いやうがいを進んでする」「安全ピンをつける」「苦手なことについて友だちに『教えて』と頼むことができる」「友だちが失敗したとき，慰めたり励ましたりする」「他者と言い争いになっても興奮したりその場から逃げださずに対応できる」などであった。

B尺度［特別な支援ニーズの把握］について

　学習領域，意欲領域，集中力領域，話し言葉領域，学習面，生活面，個人活動サポート因子，総合評価で要支援レベルであり，特別な支援の必要性がうかがわれた（表5-5

表5-5-1　A尺度プロフィール票の採点結果

	1. 生活習慣	2. 手先の巧緻性	3. 言語表現	4. 社会性	5. 行動コントロール	総合獲得レベル
AQ	71	57↓	71	71	71	71
AG	5歳	4歳↓	5歳	5歳	5歳	5歳
得点	31点	32点	27点	31点	26点	合計 147点

（個人活動スキル群：AQ 71／AG 5歳，集団参加スキル群：AQ 71／AG 5歳）

-2)。チェック項目としては「整理整頓が極端に苦手である」「課題や活動を最後までやり遂げられない」「同じ課題でもやる気がある時とそうでない時の差が極端にみられる」などであった。

総合的評価／解釈

本児は適応スキルに関して2学年程度の遅れがみられた。学習領域，集中力領域，意欲領域の特別な支援ニーズが特に高く，個別的かつ幅広い支援の必要性がうかがわれた。

本児は授業中に離席はなく，言葉による指示のみで自発的に活動することは困難だが他児を見て自分のすべき行動を取ることができた。しかし苦手意識の強い活動や気の乗

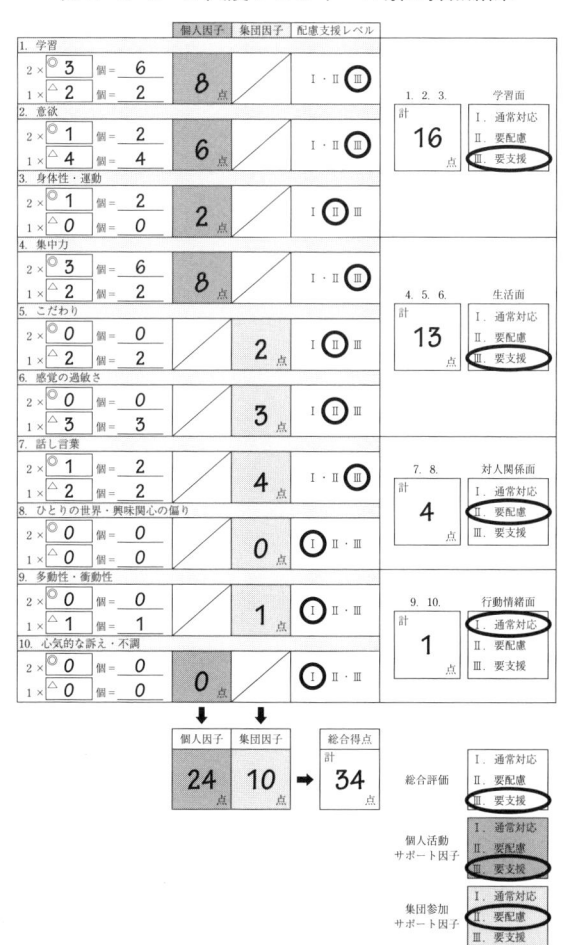

表5-5-2 B尺度プロフィール票の採点結果

領域	個人因子	集団因子	配慮支援レベル
1. 学習	2×3個=6, 1×2個=2 → 8点		Ⅰ・Ⅱ・**Ⅲ**
2. 意欲	2×1個=2, 1×4個=4 → 6点		Ⅰ・Ⅱ・**Ⅲ**
3. 身体性・運動	2×1個=2, 1×0個=0 → 2点		Ⅰ・**Ⅱ**・Ⅲ
4. 集中力	2×3個=6, 1×2個=2 → 8点		Ⅰ・Ⅱ・**Ⅲ**
5. こだわり	2×0個=0, 1×2個=2	2点	Ⅰ・Ⅱ・**Ⅲ**
6. 感覚の過敏さ	2×0個=0, 1×3個=3	3点	Ⅰ・**Ⅱ**・Ⅲ
7. 話し言葉	2×1個=2, 1×2個=2	4点	Ⅰ・Ⅱ・**Ⅲ**
8. ひとりの世界・興味関心の偏り	2×0個=0, 1×0個=0	0点	**Ⅰ**・Ⅱ・Ⅲ
9. 多動性・衝動性	2×0個=0, 1×1個=1	1点	**Ⅰ**・Ⅱ・Ⅲ
10. 心気的な訴え・不調	2×0個=0, 1×0個=0	0点	**Ⅰ**・Ⅱ・Ⅲ

計	配慮支援レベル
1. 2. 3. 学習面 計16点	Ⅰ. 通常対応 / Ⅱ. 要配慮 / **Ⅲ. 要支援**
4. 5. 6. 生活面 計13点	Ⅰ. 通常対応 / Ⅱ. 要配慮 / **Ⅲ. 要支援**
7. 8. 対人関係面 計4点	Ⅰ. 通常対応 / **Ⅱ. 要配慮** / Ⅲ. 要支援
9. 10. 行動情緒面 計1点	**Ⅰ. 通常対応** / Ⅱ. 要配慮 / Ⅲ. 要支援

個人因子	集団因子	総合得点
24点	10点	→ 34点

総合評価：Ⅰ. 通常対応 / Ⅱ. 要配慮 / **Ⅲ. 要支援**

個人活動サポート因子：Ⅰ. 通常対応 / **Ⅱ. 要配慮** / **Ⅲ. 要支援**

集団参加サポート因子：Ⅰ. 通常対応 / **Ⅱ. 要配慮** / Ⅲ. 要支援

らない場面では頑なに活動を拒否することもあり，場面により意欲にムラがみられた。また，わからないことや手伝ってほしいことを伝えることが難しく，周囲の援助を待っていることも多かった。

他検査の結果

本児は知的発達に遅れがみられる（表5-5-3）。長方形の組み合わせ課題や絵の欠所発見課題などの得意な課題には笑顔で意欲的に取り組んだ。順序の記憶課題では，順番に隠した3つの道具のうち最後まで見えていた3つ目の道具は覚えていたが，初めのほうに見た道具を記憶することは困難であった。絵の不合理課題では，不合理な箇所を見つけることは可能であったが，どう不合理なのかを言葉でうまく説明できず，「もうやりたくない」と途中で課題を拒否した。

表5-5-3 田中ビネー知能検査Ⅴの検査結果
（暦年齢8歳7カ月）

精神年齢	知能指数
5:04	57

支援目標［個別の指導計画など］

本児は周囲に合わせて適切な行動を取ろうとする意欲があるものの，指示理解の不十分さや言葉で説明することの難しさからうまく参加することのできない活動があり，さらにそのような状況が活動への苦手意識を強めていることがうかがわれた。よって本児の学校適応を促進するためには，「わからないことを自分から先生に質問する」ことを優先的に支援目標に設定した。

支援・手立て

苦手とする課題で意欲が低下している場面で個別に支援し，「手伝ってもらえば自分もできる」という経験を増やすことを第一とした。本児は順を追って記憶し実行することに困難があるため，支援の際は手順を一気に説明するのではなく細かく区切って説明することが有効であると考えられた。このような経験を増やしたところで「困った時は手をあげて『教えてください』と言ってね」と自発的に援助を求めるための具体的な言葉を教える。自発的に援助を求めることができた場面では「自分から言えてえらかったね」と褒めることで行動の定着を図った。同時に援助を求めずできた活動にも目を向けて褒めることで，本児の本来持つ他児を見て適切な行動を取ろうとする力と，わからないことは自発的に援助を求める力の両方を養い，より適応的な学校生活が可能となると考えられた。

事例6 通常学級に在籍するLDのある小学2年生
―自分の考えを言葉で表現することが苦手―

A尺度［適応スキルの把握］について

　生活習慣領域は学年相応であったが，手先の巧緻性領域，社会性領域，個人活動スキル群，総合獲得レベルにおいて1学年，言語表現領域，行動コントロール領域，集団参加スキル群において2学年の遅れがみられ，全般的に適応スキルの遅れがあることがうかがえた（表5-6-1）。未通過項目は「気持ちを込めたり抑揚をつけて音読ができる」「話し合いで自分の意見が周囲に受け入れられなくても皆の考えに合わせる」「自分の要求が通らない時，カッとなったりかんしゃくを起こさずに我慢できる」などであった。

B尺度［特別な支援ニーズの把握］について

　学習領域，意欲領域，集中力領域，感覚の過敏さ領域，ひとりの世界・興味関心の偏り領域，各ニーズ側面，個人活動サポート因子，集団参加サポート因子，総合評価など

表5-6-1　A尺度プロフィール票の採点結果

	1. 生活習慣	2. 手先の巧緻性	3. 言語表現	4. 社会性	5. 行動コントロール	総合獲得レベル
AQ	100	86	71	86	71	86
AG	小2	小1	5歳	小1	5歳	小1
得点	25点	18点	15点	22点	16点	合計 96点

	個人活動スキル群	集団参加スキル群
AQ	86	71
AG	小1	5歳

第3編 ASISTの適用事例と支援目標

で要支援レベルであり，幅広い領域において支援ニーズがあることがうかがえた（表5-6-2）。チェック項目は「大勢の中に入ることを怖がったり，前に立って発表するのを極端に嫌がる」「自分ひとりでお話を作ったり，気になることがあると頭の中でずっと考え続ける」「話している，聞いている時や課題に取り組んでいる時，すぐに他のことに注意がそれる」などであった。

総合的評価／解釈

本児は適応スキルにおいて1～2学年の遅れがみられた。また，感覚の過敏さ領域をはじめとして複数の領域において特別な支援ニーズが高いことがうかがえた。

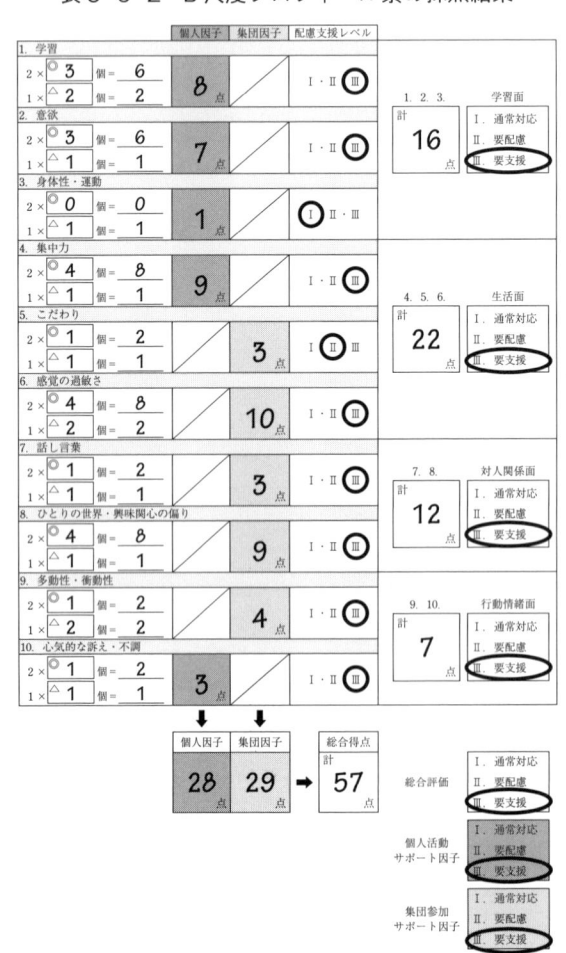

表5-6-2　B尺度プロフィール票の採点結果

本児は明るくよく話す性格ではあるが、人見知りのため、仲良くなるまでに時間がかかった。自分から遊びを提案することが多いが、自分の思い通りにいかないとかんしゃくを起こすこともあるため、友人関係をうまく築けないこともあった。また、自分の思いを言葉にして話したり、感想文を書くなど、表現することが苦手であり、授業時に指されると体が固まってしまい言葉が出なくなった。

他検査の結果

IQは80と低くはないが、所々の落ち込みがみられる（表5-6-3）。左右の弁別や曜日といった基本的な理解もできていない。

絵の不合理では、一部分には着目できるものの、全体像を見て非現実的な点に気づくことが難しいようだった。また問題場面への対応については、自分の場合に置き換えて答えることが難しく、数の比較については半分に数を分けることはできるが、比較して何本多いか答えることが困難であった。

支援目標［個別の指導計画など］

教師の問いや、作文を書く際など、自分の考えを言葉で説明することが苦手なことから、長期目標を「自分の考えや思いを文章にして説明することができる」と設定し、短期目標を「活動の際の感想を話すことができる」とした。

支援・手立て

本児は、日常会話をしたりその日の出来事を客観的に説明することは得意であったため、まず初めに他愛もない会話をする機会を定期的に設けた。そしてその際に、「楽しかったんだね」「寂しかったんだね」などと教師の方から自分の思いを伝えられる語句をさりげなく言葉にしていく。その後、会話の中で、「どうだった？」「どう思ったの？」などと本児に感想を求める形に変え、少しずつ自分の思いを言葉にする機会を作っていく。そして、国語の授業などで感想文を書く際には、出来事の説明だけでなく、自分の気持ちを積極的に表現していくように指導するとした。

表5-6-3　田中ビネー知能検査Ⅴの検査結果
（暦年齢7歳9カ月）

精神年齢	知能指数
6:02	80

事例7　通常学級に在籍する知的障害のある小学1年生
―運動面，集中力の困難さから集団参加が難しい―

A尺度［適応スキルの把握］について

生活習慣領域，社会性領域，総合獲得レベルにおいて1学年，手先の巧緻性領域，言語表現領域，個人活動スキル群において2学年の遅れがみられ，全般的に適応スキルに遅れがあることがうかがえた（表5-7-1）。未通過項目は「安全ピンをつける」「紙からはみ出さずにのりをつける」「定規を使って線をきれいに引く」などを含む手先の巧緻性領域に多くみられた。他にも，言語表現領域の「苦手なことについて友だちに『教えて』と頼むことができる」などが未通過であった。

B尺度［特別な支援ニーズの把握］について

集中力領域と学習領域において満点（10点）がついており，突出して支援ニーズがあるといえた（表5-7-2）。他にも意欲領域，身体性・運動領域，話し言葉領域，心気的

表5-7-1　A尺度プロフィール票の採点結果

	1. 生活習慣	2. 手先の巧緻性	3. 言語表現	4. 社会性	5. 行動コントロール	総合獲得レベル
AQ	83	67↓	67↓	83	100	83
AG	5歳	4歳↓	4歳↓	5歳	小1	5歳
得点	15点	10点	11点	21点	21点	合計 78点

個人活動スキル群：AQ 67↓　AG 4歳↓
集団参加スキル群：AQ 100　AG 小1

な訴え・不調領域，各ニーズ側面，個人活動サポート因子，総合評価で要支援レベルであり，幅広く支援ニーズがあることがうかがえた。チェック項目は，「忘れ物が多い」「あまり考えず，すぐに『わからない』と言う」「話すことにまとまりがなかったり，言葉が出てこない（説明がうまくできない）」などであった。

総合的評価／解釈

本児は適応スキルにおいて1～2学年の遅れがみられた。また，突出してみられた集中力領域，学習領域をはじめとして複数の領域において特別な支援ニーズがあることがうかがえた。

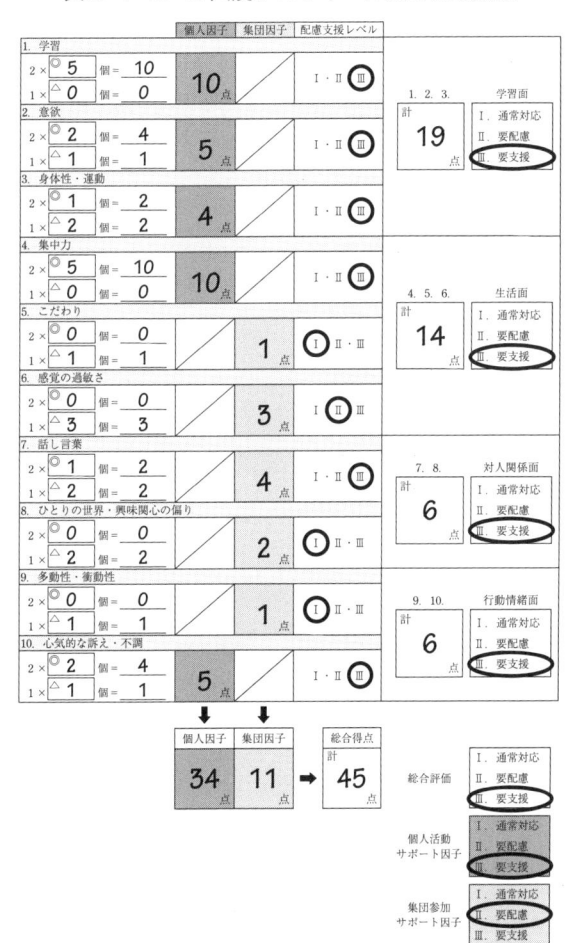

表5-7-2　B尺度プロフィール票の採点結果

本児は対人関係において消極的な様子がみられ，他児の言いなりになる場面が多々みられた。自信のなさから自己主張することが苦手であり，やりとりにおいて受動的な特徴がある。また手先の不器用さが顕著であり，一斉指導で同じ作業をする際に一対一で付かなければ，周りの作業スピードについていけなかった。

他検査の結果

認知・適応領域，言語・社会領域ともに遅れがあり，全般的にみても知的発達に軽度な遅れがあることがうかがえた（表5-7-3）。短期記憶が弱く，「積木叩き」（P115～P119）の課題では4歳台レベルで不通過になった。また言語による説明が苦手であり，「了解Ⅱ」（V49），「了解Ⅲ」（V50），「語の定義」（V51）では適切な言葉が思い浮かばずつまる場面がみられ，すぐに「わからない」と諦める。言葉には不明瞭さが残り，口の中でもごもご話した。

表5-7-3 新版K式発達検査の検査結果（暦年齢6歳8カ月）

領域別	発達年齢	発達指数
姿勢・運動（P-M）	—	—
認知・適応（C-A）	4:04	65
言語・社会（L-S）	4:08	70
全領域	4:06	68

支援目標［個別の指導計画など］

手先の不器用さや忘れ物の多さから日常生活や学習面にも影響が及び，集団についていけない場面がみられ，かつ他児に助けを求めることができないことなどから，長期目標を「クラスのみんなの動き，作業についていく」，短期目標を「わからない時や困った時に教師・友だちに助けを求める」と設定した。

支援・手立て

初めに，本人が他児の作業スピードより遅れていることを認識し，周りを参考にして動けるようにするため，周りをよく観察することを意識づける。教師が本児の手間取っている様子に気づいた際には，その都度「周りをよく見てごらん，何やってる？」と声かけをする。そして本人が周りとの違いに気づけるようになったら，「今，これ難しいから時間かかっちゃうよね。困ってるよね」と，自身で困り感を自覚できるようにする。自覚できるようになったら，「こういう時は，先生かお友だちに『教えて（ください）』って言えばいいんだよ」と，意思表示の仕方を指導する。必要な時は，それぞれの過程で意識できるように「周りをよく見る」など，具体的な行動を書いた紙を机の上の見えるところに置くとした。

事例8 幼稚園年長クラスに在籍する自閉症スペクトラム障害のある5歳児
―こだわりや興味関心の偏りによって活動の参加が妨げられる―

A尺度［適応スキルの把握］について

　社会性領域，集団参加スキル群，総合獲得レベルに1学年の遅れがみられたことから，適応スキルにやや遅れのあることがうかがわれた（表5-8-1）。未通過項目は，「いつも一緒に遊んだりおしゃべりする仲の良い友だちが2～3人以上いる」「友だちが困っている時に手助けをする」「友だちが失敗したとき，慰めたり励ましたりする」「話し合いで自分の意見が周囲に受け入れられなくても皆の考えに合わせる」などであった。

B尺度［特別な支援ニーズの把握］について

　多くの領域において要支援レベルであった。特に，こだわり領域，ひとりの世界・興味関心の偏り領域，感覚の過敏さ領域，話し言葉領域，多動性・衝動性領域，対人関係

表5-8-1　A尺度プロフィール票の採点結果

	1. 生活習慣	2. 手先の巧緻性	3. 言語表現	4. 社会性	5. 行動コントロール	総合獲得レベル
AQ	100	100	100	80↓	100	80↓
AG	5歳	5歳	5歳	4歳↓	5歳	4歳↓
得点	17点	15点	13点	11点	13点	合計 69点

個人活動スキル群　AQ 100　AG 5歳
集団参加スキル群　AQ 80↓　AG 4歳↓

第3編　ASIST の適用事例と支援目標

面など，周囲の世界との関わり方や反応の示し方に関する領域において支援ニーズがあることがうかがわれた（表5-8-2）。チェック項目は「何でも自分の思い通りにしたがる」「極端に怖がる物（人）や活動がある」「あまり考えず，すぐに『わからない』と言う」などであった。

総合的評価／解釈

本児は適応スキルにおいて1学年程度の遅れがみられた。また，興味関心の偏りや感覚の過敏さ，こだわり，話し言葉など，周囲の世界との関わり方や反応の示し方に関す

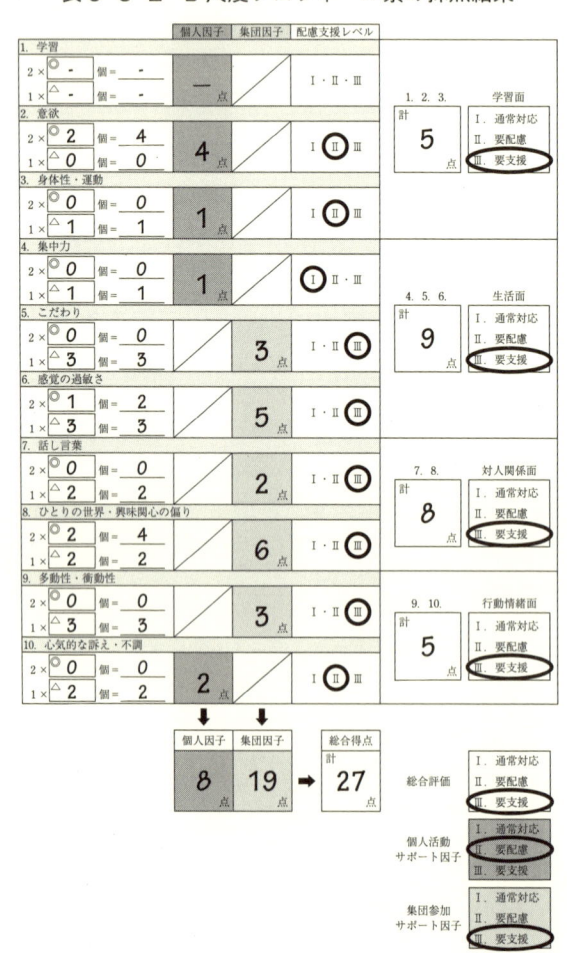

表5-8-2　B尺度プロフィール票の採点結果

る領域に特別な支援ニーズがあることがうかがわれた。

設定された活動場面ではルールを理解し行動することができるが，予測できない状況や想定していたことと違う事態が起こった時に気持ちが崩れたり，他者の失敗やネガティブな状況に対して激しく動揺する様子がみられた。

他検査の結果

全般的な知的発達に遅れはみられなかった（表5-8-3）。言語性の課題では，すぐに「わからない」と言ったり自信のない様子がみられたが，数概念や曜日などは理解しており，左右の弁別も可能であった。言語説明能力はそれほど高くなく，絵の不合理の説明では，理解していてもそれを十分に言葉で表現できない様子がみられた。また，視覚的な操作は良好だが，模写については，形はとらえているものの，バランスの悪さがうかがわれた。

支援目標［個別の指導計画など］

思い通りにならないと気持ちが崩れたり，他者の失敗に動揺して繰り返しその失敗を指摘したり，適切に行動できなくなる様子から，長期目標を「想定外のことが起きても気持ちを適切にコントロールし活動に参加できる」とし，短期目標を「失敗を泣かずに受け入れられる」とした。

支援・手立て

勝敗や成功・失敗のある活動を繰り返し経験できる機会を設け，その中で勝ったり負けたりすること，失敗してもまた失敗するとは限らず，結果は毎回異なることなどを伝え，さまざまな可能性への見通しを持たせる。そして，本児の気持ちを言語化して確認しながら気持ちの状態への気づきを促す。ネガティブな状況に直面した時の振る舞い方や気持ちの切り替え方を実際の場面で示し，似た状況でどのように対処するか丁寧に確認しながら落ち着いて状況に対処できるよう促すとした。

表5-8-3 田中ビネー知能検査Ⅴの検査結果
（暦年齢5歳6カ月）

精神年齢	知能指数
5:08	103

第3編 ASISTの適用事例と支援目標

事例9　通級指導教室に通う自閉症スペクトラム障害のある小学5年生
―手先の不器用さや興味・関心の偏りから活動への参加が困難―

A尺度［適応スキルの把握］について

　社会性領域において4学年，手先の巧緻性領域において3学年，言語表現領域，個人活動スキル群，集団参加スキル群，総合獲得レベルにおいて2学年の遅れがみられ，社会性領域，手先の巧緻性領域，言語表現領域に顕著な遅れがあり，発達の偏りがみられた（表5-9-1）。未通過項目は，「相手を褒めたり，良い気分にさせる表現ができる」「外出や遊びなどについて同年齢の友人グループで相談して計画を立てて実行する」「話し合いで自分の意見が周囲に受け入れられなくとも皆の考えに合わせる」などであった。

B尺度［特別な支援ニーズの把握］について

　身体性・運動領域，感覚の過敏さ領域，ひとりの世界・興味関心の偏り領域，心気的な訴え・不調領域，各ニーズ側面，各サポート因子，総合評価などで要支援レベルで

表5-9-1　A尺度プロフィール票の採点結果

	1. 生活習慣	2. 手先の巧緻性	3. 言語表現	4. 社会性	5. 行動コントロール	総合獲得レベル
AQ	100	70	80	60	110	80
AG	小5	小2	小3	小1	小6	小3
得点	32点	23点	31点	24点	32点	合計 142点

個人活動スキル群		集団参加スキル群	
AQ	80	AQ	80
AG	小3	AG	小3

あり，幅広い領域において支援ニーズがあることがうかがえた（表5-9-2）。チェック項目は「他者の話をさえぎって自分の話ばかりをする」「自分ひとりでお話を作ったり，気になることがあると頭の中でずっと考え続ける」「偏食が著しい（食べられるものが少ない）」「手先の不器用さが極端に目立つ」などであった。

総合的評価／解釈

本児は適応スキルにおいて2～3学年の遅れがみられた。また，ひとりの世界・興味関心の偏り領域をはじめとして複数の領域において特別な支援ニーズがあることがうかがえた。

本児は枠組みのはっきりしている活動には積極的に取り組め，知識も多く蓄えている。

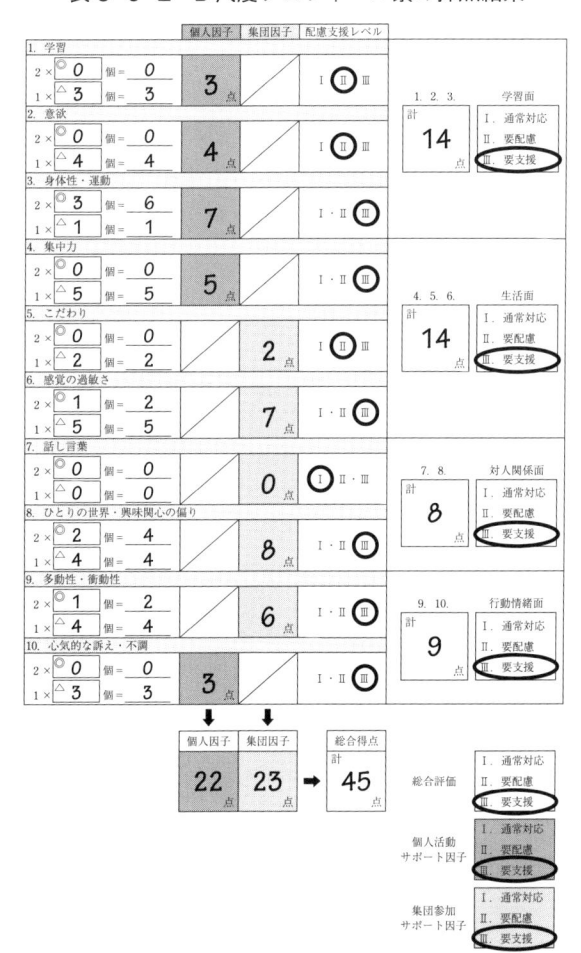

表5-9-2　B尺度プロフィール票の採点結果

しかし，書くことが苦手で，参加できない授業があり，十分な学力がついていない。また，思惑通りに進んでいる時には集団に入って活動をすることができるが，思惑通りに進まないことがわかると集団からはずれていこうとする様子がみられた。

他検査の結果

全体の知能水準は，FIQ が 114 で平均の上の域である。下位検査の水準と特徴は，PS を構成する符号と記号探しが共に低く，あわせて理解の落ち込みが目立つ（表 5-9-3）。鉛筆を用いて書く課題が低いことから，手先の不器用さが推測される。また，FD の構成要素である算数と数唱が突出している。単語・理解は他の下位検査と比較して有意な差（5％水準）が認められる。パターン化された問題解決には優れた能力を発揮するが，経験を活かしたり物事の本質を判断したりする分野は不得手であると推測される。

支援目標［個別の指導計画など］

書くことが苦手で，参加できない授業があり，十分な学力がついていないことなどから長期目標を「板書を一定時間内にノートに書く」と設定し，短期目標を「手先の巧緻性を伸ばす」と設定する。また，相手意識が薄く，自他の区別がよくついていないと思われることから，長期目標を「共通の前提を持ってやりとりができる」と設定し，短期目標を「発言のルールを守って自分の考えを話すことができる」とした。

支援・手立て

初めに，本人の興味関心の高い教材を用いて，簡単な制作を行い手先の巧緻性を伸ばす。そして，道具扱いに慣れてきたら，指書き，直射，視写などの指導を行う。指導では，本児の興味関心の高い鉄道の内容を用いることとし，家庭学習でも取り組んでもらう。文字を書くことへの抵抗が低減してきたら，学習に関連する内容でも取り組んでいく。また，ルールとして押さえると納得しやすい特徴を利用し，発言のルールをきちんと決め，うまく話せたという成功体験を積ませることで，やりとりの成立につなげていきたい。

表 5-9-3 WISC-Ⅲの検査結果
（暦年齢 10 歳 2 カ月）

下位検査	評価点	IQ／群指数	
絵画完成	11	VIQ（言語性）	115
知識	15	PIQ（動作性）	110
符号	8	FIQ（全検査）	114
類似	13	VC（言語理解）	112
絵画配列	13	PO（知覚統合）	102
算数	16	FD（注意記憶）	144
積木模様	10	PS（処理速度）	90
単語	10		
組合せ	9		
理解	8		
記号探し	8		
数唱	17		
迷路	11		

事例10 特別支援学級に在籍する軽度知的障害のある小学2年生
―感覚の過敏さが強いことによって人前での発表が極端に苦手―

A尺度［適応スキルの把握］について

　生活習慣領域，行動コントロール領域において1学年，手先の巧緻性領域，言語表現領域および社会性領域，個人活動スキル群，集団参加スキル群，総合獲得レベルにおいて2学年の遅れがみられ，全般的に適応スキルの遅れがあることがうかがえた（表5-10-1）。未通過項目は「体の調子が悪い時に保健室に行ったり先生に訴える」「友だちの家に電話して，保護者に対し，友だちに取り次いでもらうよう頼むことができる」「わからないことがあった場合，勝手に行動せず大人に質問しに行ける」などであった。

B尺度［特別な支援ニーズの把握］について

　学習領域，感覚の過敏さ領域，多動性・衝動性領域，学習面，個人活動サポート因子，総合評価で要支援レベルであり，幅広い領域において支援ニーズがあることがうかがえ

表5-10-1　A尺度プロフィール票の採点結果

	1. 生活習慣	2. 手先の巧緻性	3. 言語表現	4. 社会性	5. 行動コントロール	総合獲得レベル
AQ	86	71	71	71	86	71
AG	小1	5歳	5歳	5歳	小1	5歳
得点	23点	15点	13点	18点	20点	合計 89点

個人活動スキル群　AQ 71　AG 5歳
集団参加スキル群　AQ 71　AG 5歳

第3編　ASISTの適用事例と支援目標

た（表5-10-2）。チェック項目は「大勢の中に入ることを怖がったり，前に立って発表するのを極端に嫌がる」「失敗するとすぐに落ち込み，ちょっとでもできるとすぐに大はしゃぎする傾向が強い」「話すことにまとまりがなかったり，言葉が出てこない（説明がうまくできない）」などであった。

総合的評価／解釈

本児は適応スキルにおいて1～2学年の遅れがみられた。また，学習領域をはじめとして複数の領域において特別な支援ニーズがあることがうかがえた。

本児は学習や掃除などの係り活動などに積極的に取り組み，また休み時間などには他

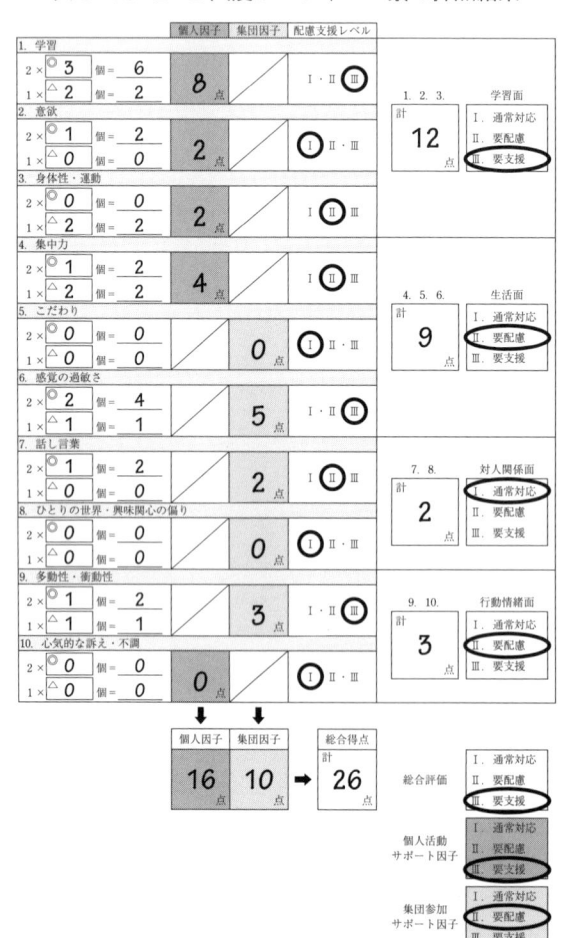

表5-10-2　B尺度プロフィール票の採点結果

の児童や教師に対して積極的に話をする。しかし，人前に出て発表する場面や授業において教師と一対一になって，自分の回答を読み上げる場面において緘黙がみられた。また，初対面の他者とのやりとりを極端に避けることが多くみられた。

他検査の結果

全般的に遅れがみられ，特に言語・社会領域の落ち込みの大きいプロフィールとなっている（表5-10-3）。「絵の名称Ⅰ」(V32, V33) や「色の名称」(V40, V41) など，自身が正解と自信のある課題に対しては受け答えも自然であったが，「13の丸」(V14, V15) や「了解Ⅱ」(V49) など，自身の回答に自信が持てない場合においては，質問に答えるまでに時間を要し，また言葉は不明瞭で聞き取りにくくなる様子がみられた。

支援目標［個別の指導計画など］

教師の質問に対して自信がない場合に，発声が不明瞭になったり，前に立って発表することを極端に嫌がる事などから長期目標を「みんなの前で自信を持って大きな声で発表することができる」と設定し，短期目標を「大きな声ではっきりと話すことができる」とした。

支援・手立て

初めに，本児が普段読み慣れている文章を教師の前でゆっくり朗読する時間を設けた。そして，読み慣れた文章の朗読に慣れてきたら，本児が毎日の日課としている日記を通して指導を行う。指導では，家庭や学校での楽しかった出来事などを日記に記入してもらい，大きな声を意識して朗読してもらうことにした。この朗読の成果を踏まえ，日直の日の朝の会で発表する機会を与える。その後，教師との会話を手掛かりとして体験したことを原稿なしで発表し，最終的に教師の手掛かりなく自分で考え，発表をしてもらうこととした。

表5-10-3　新版K式発達検査の検査結果
（暦年齢6歳8カ月）

領域別	発達年齢	発達指数
姿勢・運動 (P-M)	—	—
認知・適応 (C-A)	6:04	80
言語・社会 (L-S)	4:08	59
全領域	5:06	69

第3編　ASISTの適用事例と支援目標

事例11　特別支援学級に在籍するADHDのある小学2年生
―衝動性の高さや注意集中の困難さから他児との関わりが難しい―

A尺度［適応スキルの把握］について

　生活習慣領域，手先の巧緻性領域，言語表現領域，個人活動スキル因子，総合獲得レベルにおいて1学年，社会性領域，行動コントロール領域および集団参加スキル群において2学年の遅れがみられ，全般的に適応スキルの遅れがあることがうかがえた（表5-11-1）。未通過項目は「攻撃的にならずに相手に自分の考えを主張する」「相手の立場や気持ちを考え，困ることや無理な要求をしない」「自分の要求が通らない時，カッとなったりかんしゃくを起こさずに我慢できる」などであった。

B尺度［特別な支援ニーズの把握］について

　学習領域，意欲領域，集中力領域，多動性・衝動性領域，学習面，行動情緒面，個人活動サポート因子，集団参加サポート因子，総合評価で要支援レベルであり，幅広い領

表5-11-1　A尺度プロフィール票の採点結果

	1. 生活習慣	2. 手先の巧緻性	3. 言語表現	4. 社会性	5. 行動コントロール	総合獲得レベル
AQ	86	86	86	71	71	86
AG	小1	小1	小1	5歳	5歳	小1
得点	24点	21点	22点	16点	15点	合計 98点
高1↑	39～40	39～40	39～40	39～40	37～40	185～200
中3	35～38	37～38	37～38	36～38	34～36	175～184
中2	34※	36※	36※	35※	33※	174
中1	34※	36※	36※	35※	33※	174
小6	34※	35～36※	34～36※	35※	32～33※	166～174※
小5	32～33	33～34	33	32～34	29～31	157～165
小4	30～31	29～32	32	31	27～28	144～156
小3	27～29	26～28	29～31	28	23～26	129～143
小2	25～26	23～25	27～28	27	22	121～128
小1	21～24	18～22	22～26	22～26	18～21	92～120
5歳	14～20	13～17	13～21	15～21	11～17	71～91
4歳↓	～13	～12	～12	～14	～10	～70

個人活動スキル群		集団参加スキル群	
AQ	86	AQ	71
AG	小1	AG	5歳

域において支援ニーズがあることがうかがえた（表5-11-2）。チェック項目は「ほしいものや珍しいことを見たり聞いたりすると，すぐに行動してしまう」「話している，聞いている時や課題に取り組んでいる時，すぐに他のことに注意がそれる」「あまり考えず，すぐに『わからない』と言う」などであった。

総合的評価／解釈

本児は適応スキルにおいて1～2学年の遅れがみられた。また，社会性領域をはじめとして複数の領域において特別な支援ニーズがあることがうかがえた。

本児は注意集中の保持が難しく，学習中のミスや勘違いが多い。また最後まで落ち着

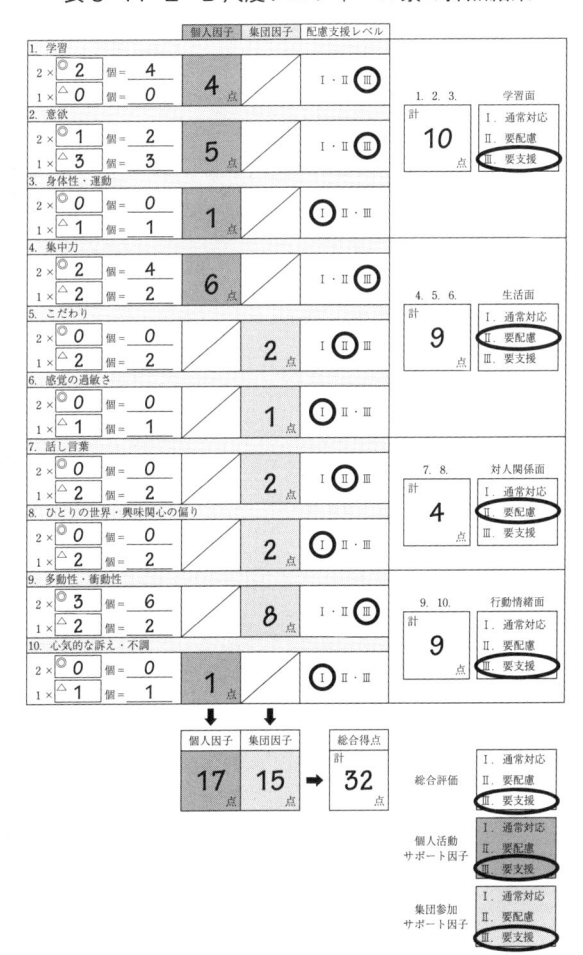

表5-11-2 B尺度プロフィール票の採点結果

第3編　ASISTの適用事例と支援目標

表5-11-3　WISC-Ⅳの検査結果（暦年齢8歳3カ月）

	VCI（言語理解）					PRI（知覚推理）				WMI（ワーキングメモリ）			PSI（処理速度）		
下位検査	類似	単語	理解	(知識)	(語の推理)	積木模様	絵の概念	行列推理	(絵の完成)	数唱	語音整列	(算数)	符号	記号探し	(絵の抹消)
	9	9	6	8	10	10	9	6	6	6	8	7	6	7	8
合成得点	88					89				82			81		
FSIQ	82														

いて話を聞くことが難しく，思いついたことをすぐに発言してしまう。その結果，相手を傷つける言葉を言ったり，感情が高ぶると攻撃的な言い方をしてしまったりすることもある。状況や相手の気持ちの理解が難しく，他児との関わりでつまずく場面も多くみられた。

他検査の結果

全体的な知的発達は「平均の下」の域に位置するが，認知特性にばらつきがみられる（表5-11-3）。「算数」（7）では，問題の聞き返しや聞き落としが多い。「符号」（6），「記号探し」（7）では制止がないと，教示を最後まで聞かずに始め，回答中に集中が途切れるなど，衝動性の高さや注意集中の難しさがみられた。また，細かい作業を要する課題では検査者に対して苛立った言動がみられ，社会的な常識や状況理解の難しさも推測される（「理解」（6））。

支援目標［個別の指導計画など］

本児は衝動性の高さや注意集中の困難さから，他児との関わりで，社会性のつまずきや行動コントロールの難しさが考えられる。そこで長期目標を「友だちの気持ちを考えて，行動することができる」と設定し，短期目標を「自分の考えや気持ちを言葉で伝えることができる」とした。

支援・手立て

まず，他児とのトラブル場面を取り上げ，本児がどう行動すればよかったかを振り返らせる。自分の思い通りにならない時は，自分の気持ちを言葉で伝えることが大切であることを指導する。うまく表現できない場合は，教師が，本児の気持ちを言語化してモデルを示す。少しでも，自分の気持ちを言葉で表現しようとした時は，すぐに褒める。家庭でも，気持ちを表現した場面を取り上げ，褒めてもらうよう協力を依頼する。自分の気持ちを言語化できるようになってきたら，トラブルを図示するなどして他児との関係を視覚的に捉えさせ，自分と同様に相手の気持ちも大切であることを理解させ，自分も相手も大切にした行動の仕方を理解させるとした。

5章　ASISTによるアセスメント事例

事例12　特別支援学校に在籍する知的障害のある中学3年生
―学習の苦手さと話し言葉の困難さによって不適応行動を起こす―

A尺度［適応スキルの把握］について

　生活習慣領域，手先の巧緻性領域において6学年，言語表現領域，社会性領域，集団参加スキル群において9学年，行動コントロール領域，個人活動スキル群，総合獲得レベルにおいて8学年の遅れがみられ，全般的に適応スキルの著しい遅れがあることがうかがえた（表5-12-1）。未通過項目は「授業や部活などで指示されたものを適切に買ってくる」「その日あったことを日記や作文に書ける」「友だちが困っている時に手助けをする」などであった。

B尺度［特別な支援ニーズの把握］について

　学習領域，集中力領域，話し言葉領域，学習面，個人活動サポート因子，総合評価が要支援レベルであり，主に知的な発達の部分に支援ニーズがあることがうかがえた（表

表5-12-1　A尺度プロフィール票の採点結果

	1. 生活習慣	2. 手先の巧緻性	3. 言語表現	4. 社会性	5. 行動コントロール	総合獲得レベル
AQ	57	57	36	36	43	43
AG	小3	小3	5歳	5歳	小1	小1
得点	27点	28点	15点	18点	19点	合計 107点

	個人活動スキル群		集団参加スキル群	
AQ	43		36	
AG	小1		5歳	

第3編　ASISTの適用事例と支援目標

5-12-2)。チェック項目は「整理整頓が極端に苦手である」「国語（および各教科）において学年相応の達成ができない」「話すことにまとまりがなかったり，言葉が出てこない（説明がうまくできない）」などであった。

総合的評価／解釈

本児は適応スキル全般において6～9学年の遅れがみられた。また，主として，学習領域と話し言葉領域において特別な支援ニーズがあることがうかがえた。

学習場面では自信のなさからすぐに「わからない」とあきらめてしまいがちである。しかし，適切な支援があれば，意欲を持って取り組み，学習を積み上げていくことがで

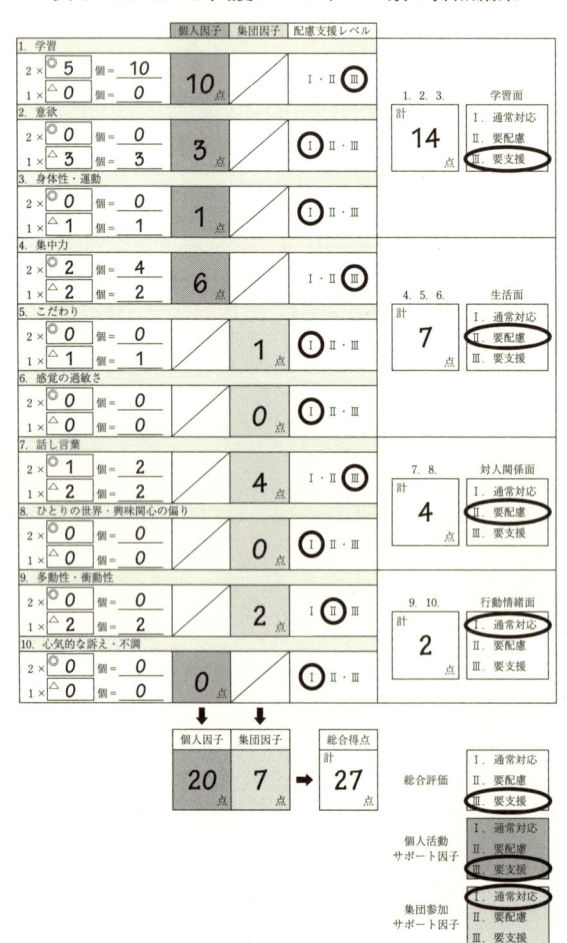

表5-12-2　B尺度プロフィール票の採点結果

きた。また，言語理解・表出における困難が大きく，コミュニケーションがうまくいかないことも多々あった。支援を求める際などにどのように言ってよいかわからず，不適応行動を起こしたりすることもみられた。

他検査の結果

言語指示が多少複雑である課題や，「物の定義」「絵の不合理」といった言語での説明を求められる課題で，不正解あるいは無回答が目立った。一方で，「語彙（絵）」が全問正解であり，また，円と三角形の模写は正確に描けるなど，日常生活や学校生活で学んだことが身についている様子もうかがえた。自信のなさから，ときどき活動が止まってしまうこともあり，課題遂行の速度は速いとはいえなかった（表5-12-3）。

支援目標［個別の指導計画など］

学習領域の遅れによる自信のなさと話し言葉領域に支援ニーズがあることから，ひらがなの読み書きの力を向上させることで自信をつけるとともに，セリフカードなどを使用して適切な言語表出を促していく。そのため，長期目標を「ひらがなを使用したセリフカードを使用してコミュニケーションを取る」と設定し，短期目標を「ひらがな50音を読み書きできる」とした。

支援・手立て

本児はプロ野球が大好きであり，多くの選手の顔と名前，背番号が一致している。そこで，朝の個別学習の時間の課題，および宿題の題材に，本児が好きなプロ野球選手の名前を使用して，ひらがなの読み書きの学習を行う。プリントには選手の顔写真と背番号を印刷し，その横に名前の文字数分のマスを設ける。第1段階は，マスの中にグレーの文字で選手名を印刷しておき，1文字ずつ音と文字を一致させてなぞっていく。第2段階は，書けるようになってきた文字を空欄にし，なぞりと独力での書きを混合で行う。最終段階は，すべてのマスを空欄にし，独力で選手の名前を書く。いずれの段階でも，朝の個別学習時に行ったプリントを同日の宿題として行うようにし，定着を図るとした。

表5-12-3 田中ビネー知能検査Ⅴの検査結果
（暦年齢14歳9カ月）

精神年齢	知能指数
4:07	31

事例13 特別支援学校に在籍する知的障害のある高等部1年生
―集中力や興味・関心の偏りにより活動の参加が妨げられる―

A尺度［適応スキルの把握］について

　生活習慣領域，手先の巧緻性領域，行動コントロール領域，総合獲得レベルにおいては小学校1年生，言語表現領域，社会性領域においては5歳児にそれぞれ相当する獲得レベルであり，全般的に適応スキルの遅れがあることがうかがえた（表5-13-1）。未通過項目は「電話などで人から言われたことをメモしたり，伝言する」「誘われても行きたくない時に理由を述べてうまく断われる」「仲の良い友だちや大人に悩みを相談したり，秘密を共有したりする」などであった。

B尺度［特別な支援ニーズの把握］について

　集中力領域，感覚の過敏さ領域，ひとりの世界・興味関心の偏り領域，生活面，対人関係面，集団参加サポート因子で要支援レベル，個人活動サポート因子，総合評価で要

表5-13-1　A尺度プロフィール票の採点結果

配慮レベルであり，幅広い領域において支援ニーズがあることがうかがえた（表5-13-2）。チェック項目は「他者の話をさえぎって自分の話ばかりをする」「大勢の人の中に入ることを怖がったり，前に立って発表するのを極端に嫌がる」「整理整頓が極端に苦手である」「手先の不器用さが極端に目立つ」などであった。

総合的評価／解釈

本児は適応スキルにおいて5歳児および小学1年生に相当する獲得レベルであることがうかがえた。また，ひとりの世界・興味関心の偏り領域をはじめとして複数の領域において特別な支援ニーズがあることがうかがえた。

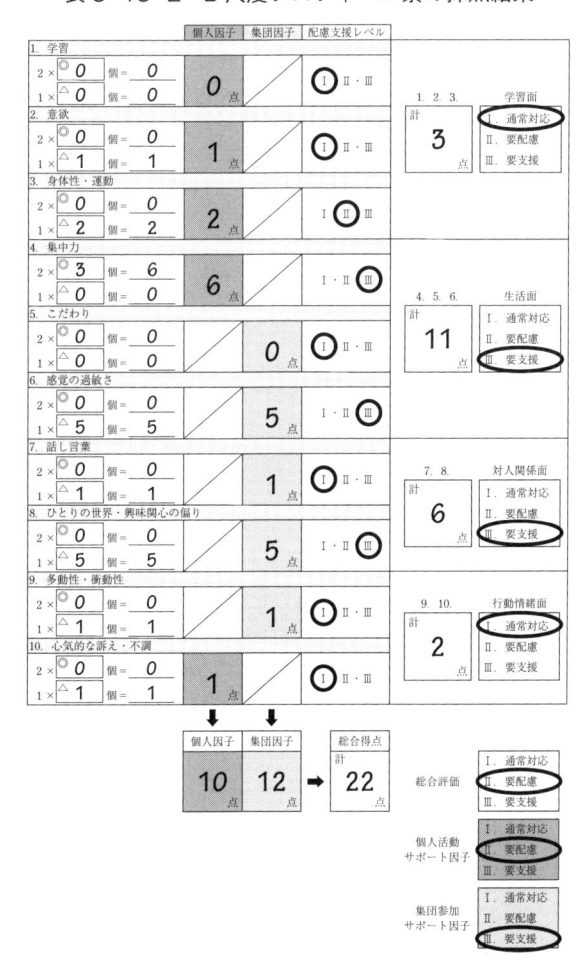

表5-13-2 B尺度プロフィール票の採点結果

表5-13-3　田中ビネー知能検査Ⅴの検査結果
（暦年齢16歳1カ月）

精神年齢	知能指数
7:06	47

本児は学習や掃除，配り係など学級での活動に積極的に取り組む。また休み時間などには他の生徒や教師に対して積極的に自分から話をしたり，友だちの意見を受け入れたりすることが可能である。しかし自分の意見を適切に主張できなかったり，自分の話したいことを中心に話して教師や友だちの話に注意散漫になって集中して聞くことができなかったりする場面がみられた。

他検査の結果

全般的に知的能力の遅れがあることがうかがえる（表5-13-3）。非通過項目は関係類推と共通点（A），話の不合理であり，言語で説明したり推測したりする課題に困難を示している。検査時は全体的に集中した状態で課題に取り組むが，ときどき注意が逸れる場合もある。上記のような自分の苦手だと思われる課題では少しイライラした様子で数分考えて応答する。言葉での応答や受け答えはどの課題でも明瞭で適切であった。

支援目標［個別の指導計画など］

自分の意見を適切に主張できなかったり，人の話には注意散漫になったりすることなどから，長期目標を「人の話を最後まで集中して聞き，自分の意見を相手に適切に主張することができる」と設定し，短期目標を「人の話を最後まで聞いてから自分の思ったことを話すことができる」とした。

支援・手立て

教師と本児が一対一になり，本児にとって興味のある話題について教師が3分（児童・生徒の集中できる時間を考慮して設定）話をするのを本児が最後まで聞く時間を設ける。聞く際には本児の注意が逸れてしまうようなものを周りの環境から排除しておくといった環境調整をしておく。そして教師が話を終えたら本児が思ったことを教師に対して話してよいことにする。話してもらう場合には，できるだけ教師が話した内容に関連して思ったことを話してもらうようにあらかじめ説明したり促したりする。徐々に成果がみられるようになってきたら，本児の興味のある話題に限らず，教師自身の体験談を話したり，あるいは教師に対してだけではなく同じクラスの友だちの話を最後まで聞きそれに対して応答したりする指導に移行していくとした。

事例14 特別支援学校に在籍する知的障害のある高等部2年生
―話し言葉の困難さによりうまく他者との関係が築けない―

A尺度［適応スキルの把握］について

生活習慣領域はほぼ学年相当のレベルを獲得している。手先の巧緻性領域，行動コントロール領域，総合獲得レベルは4学年程度の遅れが，言語表現領域，社会性領域のおいては7学年程度の遅れがみられ，生活面では年齢相当の適応がみられるが，それ以外については，適応スキルに遅れがみられることがうかがえた（表5-14-1）。未通過項目はみられなかったが，言語表現領域での他者との関わりの項目，社会性領域における他者との関係の構築の項目に困難がみられた。

B尺度［特別な支援ニーズの把握］について

学習領域，感覚の過敏さ領域，話し言葉領域，学習面，対人関係面，集団参加サポート因子，総合評価で要支援レベルであり，幅広い領域において支援ニーズがあることが

表5-14-1 A尺度プロフィール票の採点結果

	1. 生活習慣	2. 手先の巧緻性	3. 言語表現	4. 社会性	5. 行動コントロール	総合獲得レベル
AQ	—	—	—	—	—	—
AG	高1↑	小6	小3	小3	小6	小6
得点	39点	35点	31点	30点	32点	合計 167点
高1↑	39～40	39～40	39～40	39～40	37～40	185～200
中3	35～38	37～38	37～38	36～38	34～36	175～184
中2	34	36	36	35	33	174
中1	34	36	36	35	33	174
小6	34	35～36	34～36	35	33	166～174
小5	32～33	33～34	33	32～34	29～31	157～165
小4	30～31	29～32	32	31	27～28	144～156
小3	27～29	26～28	29～31	28～30	23～26	129～143
小2	25～26	23～25	27～28	27	22	121～128
小1	21～24	18～22	22～26	22～26		92～120
5歳	14～20	13～17	13～21	15～21	11～17	71～91
4歳↓	～13	～12	～12	～14	～10	～70

個人活動スキル群： AQ —　AG 中3
集団参加スキル群： AQ —　AG 小5

第3編　ASIST の適用事例と支援目標

うかがえた（表5-14-2）。チェック項目は「偏食が著しい」「あまり考えずすぐに『わからない』という」「嘘をついたり相手が傷つきそうなことを平気で言う」や各教科学習の学年相当の未達成についての項目であった。

総合的評価／解釈

本生徒は，適応スキルにおいて，生活習慣領域を除くと4〜7学年の遅れがみられた。また，学習領域をはじめとして，幅広い領域において特別な支援ニーズがあることがうかがえた。

本生徒は，学習活動に意欲的に取り組み，係り活動などにおいても決められたことは

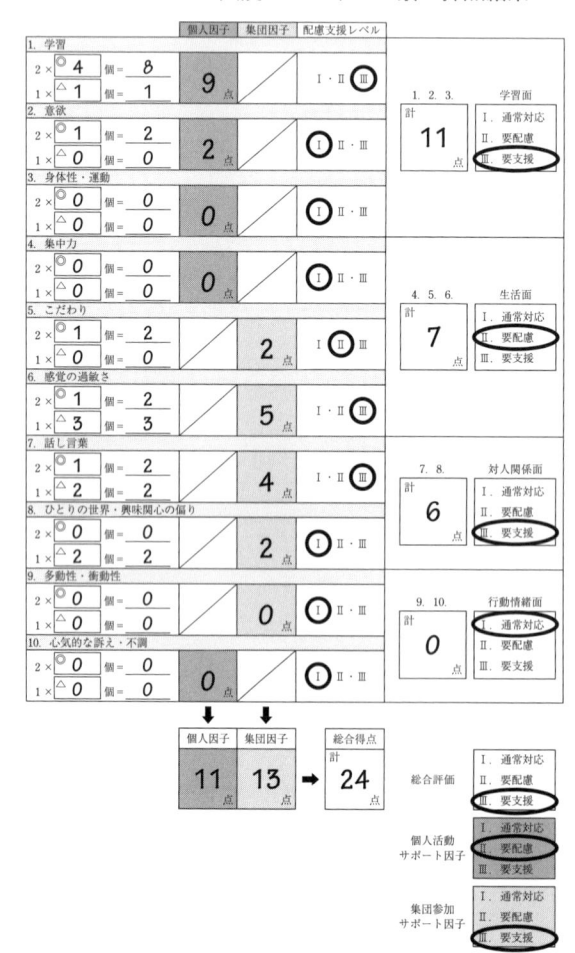

表5-14-2　B尺度プロフィール票の採点結果

責任感を持って確実に行っていた。しかし，他者との関係において，共働場面で他者と協力できなかったり，自分の思い通りにいかないことを受け入れることに時間がかかったりする。また，相手のペースに合わせて行動するということが難しい場面もみられた。

他検査の結果

16歳のため成人級を実施したが，推理に関する下位検査において得点することができなかった。そのため，総合DIQは算出できなかった。参考までに他の領域別のDIQを示すと，結晶性が61，流動性が72，記憶が69であった（表5-14-3）。なお，下の年齢級の検査を実施したところ，IQは54であった。検査では関係推理や，数的思考，話の不合理などの項目で困難がみられた。

支援目標［個別の指導計画など］

相手の立場や気持ちを考えることや，攻撃的にならずに相手に自分の考えを主張することなど，他者との関係に支援ニーズが見出されることから，学校生活での長期目標を，「友だちと良好な関係を築く」，短期目標を「友だちと協力して活動する」とした。

支援・手立て

係り活動や，作業学習などにおいて，ひとりでは遂行が難しく他者との協力が必要な場面を設定した。初めは教師と本人が協力して活動する場面で協力して活動することにより，課題が達成される経験を積みながら，徐々に同級生と活動する場面に移行していく。それとあわせて，協力して活動する際に必要な「手伝ってください」「ありがとう」などの言葉についても指導していく。課題終了後には，協力があったから課題が達成できた，その協力活動は，集団全体にとっても，意味や価値があったのだということをフィードバックしていくとした。

表5-14-3　田中ビネー知能検査Vの検査結果
（暦年齢16歳0カ月）

成人級の検査結果	
DIQ	
結晶性	61
流動性	72
記憶	69
論理推理	-
総合	-

下の年齢級の検査結果	
精神年齢	知能指数
8:08	54

第3編　ASISTの適用事例と支援目標

事例15　成人の障害者施設に通所する就労をめざす軽度知的障害者 [44歳]
―自分の考えを上手に主張することが難しい―

A尺度 [適応スキルの把握] について

言語表現領域，個人活動スキル群においては15歳以上レベルであったが，生活習慣領域，手先の巧緻性領域において14歳レベル，総合獲得レベルにおいて11歳レベル，社会性領域において9歳レベル，行動コントロール領域・集団参加スキル群において8歳レベルであった（表5-15-1）。

B尺度 [特別な支援ニーズの把握] について

こだわり領域，ひとりの世界・興味関心の偏り領域，心気的な訴え・不調領域，行動情緒面，集団参加サポート因子において要支援レベルであり，幅広い領域において支援

表5-15-1　A尺度プロフィール票の採点結果

ニーズがあることがうかがえた（表5-15-2）。しかし，集中力領域，感覚の過敏さ領域，話し言葉領域で通常対応レベルであり，特別な支援ニーズにばらつきがみられた。

総合的評価／解釈

対象者は，言語能力や手先の巧緻性があり作業能力も高い。一方で，社会性や行動コントロールのスキルが弱く，そこに一般就労の課題があるとうかがえた。性格は真面目で作業に対する責任感はあるが，こだわりや興味関心の偏りから行きすぎた行動に出て

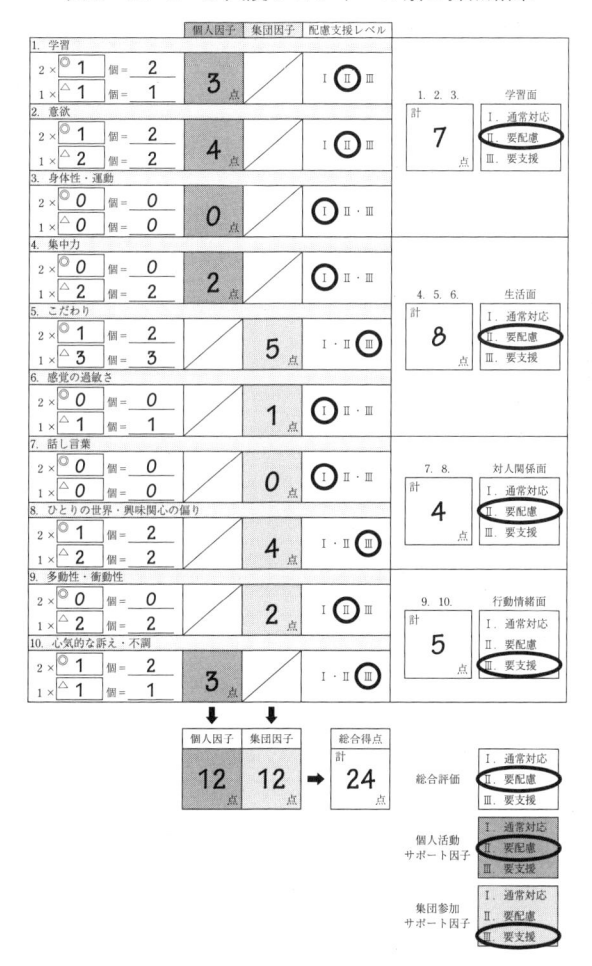

表5-15-2　B尺度プロフィール票の採点結果

しまう場面や，生活（睡眠）が不規則になってしまうと作業に影響を及ぼすことがあり，生活面などに対する支援や配慮も必要であった。

他検査の結果

発達の偏りが著しく，数的思考課題や推理する課題に困難を示すが，言語理解および言語表現の力は高い（表5-15-3）。精神的に不安定な部分があり，検査時は得意な課題と苦手な課題への取り組み方にムラがみられた。しかし課題をすべてやり通さなければならないという真面目な性格もあり，少しきつそうであったが最後まで課題に取り組む様子がみられた。

支援目標［個別の指導計画など］

言語能力が高いが推理する力が弱いため，時に相手の立場や気持ちを考えず自分の思いだけで行動してしまったり攻撃的・命令的な口調や態度で振る舞ってしまったりして，同僚と良好な関係を保つことができない場合がある。相手との関係において適切な距離間を保ち，攻撃的にならず自分の考えを上手に主張することが本人の目標としてあげられた。そのため，長期目標として「作業チームの中心的立場（リーダー）となる」として，短期目標として「同僚と協力しながら作業に取り組む」と設定した。

支援・手立て

実際の受注作業場面において，作業工程を細分化し，本人を含めた作業チームを作る。本人だけでは受注品を完成することができないような場面を意図的に設定し，同僚と協力しながら納品できる状態まで仕上げることを目標とした。その際，支援者とともに，他の同僚との適切な関係の取り方を随時確認しながら作業を進める。また，作業終了後には本人の自己評価とあわせて，支援者とともに作業チーム全体の評価を行い，集団の良さや適切な協力の仕方に気づかせるようにするとした。

表5-15-3 田中ビネー知能検査Ⅴの検査結果
（暦年齢44歳3カ月）

精神年齢	知能指数
11:06	61

事例16　成人の障害者施設に通所する中度知的障害者［30歳］
　　　　—退行の予防をするための支援—

A尺度［適応スキルの把握］について

　集団参加スキル群において15歳以上レベル，生活習慣領域，社会性領域，行動コントロール領域，総合獲得レベルにおいて14歳レベル，個人活動スキル群において13歳レベル，手先の巧緻性領域において9歳レベル，言語表現領域において11歳レベルであり，手先の巧緻性と言語表現に落ち込みがみられた（表5-16-1）。

B尺度［特別な支援ニーズの把握］について

　学習領域において満点（10点）がついており，突出して支援ニーズがあるといえる。その他の領域，ニーズ側面，サポート因子においては特別な支援ニーズが比較的低かっ

第3編　ASISTの適用事例と支援目標

た。総合評価および個人活動スキル群が要配慮レベルであったのは，学習領域の得点の高さが影響していると考えられた（表5-16-2）。

総合的評価／解釈

対象者は，適応スキルにおいて全体的に高い得点がみられ，通所施設での日中生活においては十分な適応がみられた。社会性や行動コントロールのスキルが比較的高く，日中活動において同僚からは慕われる存在である。言語表現については，言いたいことが

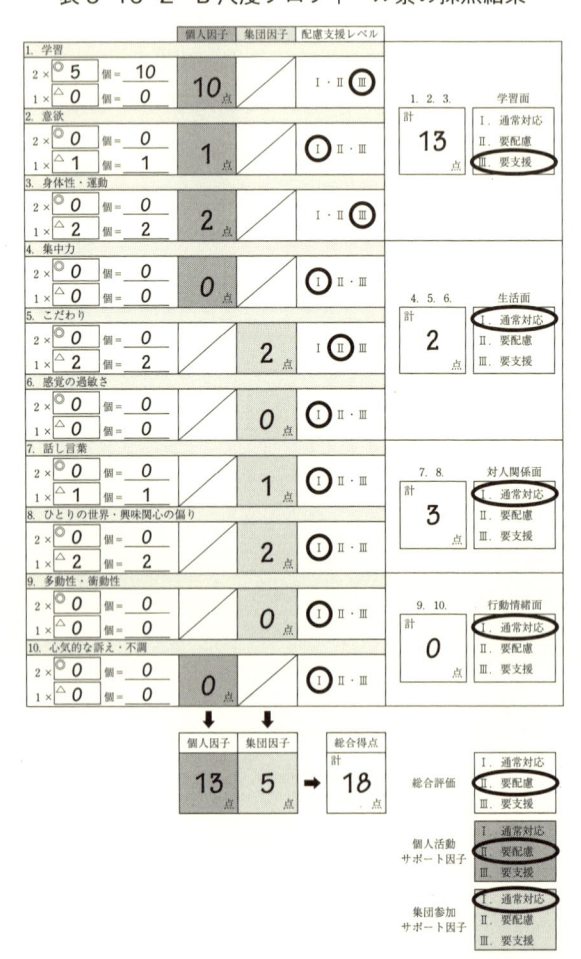

表5-16-2　B尺度プロフィール票の採点結果

相手に適切に伝わらない場面もときどきみられるため，支援者の橋渡し的なサポートが必要であった。手先の巧緻性の面でも作業内容の配慮は必要だが，紐を結ぶ程度の細かな作業は可能であり，ある程度の内職作業であれば自分のペースで丁寧に仕上げることができた。学習面のサポートが特に必要であった。

他検査の結果

言語指示が多少複雑である課題や文法にもとづいて文章を組み立てる課題は正解することが難しかった。また，数的思考が求められる課題も正解することが難しかった。しかし，視覚的な記憶を求められる課題や絵の不合理などは正解することができていた（表5-16-3）。

支援目標［個別の指導計画など］

視覚的な記憶や絵の不合理などの課題は理解できており，今までの生活経験により通所施設における内職作業に必要な技能は十分身につけられていることがわかる。しかし，本人はダウン症候群であり30歳という年齢を考えると日中の作業と並行して退行の予防をすることが目標となると考えられた。具体的には，記憶力やコミュニケーション能力の維持を目標とし，長期目標を「パソコンを使った自己評価の習慣化」，短期目標を「パソコンを使って支援者と1日の振り返りをする」と設定した。

支援・手立て

本人は現在パソコンを使って自分なりに簡単な文章を作成することができていた。そこで，次のような学習を行う。①簡単な日々の日記（振り返り）をパソコン入力してもらう。②支援者とともに正しい文章に構成する作業を行う。③完成した文章を口頭で第三者に読み聞かせる。①～③の課題を，日中活動の最後に位置づけることで，記憶力や第三者とのコミュニケーションの能力の維持を図るとともに，文法理解の向上もめざすこととした。

表5-16-3　田中ビネー知能検査Vの検査結果
（暦年齢30歳11カ月）

精神年齢	知能指数
8:00	42

事例 17　社会不適応を訴え精神科クリニックを受診した自閉症スペクトラム障害者［29 歳］
―興味関心の偏りが強く見通しを持った行動が難しい―

A 尺度［適応スキルの把握］について

総合獲得レベル，集団参加スキル群において 10 歳レベルであり，年齢に対し大幅な遅れがうかがえた（表 5-17-1）。特に，社会性領域では未獲得項目が多くみられた。未通過項目は「同僚・仲間が失敗した時，慰めたり励ましたりする」「外出や遊びなどについて同僚・仲間のグループで相談して計画を立てて実行する」「話し合いで自分の意見が周囲に受け入れられなくても皆の考えに合わせる」などであった。

B 尺度［特別な支援ニーズの把握］について

学習領域，意欲領域，ひとりの世界・興味関心の偏り領域，各ニーズ側面，個人活動スキル群，集団参加スキル群，総合評価などにおいて要支援レベルであり，幅広い領域において支援ニーズがあることがうかがえた（表 5-17-2）。チェック項目は「朝，出勤や出所したくないと言う」「他者の話をさえぎって自分の話ばかりをする」「話すことにまとまりがなかったり，言葉が出てこない（説明がうまくできない）」などであった。

表 5-17-1　A 尺度プロフィール票の採点結果

総合的評価／解釈

対象者は適応スキルにおいて年齢に対し大幅な遅れがみられた。また，すべてのニーズ側面，サポート因子をはじめとして複数の領域において特別な支援ニーズがあることがうかがえた。

対象者は音楽活動など好きな活動に関しては積極的に取り組み，また好きな活動に関する話題であれば積極的に話をした。しかし自分から質問し話題を広げたり，好きな活動以外の話を積極的にすることはほとんどなく，相手のテンポに合わせようとする意識がみられなかった。また，スケジュールや買い物に関して，現状を把握した上で見通しを持って行動することが難しく，過度な消費や，体調不良にもかかわらず好きな活動に打ち込みすぎるなどの極端な行動がみられた。

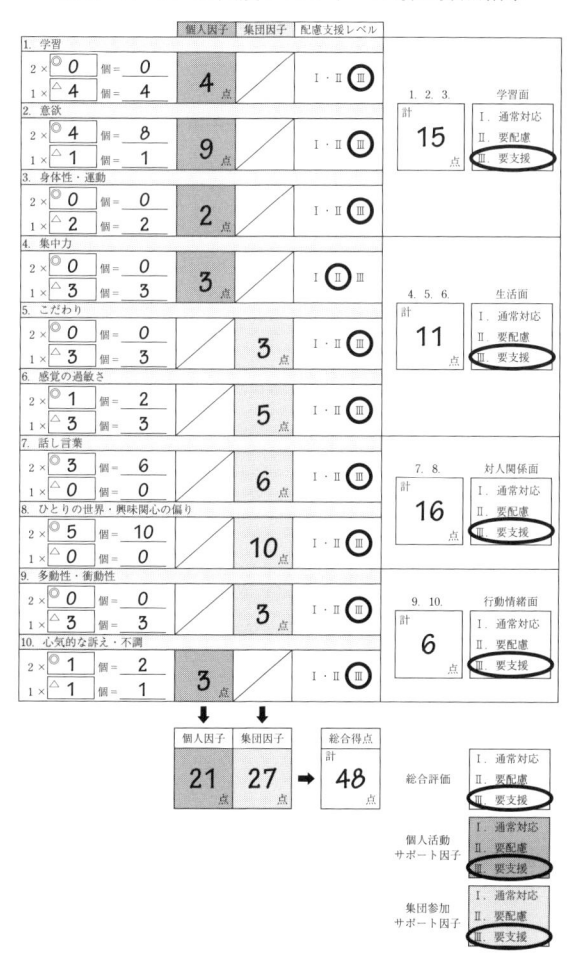

表5-17-2　B尺度プロフィール票の採点結果

他検査の結果

言語性では類似や知識，単語の得点が特に高く，動作性では，絵画配列と比較して，積木模様の得点が低い（表5-17-3）。このことから知識として事象や単語の意味を習得し，その使用においては問題がない一方で，新奇な刺激に対し柔軟性を持って問題解決方法を編み出し対応することに弱さがあると考えられた。

支援目標［個別の指導計画など］

社会性領域における大幅な遅れと，対人関係面に支援ニーズがあることから，自分だけにとどまらず周囲に対する意識を高めるとともに，自分が置かれている状況に対する認知と行動のコントロールを目標とした。特定の活動にのみ向けられている関心の強さが，相手を意識せず自分の好きな活動の話ばかりすることや過剰な消費，体力をかえりみず動くといった極端な行動につながっていると考えられるため，長期目標を「視野を広げ，他のことに関しても興味関心を持てるようにする」と設定し，短期目標を「（体力面・金銭面において）現状を把握し，自分の行動に関して見通しを持って計画し，実行する」と設定した。

支援・手立て

初めに，体力面・金銭面において現状を自ら把握した上で，一定の枠組みを設ける。「○○の状態になったら，無理に活動せず休む」「この月に買うのは○○までにする」など，具体的な条件や数値をもとにプランニングすることで，行動のコントロールができるようにする。また，「○○したら〜の状態になる」といった見通しが持てるよう，自分の行動によってもたらされると想定される結果を考えるよう促す。さらに，特定の活動に対する興味だけでなく他のことにも関心が向くよう，自分の日常生活や周囲の状況，過去の出来事の振り返りによって視野を広げたり，特定の活動以外の話題を他者と共有することにつなげていきたい。

表5-17-3　WAIS-Ⅲの検査結果
（暦年齢29歳2カ月）

下位検査	評価点	IQ／群指数	
絵画完成	7	VIQ（言語性）	106
単語	14	PIQ（動作性）	72
符号	5	FIQ（全検査）	91
類似	14	VC（言語理解）	120
積木模様	5	PO（知覚統合）	70
算数	8	WM（作動記憶）	90
行列推理	4	PS（処理速度）	75
数唱	9		
知識	13		
絵画配列	9		
理解	8		
記号探し	6		
語音整列	8		
組合せ	−		

事例18 不調を訴え精神科クリニックを受診したダウン症者［31歳］
―新奇場面に対して強い抵抗感を示す―

A尺度［適応スキルの把握］について

総合獲得レベル，集団参加スキル群は6歳児レベル，個人活動スキル群は5歳児レベルであり，年齢に対し大幅な遅れがうかがえた（表5-18-1）。特に，言語表現領域，社会性領域では未獲得項目が多くみられた。未通過項目は「気持ちを込めたり抑揚をつけて文章の音読ができる」「自分の体験について感想や意見を交えて作文が書ける」「仲の良い友人や上司・職員（指導員）に悩みを相談したり秘密を共有したりする」などであった。

B尺度［特別な支援ニーズの把握］について

学習領域が満点であり，その他にも身体性・運動領域，感覚の過敏さ領域，学習面，生活面，対人関係面，個人活動サポート因子，集団参加サポート因子，総合評価などにおいて要支援レベルであり，幅広い領域において支援ニーズがあることがうかがえた

表5-18-1 A尺度プロフィール票の採点結果

	1. 生活習慣	2. 手先の巧緻性	3. 言語表現	4. 社会性	5. 行動コントロール	総合獲得レベル
AG	6歳	7歳	4歳↓	5歳	8歳	6歳
得点	24点	24点	9点	17点	25点	合計 99点

個人活動スキル群 AG 5歳　集団参加スキル群 AG 6歳

第3編　ASISTの適用事例と支援目標

(表5-18-2)。チェック項目は「大勢の人の中に入ることを怖がったり，前に立って発表するのを極端に嫌がる」「知らない場所，初めての活動を極端に嫌がる」「1つの活動から次の活動へスムーズに移行できない」などであった。

総合的評価／解釈

対象者は適応スキルにおいて年齢に対し大幅な遅れがみられた。また，学習領域，感覚の過敏さ領域をはじめとして複数の領域において特別な支援ニーズがあることがうかがえた。

対象者は，知らない場所や初めての活動を極端に嫌がったり，新奇な部屋に入ること

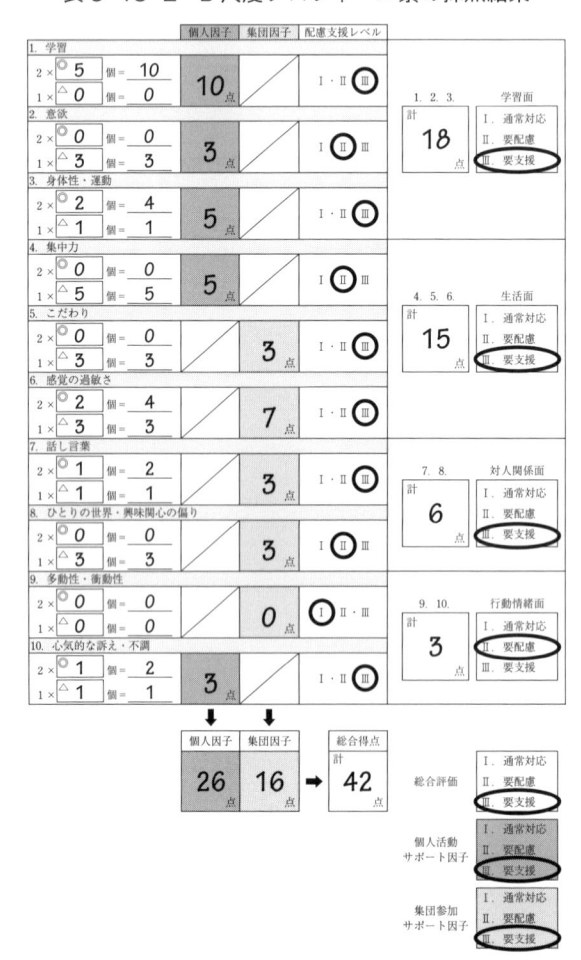

表5-18-2　B尺度プロフィール票の採点結果

に強い抵抗感を持つ。また，疲れがたまっても自らの体の状態を自覚してコントロールせず，楽しい時に張り切りすぎてしまうことや，嫌なことに対して嫌という気持ちを主張せずストレスをため込んでしまうという面もみられた。

他検査の結果

基本的な語彙や指示理解は良好であるが，異同概念などの概念理解では難しさがみられた。積木模倣では，全体像を把握することが難しく，部分的な模倣にとどまった。短文復唱では前半部分が抜け落ちるなど，聴覚的な短期記憶に弱さがみられた。注意がそれることは少なく，検査者の教示をよく聞き，応答性は高かった（表5-18-3）。

支援目標［個別の指導計画など］

言語表現領域における大幅な遅れと，話し言葉領域・生活面に支援ニーズがあり，感覚の過敏さがみられることから，本人の中で安定したリズムを作り出し，気持ちと行動のコントロールを促すことを目標とした。そのため，長期目標を「新奇な場所や予想外な出来事に対し，自分で気持ちと行動をコントロールして対処する」と設定し，短期目標を「自分の気持ち（特に不安が強い場面において）を他者に言葉で表現する」と設定した。

支援・手立て

初めに，本人の中で強い不安や抵抗感がある場面では，無言で拒否を示すあるいは内にストレスをため込むのではなく，自分の気持ちを自覚し相手に伝えることができるようにする。具体的には，「自分は〇〇が嫌だ・〇〇を不安に思っている」といった気持ちを言葉で明確に表現できるよう促す。また，過敏さが強い傾向があるため，前からわかっている予定に関しては事前に予告するなど，これから起こる出来事に対し予測性を持たせ，本人の中で心の準備ができるようにする。新奇な場所や出来事に対しても，予めわかる範囲内において予測性を持つことや，自分の中にあるネガティブな気持ちを自覚し表現することで，気持ちと行動のコントロールにつなげていきたい。

表5-18-3　田中ビネー知能検査Ⅴの検査結果
（暦年齢31歳9カ月）

精神年齢	知能指数
3:02	17

6章 尺度の項目別にみた支援目標の立案例

1節 「A尺度:適応スキルの把握」の項目別の支援目標

　本章では,支援が必要な場合に取るべき具体的な手だてや,主に短期・中期的にみた支援目標について,ASISTのA尺度,B尺度の各質問項目ごとに,その一例を紹介する。ASISTの調査結果をもとに,支援目標やその方法を検討する際の参考にしてほしい。

A-1. 生活習慣

A1-1. 衣服をひとりで着脱する
　➡衣服の着脱を手伝ってもらいながらなるべくひとりで行う。

A1-2. 言われなくても自分の持ち物と他人の持ち物を区別する
　➡自分の物を選んで取り出したり,家族や友だちの物を手渡すなど,所有者を理解できるようになる。

A1-3. こぼさないようにひとりで食事をする
　➡スプーン・フォーク・箸などの道具の使い方に慣れて,こぼさずに口に運べるようになる。

A1-4. 道路では車に気をつけて歩く
　➡大人と手をつないで,交通ルールを守って歩く練習をする。

A1-5. 歯をひとりで磨く
　➡手伝ってもらいながら歯磨きの練習をする。

A1-6. 体の調子が悪い時に保健室に行ったり先生に訴える
　➡お腹や頭が痛いなどを自覚し,周囲に表現できるようになる。

6章　尺度の項目別にみた支援目標の立案例

A1-7．朝，登園・登校した時の支度を自ら進んでする
　➡手伝ってもらいながら，道具の整理・提出物・着替えなど，朝の支度の流れが理解できるようになる。

A1-8．ひとりで入浴し，体や髪を洗う
　➡手伝ってもらいながら順番に体や髪を洗う練習をする。

A1-9．切り傷に絆創膏を貼るなどの簡単なけがの手当てをする
　➡けがをしたことを大人に伝え，一緒に手当てをすることで，簡単なけがの手当の仕方を理解する。

A1-10．手洗いやうがいを進んでする
　➡外出先から帰宅したら，すぐに手洗いやうがいをする習慣を身につける。

A1-11．体育館の倉庫や特別教室などへ用具を適切に運び，適切に片づけることができる
　➡手伝ってもらいながら，体育館や特別教室の用具の場所，片づけの際のルールを理解する。

A1-12．授業や部活などで指示されたものを適切に買ってくる
　➡一緒に買い物に行き，指定した物を選んでレジで支払う練習をする。

A1-13．天候に応じて衣服を調節する
　➡「暑い・寒い」の感覚を自覚し，上着を脱いだり着たり調節できるようになる。

A1-14．爪が伸びたことに気づいて切ろうとする
　➡定期的に爪を切る機会を設けて普段から短くすることで，伸びた時に自分から違和感に気づけるようになる。

A1-15．古い食べ物や悪くなった食べ物を見分ける
　➡賞味期限を確認するよう声をかけ，徐々に食べ物が傷んでいないか自分で確認できるようになる。

A1-16．食事の際にみんなが食べ終わるまで待てる
　➡みんなが食事を終えるまで座っているよう声をかけ，徐々に何も言われなくても待てるようになる。

A1-17．ひとりで病院の診察を受けたり薬をもらう
　➡大人が付き添いつつも自分で財布を持ち，ひとりで診察室に入ったり薬局で薬を受け取ったりする練習をする。

A1-18．電話などで人から言われたことをメモしたり，伝言する
　➡大切なことをメモする習慣をつけ，それを相手に伝えられるようになる。

第3編　ASISTの適用事例と支援目標

A1-19．自分の容姿に気を配り，場所や場面にふさわしい服装をする
　➡毎朝顔を洗う・髪をとかす・服の用意をするなど，身だしなみを整える習慣をつける。
A1-20．サンダルや上靴を自分ひとりで洗う
　➡手伝ってもらいながら，なるべくひとりでサンダルや上靴を洗う。

A-2．手先の巧緻性

A2-1．小さいボタンを留める
　➡パジャマなどの大きいボタンをはめたりはずしたりする練習をする。
A2-2．粘土でボールを作る
　➡大人が手をそえながら力を入れて粘土をこね，手のひらで転がしてボールを作る練習をする。
A2-3．線に沿って四角形をハサミで切り抜く
　➡紙に直線を引き，線に沿ってはさみで切る練習をする。
A2-4．安全ピンをつける
　➡大きめの安全ピンで針を出したりしまったり，徐々に胸元につける練習をする。
A2-5．皮むき器でジャガイモの皮をむく
　➡大人が手伝って，皮むき器でジャガイモの皮をむけるようになる。
A2-6．缶ジュースのプルタブを開ける
　➡大人が手をそえ，片手で缶をおさえてプルタブを開ける練習をする。
A2-7．お盆の上にのせたお茶をこぼさずに運ぶ
　➡お盆にこぼしてもよい程度の物（お菓子・少量のお茶を入れたコップなど）をのせ，両手で持って運ぶ練習をする。
A2-8．紙からはみ出さずにのりをつける
　➡大人が手をそえ，紙の端に沿ってのりをつける練習をする。
A2-9．普通の大きさの折り紙で鶴を折る
　➡大人が一折ずつ隣で見本を見せながら，鶴を折れるようになる。
A2-10．蝶々結びをする
　➡大人が手伝って，靴ひもを蝶々結びする練習をする。
A2-11．定規を使って線をきれいに引く
　➡定規をおさえる手を大人が軽く補助しながら，なるべく自分でまっすぐ線が引ける

ようになる。

A2-12. 丁寧に紙をそろえてホッチキスで留める
➡大人が手伝って紙を机でトントンと揃えてからホッチキスで角を留める練習をする。

A2-13. 電卓の数字キーを正確に速く押す
➡ゆっくり正確に数字キーを押す練習をし，使い方に慣れる。

A2-14. 印鑑やスタンプをまっすぐきれいに押す
➡押す前に印鑑やスタンプの向きを確認し，上からまっすぐに押す練習をする。

A2-15. リコーダーの指使いがスムーズにできる
➡ゆっくりと各音の指使いを確認し，穴の位置や運指の感覚を身につける。

A2-16. 醤油などの詰め替えをこぼさずにする
➡ペットボトルの水を醤油瓶のような口の狭い容器にこぼさずに入れる練習をする。

A2-17. 自分のワイシャツの袖のボタンを片手で留める
➡大きめのボタンや柔らかい素材の服を用い，着ていない状態で片手でボタンをはずしたりつけたりする練習をする。

A2-18. 箸で豆腐を崩さずにつまんで持ち上げることができる
➡お味噌汁の具程度の大きさの豆腐を，力を調節しながらお箸でつまんで持ち上げる練習をする。

A2-19. エプロンのひもを後ろで蝶々結びにする
➡大人が手をそえ，エプロンのひもを後ろで蝶々結びにする練習をする。

A2-20. パソコンのキーボードで文字を両手で打つ
➡両手をキーボードにのせ，近い手でキーを押して文字を打つ感覚を身につける。

A-3. 言語表現

A3-1. しりとりができる
➡「う・さ・ぎ」などと手をたたきながら単語を言う練習をしたり，「あ」などで始まる言葉探しをする。

A3-2. 友だちを言葉で遊びに誘える
➡大人が付き添って，一緒に「遊ぼう」「入れて」を言う練習をする。

A3-3. 「静かな声でお話しようね」と言われてささやき声で話せる
➡大人のささやき声に合わせて，自分の声の大きさを調節できるようになる。

第3編　ASISTの適用事例と支援目標

A3-4. ひらがなとカタカナ文字がほとんど読める
➡ストーリーを理解している簡単な絵本を用い，指で字を追いながら読み聞かせたり，一緒に拾い読みをする。

A3-5. 歌詞カードを見ながら唄が歌える
➡園や学校で歌っている歌や童謡の歌詞を指で追いながら，リズムに合わせて歌う練習をする。

A3-6. ダジャレを言って喜ぶ
➡ダジャレの絵本や言葉遊びの絵本を読み聞かせ，言葉遊びの楽しさを知る。

A3-7. 劇で気持ちを込めて適切に台詞が言える
➡教育番組やアニメの登場人物の台詞をまねしたり，人形で劇ごっこをして，気持ちを込めて台詞を言えるようになる。

A3-8. 気持ちを込めたり抑揚をつけて音読ができる
➡大人と一緒に好きな本や教科書を登場人物ごとに役割読みをして，気持ちを込めて読む練習をする。

A3-9. その日にあったことを日記や作文に書ける
➡「今日一番楽しかったことは？ どうして楽しかったの？」などとその日のビッグイベントを尋ねて説明させたり，一緒に文章にする練習をして，伝えたい事柄を選んで文章で説明できるようにする。

A3-10. 友だちの家に電話して，保護者に対し，友だちに取り次いでもらうように頼むことができる
➡「○○です。△△くん（さん）いますか？」などと名乗り方や取り次ぎの頼み方を具体的に示し，大人と練習する。

A3-11. 苦手なことについて友だちに「教えて」と頼むことができる
➡大人が子どもに「～手伝って」と頼んだり，その後「ありがとう」とお礼を述べ，頼まれる側を経験することで，徐々に抵抗なく自ら友だちに頼んだりお礼を言えるようにする。

A3-12. 友だちの意見に対して賛成や同意を表明する
➡「いいね！」「賛成だよ！」などと具体的な賛成や同意の言葉を大人が示し，徐々にそのような言葉を使うことができるようになる。

A3-13. 相手を褒めたり，良い気分にさせる表現ができる（例：友だちの服装を「かわいい」と褒める，ゲームやスポーツをしている時に「うまいね」と褒める）
➡大人が「かわいいね」「上手だね」などと具体的に褒めの表現を示し，「お友だちも

そう言われると嬉しいんだよ」と相手の気持ちを教えることで，徐々に相手を褒める言葉が言えるようにする。

A3-14. ほしい物がある時に買ってもらえるように大人を説得できる
➡ 泣いたり怒ったり感情を昂らせることなく，ほしい物とその理由を言えるようになる。

A3-15. 朝から夕方までの行動を時間に沿って説明できる
➡「朝何食べたっけ？」「今日の時間割は何だった？」など振り返りクイズをして，徐々に時系列で順番に行動を説明できるようにする。

A3-16. 誘われても行きたくない時に理由を述べてうまく断れる
➡「今日は～だから行けないの。ごめんね」「今日は～だからまた今度ね」などと相手を不快にさせない断り方を大人と一緒に考え，練習する。

A3-17. 自分の体験について感想や意見を交えて作文が書ける
➡「テーマ（何について書くか）」「具体的にどんなことをしたのか」「それについてどう思ったのか」などとあらかじめ書くトピックや順番を設定し，それに沿って書くことで徐々に論理的に文章を構成できるようにする。

A3-18. 周囲に対して遠慮する表現（言葉やジェスチャーで表明）をする
➡ 意見が対立したり希望が重なった際には「3回に1回は譲る」とルールを決めたり，「じゃんけんにしよう」「お先にどうぞ」など折衷案や遠慮の具体的な表現を練習する。

A3-19. 道順の説明ができる（例：学校から自宅への帰り方を説明できる）
➡ 普段行き慣れた場所への道順を地図でたどって確認し，言葉で説明する練習をする。

A3-20. 攻撃的にならずに相手に自分の考えを主張する
➡「怒ったり泣いたりしては意見は通らない」「怒ったり泣いたりせずに言ったら意見が通った」という経験を多く積む。

A-4. 社会性

A4-1. おにごっこやドッジボールなどの簡単なルールの集団遊びに参加する
➡ 大人と一対一でおにごっこやドッジボールをし，ルールや楽しさを十分理解した上で，集団で安心して取り組めるようにする。

A4-2. いつも一緒に遊んだりおしゃべりする仲の良い友だちが2～3人以上いる
➡ 大人が間に入って会話や遊びを橋渡しし，性格の似た友だち（おっとりしている子，外遊びが好きな子など）と一緒に楽しく過ごす時間を増やす。

第3編　ASIST の適用事例と支援目標

A4-3．シール，人形，ミニカーなどを友だちと交換して遊ぶ
　➡「貸して」「ありがとう」などの具体的な言葉を教え，大人と交換の経験を積んで，徐々に友だちとも交換ができるようにする。

A4-4．物を貸してもらったり手伝ってもらったりした時にお礼が言える
　➡物を貸してもらったり手伝ってもらった場面で「ありがとうだね」と子どもにお礼を促したり，大人が一緒に言うことで，徐々に自発的にお礼が言えるようにする。

A4-5．1つの物を友だちと共有して使える
　➡大人と一緒に絵本を見る，大人と一緒にボールで遊ぶなどの経験をすることで，徐々に友だちとも1つの物を共有して使うことができるようにしていく。

A4-6．先生や大人の一斉指示に合わせて行動する
　➡子どもの名前を呼び，注意を向けさせてから指示を出すことで，一斉指示に合わせて行動できる経験を積む。

A4-7．親や大人に行き先を言って遊びに行く
　➡出かける際は行き先・帰る時間を断ってから出かける習慣をつける。

A4-8．地域の行事や催しに親が付き添わなくても，子ども同士で参加できる（お祭り，スポーツ大会など）
　➡「○○くん（ちゃん）と一緒に行動する」「買っていいのは1つだけ」など，事前に約束を決め，大人がすぐに駆けつけられる範囲内での行事や催しに参加できるようになる。

A4-9．地域や学校のルールを理解して友だちと遊べる（「○○の場所では飲食禁止」「公園で犬を放し飼いにしない」「ポイ捨て禁止」などのルールを理解して遊べる）
　➡遊びに行く際は，想定される他者の迷惑になる行動について具体的な約束をして，各場面や場所でのルールを理解していく。

A4-10．近所の人や園・学校の先生などになじみ，挨拶などを交わす
　➡家族・担任の先生など，身近な人への挨拶に慣れ，徐々に家族や友人にならって，近所の人や他クラスの先生などへ挨拶できるよう広げていく。

A4-11．友だちが困っている時に手助けをする
　➡周囲の人が活動している場面で「何か手伝いましょうか？」と声かけや手伝う体験を積んでいく。

A4-12．外出や遊びなどについて同年齢の友人グループで相談して計画を立てて実行する
　➡事前に大人と，子ども同士で行ってよい場所・使ってよい金額を相談して決め，それをもとに実行可能な計画を立てることができるようにする。

A4-13. 初めての場所や他人の家に行った際，行儀良くしていられる
　➡他人のお家や部屋に「入ったら挨拶をする」「勝手に立ち歩かず小さい声で大人に尋ねる」などと事前に約束を決めて，行儀良くするということの意味を具体的に理解する。

A4-14. 年下の子どもの世話を安心して任せられる
　➡年下の子どもと一緒に過ごす経験を積みながら，小さい子の要求にうまく応えられるようになる。

A4-15. 友だちが失敗した時，慰めたり励ましたりする
　➡「がんばったね」「上手だったよ」など具体的な慰めや褒めの言葉を知り，使えるようになる。

A4-16. 幼児や老人をいたわることができる（自発的に乗り物の中で席を譲ったりするなど）
　➡相手が喜ぶことのレパートリーとして，「小さい子や老人には席を譲る」などとさまざまな場面での行動を知り，自発的に実行できるようにする。

A4-17. 相手の立場や気持ちを考え，困ることや無理な要求をしない
　➡「それを頼んだら相手はどんな気持ちになるかな？」と周囲が尋ねることで，要求する前に相手の立場や気持ちを考える習慣をつけたり，断られた際に「そっか，わかったよ」と受け入れる言葉を知る。

A4-18. 自分の特性や好みを理解した上で，対等に付き合える友だちやグループを選べる
　➡「○○くん（ちゃん）はお友だちと一緒に本を読むのが好きなんだね。自分のことどう思う？」「同じように本を読むのが好きなのは誰だろうね」などと自己理解や他者理解を促し，友だちをより深く理解できるようにする。

A4-19. 話し合いで自分の意見が周囲に受け入れられなくても皆の考えに合わせる
　➡「話し合いでは多数決に従うことはルールです」などと事前に約束をしておき，守れるようにしていく。

A4-20. 仲の良い友だちや大人に悩みを相談したり，秘密を共有したりする
　➡困った時に相談できる相手や秘密を守る大切さを大人と話して，困った時には信頼のできる相手を選んで相談したり，秘密を共有できるようになる。

A-5. 行動コントロール

A5-1. 授業中（活動中），落ち着いて着席していられる
　➡「離席は○回まで」と回数を決めて，座っていられる時間を延ばしていく。

第3編　ASISTの適用事例と支援目標

A5-2. 1時間くらいならひとりでも留守番できる
　➡出かける場所・帰ってくるだいたいの時間を伝え，最初は短い時間から練習することで，徐々に安心して留守番できる時間を延ばしていく。

A5-3. 遊具や文具などを借りたい時，「貸して」と許可を求め，「いいよ」と言われてから借りることができる
　➡何かをする前に「～していいですか？」という質問をして許可を得てから行動する。

A5-4. 順番を適切に待つことができる
　➡大人と手を繋いで順番を待ったり，「あと〇人待てば使えるよ」と声をかけ，見通しを持たせながら順番を待てるようにする。

A5-5. おもちゃや物を「貸してあげなさい」と言われると指示に従える
　➡短い時間の中で大人との貸し借りの経験（「～したら返してあげるよ」で貸せる）を積みながら，徐々に子ども同士でも貸してあげることができるようにしていく。

A5-6. チャイムがなる前に授業の準備や教室に移動することができる
　➡「5分前には片づけ・準備を始める」約束をし，「今何分かな？」などと声をかけて自分で時計を確認して行動する習慣をつける。

A5-7. 本などを買う時，ひとりで適当なものが選べる（値段や内容をみて吟味できる）
　➡買ってよい分だけをお財布に入れて持たせたり，事前に買ってよい物（「絵本1冊」「チョコかクッキーならいいよ」など）と決め，その範囲内で選択できるようにする。

A5-8. 繁華街や不特定多数の人がいる場所でトラブルを回避できる
　➡行ってはいけない場所やその理由を説明し，繁華街や不特定多数の人がいる場には近づかないようにするとともに，誘われても「行ってはいけないと言われているから」と断れるようになる。

A5-9. ゲームに負けたり一番になれなくても受け入れられる
　➡「一生懸命がんばったから，合格（または〇）！」などと，結果でなく努力した過程に目を向けさせる。

A5-10. 一度にたくさんのお小遣いを持たせても無駄遣いせず，必要な分だけを使い残りは取っておける
　➡「1週間分のお小遣い」などと短い期間で一定のお小遣いを使う練習をし，徐々に半月，1カ月と長い期間を見すえて使うことができるようにする。

A5-11. わからないことがあった場合，勝手に行動せず大人に質問しに行ける
　➡「わからないことがあったら大人に聞くこと」を約束し，それができたら褒めること

で，うまくできる経験を積んでいく。

A5-12. 言いたいことがあっても，相手の質問が終わってから，順番を守って答えられる（出し抜けに答えない）
➡「相手の話が終わったら，手をあげて話す」などと約束を決め，言いたいことを自分の番まで我慢する練習をする。

A5-13. 説明書を見ながら電化製品を操作したり，簡単な家具を組み立てられる
➡自分の部屋の棚の組み立てや，好きな番組の録画予約など，本人が関心を持てる作業を選んで，大人と一緒に説明書を見ながらできるだけ自力で行う。

A5-14. 道に迷ったりトラブルにあった時に，怒ったり泣いたりせずに振る舞える
➡大人が付き添っている場面で，人に道を聞く，困ったら人に尋ねる練習をする。

A5-15. 他者と言い争いになっても興奮したりその場から逃げ出さずに対応できる
➡「けんかになったら怒ったり泣いたりせずに大人に言う」「辛かったら大きく深呼吸」などと約束や対処法を決め，徐々に冷静に対応できるようにする。

A5-16. 姿勢を崩さず先生の話や友だちの発表などを集中して聴ける
➡「10分は足をしっかり床につけて座る」などと短い時間で具体的な目標を設定し，徐々に姿勢を保てる時間を延ばしていく。

A5-17. 自分の要求が通らない時，カッとなったりかんしゃくを起こさずに我慢できる
➡「我慢できてすごい。代わりにお菓子食べていいよ」などと別のことに気持ちを向けられるよう声をかけ，徐々に自分で代替案を考え出したり，気持ちの切り替えができるようにする。

A5-18. 目標のため，当面のことを少し我慢できる（テレビや漫画を我慢し勉強やお手伝いをする）
➡「10分お手伝いしたらテレビを見ていいよ」「お手伝いシールが5個貯まったら好きなマンガを1冊買おうね」などと具体的な目標を決め，その目標に向かって我慢できるようにする。

A5-19. 予定が変更されても納得して応じる
➡いつもと違うスーパーに行く，いつもと違う道を通るなど，普段からパターン化しない柔軟な生活をし，予定の変更に慣れさせる。

A5-20. 2つのことを同時並行してできる（例えばテレビを観ながら，洗濯物をたたむなど）
➡テレビを見ている時に座ってできる手伝いを頼んだり，一緒に歌を歌いながら洗濯物をたたんだりして，手をとめずにもう一方の作業をする練習をする。

第3編 ASISTの適用事例と支援目標

2節 「B尺度：特別な支援ニーズの把握」の項目別の支援目標

B-1. 学習

B1-1. 国語において学年相応の達成ができない
➡苦手とする部分（読み，書き，読解など）は達成可能な量や内容の課題を与え，達成感を持って授業に取り組めるようにする。
B1-2. 算数（数学）において学年相応の達成ができない
➡苦手とする部分（計算，図形，文章題など）は達成可能な量や内容の課題を与え，達成感を持って授業に取り組めるようにする。
B1-3. 音楽において学年相応の達成ができない
➡苦手とする部分（ピアニカ，リコーダー，歌など）は，特別な役割（簡単なパート，指揮など）を適宜与え，苦手意識を高めないようにする。
B1-4. 図工において学年相応の達成ができない
➡他の道具の使用（カッターの代わりに鋏，絵具の代わりにクレヨンなど）を認めたり補助したりしながら，与えられた時間内で作品を完成させる経験を増やす。
B1-5. 体育において学年相応の達成ができない
➡苦手とする競技では特別な役割を与えたり達成可能な課題を与えて，達成感を持って授業に取り組めるようにする。

B-2. 意欲

B2-1. 失敗するとすぐに落ち込み，ちょっとでもできるとすぐに大はしゃぎする傾向が強い
➡大人は感情的にならずに淡々とした言葉かけをし，極端に落ち込んだりはしゃいでいる時には「次は○○しよう」などと別のことに目を向けさせ，できる限り短い時間で落ちつけるようにする。
B2-2. 同じ課題でもやる気がある時とそうでない時の差が極端にみられる
➡明確な達成目標を設定し，「終わったら○○しよう」と次の活動を意識させることで，意欲にかかわらず目の前の課題に取り組む構えを作る。
B2-3. 自分から進んで課題や活動に取り組むことがない
➡「絵を描くのと文を書くのどっちからする？」などと選択肢を与えて選ばせる機会

を増やし，自分にとってやりたいことを見つけて取り組めるようにする。

B2-4. あまり考えず，すぐに「わからない」と言う
　➡スモールステップでヒントを与えたり，選択肢を設けて答えさせる。少しずつ考える機会を作って，考えようとする姿勢を作っていく。

B2-5. 朝，学校（教室など）や園に行きたくないと言う
　➡「今日は○○があるんだって！」と楽しい予定に目を向けさせたり，「じゃあ今日は特別にちょっと寄り道をして，お池の鯉を見てから行こうか！」などと簡単なお楽しみを設けて，学校や園へ行くモチベーションを高める。

B-3. 身体性・運動

B3-1. 遊びや活動の中で転んだり，つまずいたりする回数が著しく多い
　➡片足立ち，障害物をまたいで歩く，平均台わたりなどのバランスを養う運動に取り組む。

B3-2. ボール運動が極端に苦手である
　➡ボールに慣れ親しみ，転がす，投げる，蹴る，ドリブルなど，簡単な操作からさまざまな動きへと徐々に練習していく。

B3-3. 手先の不器用さが極端に目立つ
　➡ビーズ通し，ひも通し，細かいブロック，小さい文字を丁寧に視写するなどに取り組む。

B3-4. ぎこちない動きや奇妙な動作をする（首を左右に振る癖，つま先で歩く，手指を繰り返し動かすなど）
　➡ぎこちない動作や奇妙な動作（首を左右に振る癖，つま先で歩く，手指を繰り返し動かすなど）を言葉で直接制止せず，頭をなでる，「いちに，いちに」と声をかけて歩く，手を優しく握るなどの他の動作をさせながら，自然な動作を促していく。

B-4. 集中力

B4-1. 忘れ物が多い
　➡大人が付き添って，前日のうちに時間割を一つひとつ確認する習慣をつける。

B4-2. 整理整頓が極端に苦手である
　➡道具箱の中に用具の名前を書いたシールを貼り，目で見て片づける場所がわかるようにし，使ったものは元あった場所へ戻す習慣をつける。

B4-3. 授業中や人の話を聞いている時, ボーっとしていることが多い
　➡「話は相手の顔を見て聞く」という約束をして, 注意がそれている際は名前を呼んだり, そっと肩に手をあてたりして話し, 相手に注意を向けやすくする。

B4-4. 課題や活動を最後までやり遂げられない
　➡毎回達成可能な目標を明確に設定し, 達成感を感じられるようにしながら, 徐々に課題や活動に取り組める時間や量を増やしていく。

B4-5. 話している, 聞いている時や課題に取り組んでいる時, すぐに他のことに注意がそれる
　➡机上には使用する物以外を置かないようにしたり, 目の前で説明をしたりし, 注意がそれやすいものを減らした環境で, 集中できる時間を徐々に延ばしていく。

B-5. こだわり

B5-1. 1つの活動から次の活動へスムーズに移行できない
　➡次の活動の前に何度か予告して移行できることに, 徐々に慣れていけるようにする。

B5-2. 相手が嫌がっていることをくり返し行う
　➡相手が嫌がっていることを明確に示してあげ, 「嫌です」と言われたことはしないようにする。

B5-3. 予定の変更を極端に嫌がる
　➡予定の変更を前日や前もって本人に知らせ, 心の準備をさせたり, 変更に対して徐々に慣れていけるようにする。

B5-4. 特定の場所にいたがったり, 決まった位置に物を置かないと気が済まない
　➡「心配になったら手を繋ぐ」「安心できるお守りを持ち歩く」など, 安心安定できる条件を見つけ, 変化に対応できるようにする。

B6-1. 偏食が著しい (食べられるものが少ない)
　➡「今日はこれだけ食べよう」と苦手な物を少量口に入れる (なめる) 約束をし, 徐々に食べられる種類や量を増やしていく。

B-6. 感覚の過敏さ

B6-2. 大勢の人の中に入ることを怖がったり, 前に立って発表するのを極端に嫌がる
　➡安心できる大人と一緒に参加できる機会を増やすことで, 集団活動や発表に徐々に慣れるようにする。

B6-3. 知らない場所，初めての活動を極端に嫌がる
➡知らない場所へ行ったり初めての活動を行う際には，数日前から予告をしたり，状況を詳しく説明して，心の準備をして参加できるようにする。

B6-4. 大きな音や特定の音などを極端に嫌がる
➡苦手な音のある場所では安心できる大人が付き添ったり安心できる物を持ち，不安を軽減する。拒否が強い時はヘッドフォンなどで少し和らげてあげる。

B6-5. 極端に怖がる物（人）や活動がある
➡苦手な物（人）や活動の場面では，安心できる大人が付き添ったり安心できる物を持ち，不安を軽減して参加できる機会を増やす。

B6-6. 人目やはずかしさを全く感じない
➡服装や行為などの具体的なものを示して「はずかしい」という認識を理解していき，徐々に自分の服装や行為に意識を向けるようにする。

B-7. 話し言葉

B7-1. 話すことにまとまりがなかったり，言葉が出てこない（説明がうまくできない）
➡「○○ほしかったの？ じゃあ『○○貸して』って言ってごらん」と適切な言い方を模倣させ，繰り返し練習を重ねて，適切な場面で言えるようにする。

B7-2. 家族や決まった人とは話せるが，それ以外の人には口を開かない
➡話せなくとも，人のいる場に行く，前に立つなどの機会を設け，一緒に安心できる大人がついて代弁してあげる。

B7-3. 嘘をついたり，相手が傷つきそうなことを平気で言う
➡「嘘をつかれて（ひどいことを言われて）悲しい」と言われた側の気持ちを伝えるとともに，その都度適切な言い方を具体的に教えていく。

B7-4. 吃音がみられる
➡吃音を注意することなく，話すことが苦痛とならない環境を作り，ゆっくり落ち着いて話せるようにする。

B-8. ひとりの世界・興味関心の偏り

B8-1. 他者の話をさえぎって自分の話ばかりをする
➡「お話が終わるまではお口チャック」「お話は10秒以内」などと約束を決めて，我

慢する習慣を身につける。

B8-2. ルールに従うような集団活動を著しく嫌う
➡ 大人と一対一で取り組んだり，特別な役割を与えることで，徐々にルールのある集団活動の楽しさを知る。

B8-3. 何でも自分の思い通りにしたがる
➡ 自分のしたいことを優しい言葉で主張する。徐々に相手のしたいことを受け入れて譲れるようにしていく。

B8-4. 独り言が多い
➡ 名前を呼んで話しかけたり他の活動へ誘い，独り言に没頭する時間や回数を減らしていく。

B8-5. 自分ひとりでお話を作ったり，気になることがあると頭の中でずっと考え続ける
➡ 「今は○○の時間だよ」などと声をかけて取り組むべき課題に目を向けさせたり，身体を動かす活動や歌に誘って，頭の中で考えごとをする時間を減らしていく。

B8-6. 同じ場所をくるくる走りまわったりするなど，同じ動作をくり返す
➡ 大人が歌を歌ってダンスに変えたりするなど，その動作を直接制止することなく別の適応的な活動へと変えていけるようにする。

B-9. 多動性・衝動性

B9-1. すぐに攻撃的になる，または被害的になって泣いたり怒ったりする
➡ 「○○したかったんだね」「△△で悲しかったんだね」と代弁し（感情的に叱らず淡々と話し），他の活動へ誘ったり場所を変えて気持ちを切り替えられるようにする。

B9-2. 年齢からみて，その場にそぐわないほどの落ち着きのなさがみられる
➡ 「離席は○回まで」「お話はひそひそ声で」などと具体的な約束をし，落ち着いて活動に取り組める時間を徐々に延ばしていく。

B9-3. 体の一部を常に動かしている
➡ 直接行動を制止するのでなく，足元に目印を置いて足を床にぴたっとつけたり，「手はおひざだよ」と声をかけたりして，望ましい行動を意識的に身につけるようにする。

B9-4. いきなり喋り出す・怒り出す，または動き出す
➡ 「言いたいこと（やりたいこと）があったら手をあげる」と約束をし，徐々に「先生のお話終わったら聞くね」などと待つことのできる時間を延ばしていく。

B9-5. ほしいものや珍しいことを見たり聞いたりすると,すぐに行動してしまう
➡「○○してから一緒に見に行こう」などと声をかけ,やりたいことがあってもパッと行動せずに活動を遂行する練習をする。

B-10. 心気的な訴え・不調

B10-1. 病気ではないが,腹痛や頭痛,足が痛い,ムズムズするなどをよく訴える
➡症状を訴えた際には「休憩しよう」「様子をみてみよう」と気分を落ち着かせて,その後で好きな活動に誘ったりすることで気持ちを切り替えられるようにする。症状が発展しそうな場合は,病院に診てもらう。

B10-2. チック症状がある(極端に多いまばたき,顔のひきつりなど)
➡チック症状には言及せず,安心して過ごすことのできる環境を整える。症状が発展しそうな場合は,病院に診てもらう。

B10-3. 指しゃぶりや爪嚙みをする
➡「ばい菌が入って痛くなっちゃうよ」「はずかしいよ」などと声かけする。ただし,強い言い方をして制止はせずに,安心して過ごせる環境を整える。症状が発展しそうな場合は,病院に診てもらう。

B10-4. たびたび手を洗わないと気が済まない
➡「手を洗うのは1日○回まで」と目標を立てながら,少しずつ回数を減らすようにする。症状が発展しそうな場合は,病院に診てもらう。

B10-5. 常に体の一部をいじっていたり,こすっていたりする(何度も口をふくなど)
➡その症状には言及せず,安心して過ごすことのできる環境を整える。恥ずかしい行為や病気に発展するおそれがある場合は,病院に診てもらう。

B10-6. 睡眠のリズムが悪い(寝つきの悪さ,眠りが浅いなど)
➡就寝や起床の時間をしっかり決め,毎日同じリズムで生活できるようにする。就寝と起床時間を一定にしても症状が改善しない場合は,病院に診てもらう。

Appendix

標準化と換算・分類表

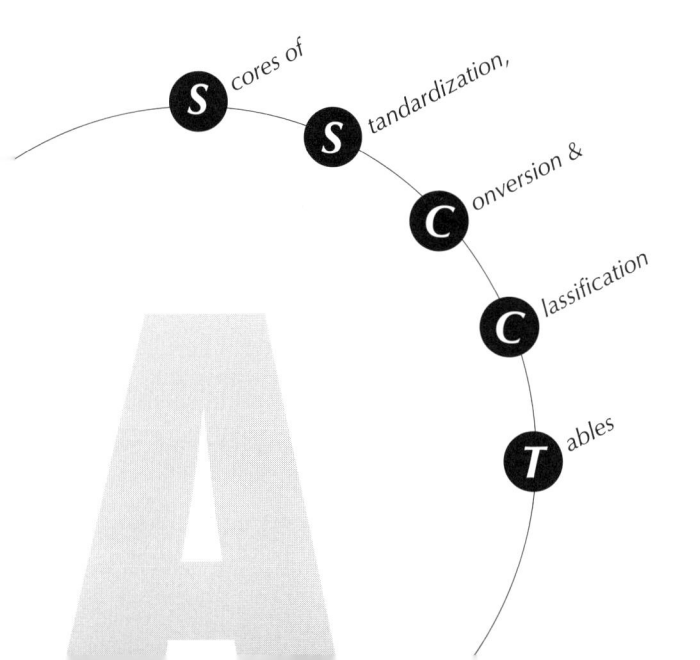

Scores of **S**tandardization, **C**onversion & **C**lassification **T**ables

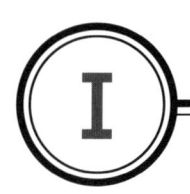

付録Ⅰ　尺度の標準化

　ASISTの質問項目および採点基準は，標準化のための予備調査を実施して，その結果をもとに設定した。予備調査の対象は，幼稚園・保育園の5歳児クラス，小学1～6年生，中学1～3年生の計1,534名（回収率44.8%）である（表Ⅰ-1）。

　予備調査では，A尺度5領域148項目，B尺度10領域56項目から構成された質問紙を使用した。この結果から，A尺度においては，各質問項目に対する学年群ごとの平均通過率を求め，発達に伴い通過率が上昇していて，評価に用いるのに適切と考えられる項目を抽出した。一方，B尺度においては，学年群ごとの得点にばらつきが少ないことと，教育現場でのニーズとを考えて，最終的な質問項目を抽出した。

　A尺度の各領域における学年ごとの通過率を表Ⅰ-2～Ⅰ-6に示す。A尺度の抽出した質問項目について学年群ごとの領域平均得点を求めると，すべての領域で学年が上がるにつれて平均得点も上昇している。したがって，発達支援の視点から，加齢に伴い獲得されていくと思われる項目を選定できたといえよう。また，各領域やスキル群における学年群ごとの平均得点をもとに，A尺度の到達学年を設定することができた。

　B尺度においては，各領域，ニーズ側面，サポート因子，総合評価のそれぞれについて配慮支援レベルを算定した。具体的には，「要支援」レベルのカットオフ得点を平均より2標準偏差以上高いこととし，平均より1標準偏差以上2標準偏差未満の範囲に属する場合を「要配慮」レベルとしている。

　なお，配慮支援レベルの一貫性を

表Ⅰ-1　予備調査の対象児の内訳

	男	女	計
5歳児クラス	27	29	56
小学1年生	112	90	202
小学2年生	111	95	206
小学3年生	98	95	193
小学4年生	109	99	208
小学5年生	90	96	186
小学6年生	79	81	160
中学1年生	60	61	121
中学2年生	53	52	105
中学3年生	53	44	97
計	792	742	1,534

付録Ⅰ　尺度の標準化

保つ関係上，B尺度では学年群によって得点が大きく変化しない項目を抽出した。しかし，それでも，対象の生活年齢区分（5歳児クラス，低学年〔小学1，2年生〕，中学年〔小学3，4年生〕，高学年〔小学5，6年生〕，中学生）によって，得点に若干の差異が確認された。

また，一般に，学年が上がると，より高いスキルを獲得したり，支援ニーズ（問題とされる行動や状況など）が低下したりすることが周囲から期待される。そのため，例えば5歳児と中学生とでは，B尺度の支援ニーズ（得点）が同程度であっても，両者を同列に扱うのは社会的に無理があると判断し，学年区分ごとに評価基準を用意することとした。

表Ⅰ-2　生活習慣領域における学年ごとの通過率

項目＼学年	5歳児クラス	小学1年	小学2年	小学3年	小学4年	小学5年	小学6年	中学1年	中学2年	中学3年
こぼさないようにひとりで食事をする	75.0	56.4	59.2	67.9	73.1	82.8	87.5	100	100	100
衣服をひとりで着脱する	87.5	91.1	91.7	92.2	98.6	97.3	98.1	100	100	100
歯をひとりで磨く	57.1	64.4	74.3	86.5	88.5	93.0	96.9	100	100	100
道路では車に気をつけて歩く	58.9	56.9	66.0	76.7	81.7	85.5	90.6	100	100	100
朝，登園・登校した時の支度を自ら進んでする	33.9	51.5	51.9	58.5	78.4	78.5	85.6	100	100	100
言われなくても自分の持ち物と他人の持ち物を区別する	75.0	74.8	74.3	72.5	84.1	87.6	91.3	100	100	100
食事の際にみんなが食べ終わるまで待てる	17.9	24.8	27.7	39.4	48.1	51.1	56.3	100	100	100
天候に応じて衣服を調節する	25.0	30.7	34.0	39.9	47.6	58.6	61.9	100	100	100
ひとりで入浴し，体や髪を洗う	30.4	51.0	55.3	68.4	76.9	87.6	93.8	100	100	100
体の調子が悪い時に保健室に行ったり先生に訴える	51.8	58.9	69.9	64.8	72.6	76.9	78.1	100	100	100
手洗いうがいをすすんでする	37.5	44.6	43.2	51.8	56.7	53.2	58.1	100	100	100
言われなくても自分の持ち物に名前を書いて管理する	14.3	22.3	27.2	34.7	34.6	41.4	43.1	100	100	100
爪が伸びたことに気づいて切ろうとする	8.9	25.7	25.7	34.2	39.4	53.8	51.9	55.4	46.7	55.7
切り傷に絆創膏を貼るなどの簡単なけがの手当てをする	28.6	45.0	50.0	55.4	64.4	78.0	74.4	71.1	72.4	72.2
自分の机やロッカーを整理整頓する	8.9	17.3	17.0	24.4	29.3	37.1	36.3	31.4	27.9	34.0
電話などで人から言われたことをメモしたり，伝言する	28.6	32.2	29.1	37.3	37.5	46.2	48.8	38.8	47.6	49.5
サンダルや上靴を自分ひとりで洗う	19.6	36.1	33.0	42.5	41.3	40.3	45.6	28.9	20.0	36.1
古い食べ物や悪くなった食物を見分ける	0	35.1	35.0	41.5	45.2	51.6	48.8	47.9	48.6	55.7
簡単な調理をして食事をとる	0	15.8	18.0	21.2	31.7	34.4	35	30.6	32.4	40.6
疲れた時や体調が悪い時に場所や時間を調節して休養を取れる	0	19.4	17.1	26.7	35.7	32.3	42.5	29.8	39.0	46.4
自ら決めた時間に進んで起床・就寝しようとする（ほぼできる）	0	24.8	24.8	29.5	37.0	32.3	35.6	28.9	40.0	43.3
体育館の倉庫や特別教室などへ用具を適切に運び，適切に片づけることができる	0	45.0	40.3	51.3	53.4	59.7	63.8	55.4	52.4	63.9
自分の容姿に気を配り，場所や場面にふさわしい服装をする	0	23.8	27.2	28.0	37.0	37.6	48.8	34.7	38.1	43.3
ひとりで病気の診察を受けたり薬をもらう	0	24.3	24.3	34.2	47.1	46.2	48.8	47.1	34.3	47.4
部屋の換気や採光を調節する	0	17.3	16.0	20.2	28.4	29.0	30.6	23.1	21.0	37.1
授業や部活などで指示されたものを適切に買ってくる	0	43.1	43.7	50.3	55.8	53.2	58.1	53.7	48.6	56.7

Appendix

表 I-3 手先の巧緻性領域における学年ごとの通過率

項目＼学年	5歳児クラス	小学1年	小学2年	小学3年	小学4年	小学5年	小学6年	中学1年	中学2年	中学3年
小さいボタンを留める	69.6	78.2	83.0	79.8	91.3	90.9	95.0	100	100	100
缶ジュースのプルタブをあける	37.5	48.5	60.2	59.6	83.7	85.5	92.5	100	100	100
線に沿って四角形をハサミで切り抜く	57.1	64.4	73.3	74.1	88.0	88.7	94.4	100	100	100
紙からはみ出さずにのりをつける	35.7	43.1	51.5	57.5	76.9	78.5	85.6	100	100	100
普通の大きさの折り紙で鶴を折る	37.5	42.1	50.0	59.6	70.7	73.7	79.4	100	100	100
粘土でボールをつくる	66.1	68.8	82.5	79.3	91.3	89.8	95.0	100	100	100
蝶々結びをする	30.4	39.6	44.7	57.0	71.2	78.0	81.3	100	100	100
お盆の上にのせたお茶をこぼさずに運ぶ	46.4	47.0	56.3	66.8	74.5	81.7	86.3	100	100	100
皮むき器でジャガイモの皮をむく	37.5	50.5	59.7	61.7	68.3	74.2	78.8	100	100	100
トランプをきれいにきる	26.8	19.8	27.7	38.3	51.4	60.8	73.1	100	100	100
安全ピンをつける	32.1	53.5	56.8	65.3	76.9	78.0	88.1	100	100	100
丁寧に紙をそろえてホッチキスで留める	33.9	42.6	46.6	51.8	67.3	74.2	83.1	100	100	100
定規を使って線をきれいに引く	39.3	41.1	46.1	54.9	76.0	73.1	80.0	100	100	100
電卓の数字キーを正確に早く押す	30.4	40.6	42.7	49.2	60.6	59.7	75.6	100	100	100
縄跳びを束ねて結ぶ	39.3	34.2	48.5	59.9	71.5	74.1	82.5	100	100	100
箸を使ってお茶碗のご飯を1粒も残さずに食べる	21.4	49.0	39.8	48.7	68.8	63.4	71.9	100	100	100
文字をはみ出さずにきれいになぞり書きをする	25.0	39.6	35.4	45.6	63.5	70.4	76.3	100	100	100
原稿用紙のマスからはみ出さずに字を書く	28.6	35.6	39.3	48.2	60.6	71.0	79.9	55.4	55.2	66.0
贈り物や菓子折りなどの包装紙をきれいにはがす	19.6	19.3	20.4	29.7	39.9	46.2	48.8	33.1	38.1	45.8
リコーダーの指使いがスムーズにできる	23.2	33.7	45.1	36.3	55.8	59.1	72.5	53.7	43.8	52.6
コンパスを使って円を描く	23.2	43.5	56.8	52.3	63.8	69.4	79.4	62.0	53.3	62.9
洗濯物や服をきれいにたたむ	32.1	28.7	27.8	40.4	51.0	50.5	58.1	38.0	39.0	42.3
箸で豆腐を崩さずにつまんで持ち上げる	0	25.2	26.7	29.5	42.8	51.1	58.1	51.2	48.6	56.7
彫刻刀をうまく使って彫ることができる	0	28.9	40.2	53.1	60.6	53.5	63.8	46.3	46.7	54.6
きゅうりを斜めに薄く（2～3mm程度で）切る	0	25.9	26.3	41.5	50.0	48.6	49.4	48.8	39.4	51.5
針の穴に糸を通す	0	37.6	48.8	50.3	62.5	65.6	66.9	58.7	54.3	59.8
パソコンのキーボードで文字を両手で打つ	0	18.3	21.8	22.8	33.2	33.9	33.1	43.0	59.0	53.6
エプロンのひもを後ろで蝶々結びにする	0	14.4	14.6	21.8	39.9	45.2	51.3	48.8	54.3	56.7
折り畳み傘をきれいにたたんでしまう	0	17.4	19.9	29.0	35.6	44.6	45.6	35.5	48.6	46.4
醤油などの詰め替えをこぼさずにする	0	27.7	36.9	46.1	50.0	52.2	63.1	47.9	48.6	54.6
包丁でりんごの皮を薄くきれいにむく	0	11.4	12.6	14.5	22.6	24.2	25.8	28.1	29.5	30.9
自分のワイシャツの袖のボタンを片手で留める	0	20.8	22.8	29.0	46.2	54.3	64.4	47.1	51.4	50.5
20～30枚の紙をすばやく数える	0	17.8	16.0	31.6	38.9	44.6	50.9	38.8	48.6	47.4
印鑑やスタンプをまっすぐきれいに押す	0	39.6	35.4	44.0	60.1	56.5	61.9	46.3	45.7	52.6

付録Ⅰ　尺度の標準化

表Ⅰ-4　言語表現領域における学年ごとの通過率

項目＼学年	5歳児クラス	小学1年	小学2年	小学3年	小学4年	小学5年	小学6年	中学1年	中学2年	中学3年
数日前の休日にしたことを説明できる	37.5	39.8	37.3	48.4	53.8	54.3	64.2	100	100	100
ひらがなとカタカナ文字がほとんど読める	50.0	71.8	81.1	87.6	92.3	95.7	96.3	100	100	100
「静かな声でお話しようね」と言われてささやき声で話せる	58.9	63.9	73.8	79.3	83.2	90.9	93.1	100	100	100
友だちを言葉で遊びに誘える	64.3	70.8	77.2	79.8	86.5	90.9	91.9	100	100	100
しりとりができる	83.9	84.7	89.8	89.1	95.7	96.8	96.3	100	100	100
劇で気持ちを込めて適切に台詞を言える	48.2	51.0	57.8	66.8	71.2	67.7	76.3	100	100	100
その日にあったことを日記や作文に書ける	32.1	47.5	55.3	63.2	69.7	70.4	78.8	100	100	100
気持ちを込めたり抑揚をつけて音読ができる	23.2	49.5	53.4	61.1	75.0	68.3	75.0	100	100	100
歌詞カードを見ながら唄が歌える	39.3	61.9	65.0	73.6	79.8	85.5	87.5	100	100	100
ダジャレを言って喜ぶ	39.3	61.4	75.2	75.1	86.1	75.8	83.1	100	100	100
誘われても行きたくない時に理由を述べてうまく断れる	23.2	27.7	36.9	40.4	48.1	50.0	63.8	100	100	100
友だちの意見に対して賛成や同意を表明する	28.6	47.5	44.2	51.3	62.5	64.0	74.4	100	100	100
苦手なことについて友だちに「教えて」と頼むことができる	23.2	36.6	37.4	51.8	54.3	55.4	64.4	100	100	100
欲しい物がある時に買ってもらえるように大人を説得できる	23.2	30.7	32.0	42.5	54.8	48.4	62.5	100	100	100
年上の人には敬語を使い，友だちなどとは区別した話し方をする（友だちには「○○をもらった」と言い，先生には「○○をいただいた」という言い方ができる）	12.5	8.4	7.8	18.7	15.5	24.7	27.5	27.3	24.8	35.4
友だちの家に電話して，保護者に対し，友だちに取り次いでもらうように頼むことができる	30.4	38.6	52.9	53.9	59.1	72.6	75.0	62.8	57.1	63.9
朝から夕方までの行動を時間に沿って説明できる	19.6	34.7	34.5	45.1	54.3	55.4	70.6	43.0	43.8	51.5
攻撃的にならずに相手に自分の考えを主張する	12.5	15.8	16.5	26.4	40.4	43.0	53.8	27.3	29.5	40.2
道に迷った時など見知らぬ大人に質問したり頼んだりできる	19.6	38.1	38.8	44.8	54.8	54.8	56.3	45.5	40.8	56.7
自分の体験について感想や意見を交えて作文が書ける	16.1	26.2	19.4	33.2	42.8	47.8	61.9	35.5	29.5	45.4
周囲に対して遠慮する表現（言葉やジェスチャーで表現）をする	0	21.8	26.2	34.2	45.7	44.1	60.0	33.1	32.4	46.4
皮肉な表現を理解して適切に応答できる	0	10.4	14.1	17.7	25.5	31.2	41.5	24.8	26.9	28.9
相手を褒めたり，良い気分にさせる表現ができる（例：友だちの服装を「かわいい」と褒める，ゲームやスポーツをしているときに「うまいね」と褒める）	0	41.6	40.8	48.7	55.3	57.5	65.0	38.8	36.2	51.5
話し合いでみんなの意見をまとめることができる（司会やリーダーができる）	0	18.8	18.9	30.1	34.1	37.1	47.5	35.8	26.7	33.0
道順の説明ができる（例：学校から自宅への帰り方を説明する）	0	24.8	24.3	38.3	38.5	46.2	56.3	34.7	38.1	42.3
皮肉や嫌味を言われて，それを理解し，うまく切り返せる（適切な言葉で返答する）	0	9.9	11.2	11.4	23.1	25.8	34.4	26.4	25.7	29.9
話題となっている物を見たことがない人に，その物の色・形・大きさ・形状・用途などをうまく説明できる	0	18.3	14.6	21.8	26.9	32.3	43.1	28.1	26.7	36.1
買い物で欲しい物の値段・品質・機能についてお店の人に聞いたり，相談できる	0	22.3	22.3	26.4	42.3	35.7	46.5	33.9	32.4	40.2
敬語（丁寧語，尊敬語，謙譲語）を適切に使い分ける（「いらっしゃる」「おっしゃった」「お待ちください」「渡していただきたい」などの言葉を相手に応じて使える）	0	5.4	4.4	9.8	10.6	14.5	16.9	21.5	17.1	16.5

Appendix

表 I-5　社会性領域における学年ごとの通過率

項目＼学年	5歳児クラス	小学1年	小学2年	小学3年	小学4年	小学5年	小学6年	中学1年	中学2年	中学3年
先生や大人の一斉指導に合わせて行動する	55.4	62.9	59.2	63.7	73.1	76.9	80.6	100	100	100
近所の人や園・学校などになじみ，挨拶などを交わす	48.2	53.0	49.5	56.0	57.7	65.1	70.6	100	100	100
シール，人形，ミニカーなどを友だちと交換して遊ぶ	62.5	58.9	63.1	66.3	72.1	71.0	70.6	100	100	100
おにごっこやドッジボールなど簡単なルールの集団遊びに参加する	75.0	64.9	77.2	71.0	85.6	81.2	86.3	100	100	100
いつも一緒に遊んだりおしゃべりする仲の良い友だちが2〜3人以上いる	75.0	63.4	71.4	74.1	84.6	85.5	88.1	100	100	100
1つのものを友だちと共有して使える	57.1	57.9	61.2	70.5	77.9	83.9	83.8	100	100	100
物を貸してもらったり手伝ってもらったりした時にお礼を言える	57.1	59.4	62.1	68.4	74.5	81.2	82.5	100	100	100
地域の行事や催しに親が付き添わなくても，子ども同士で参加できる（お祭り，スポーツ大会など）	37.5	48.0	58.3	65.3	76.9	81.2	81.9	100	100	100
一度注意されたことを次からはしないように気をつける	16.1	15.3	14.1	22.4	25.1	32.3	34.4	100	100	100
親や大人に行き先を言って遊びに行く	42.9	55.0	57.8	62.7	65.9	67.7	66.3	100	100	100
いけないことをした友だちを注意する	30.4	29.4	32.7	36.8	40.4	32.3	38.4	100	100	100
地域や学校のルールを理解して友だちと遊べる（「○○の場所では飲食禁止」「公園で犬を放し飼いにしない」「ポイ捨て禁止」などのルールを理解して遊べる）	41.1	45.5	49.0	57.5	62.5	70.4	73.1	100	100	100
友だちが困っている時手助けをする	30.4	43.6	47.1	53.4	56.3	63.4	65.6	100	100	100
初めての場所や他人の家に言った際，行儀よくしていられる	23.2	32.7	36.9	47.2	50.0	61.8	67.5	100	100	100
自分のあやまちは言い訳せずに認められる	10.7	9.9	8.3	15.0	16.8	25.4	26.9	100	100	100
係りの仕事や家の手伝いなど，自分の義務は責任を持ってはたすことができる	25.0	30.7	26.7	39.4	36.1	52.2	48.1	39.7	41.9	46.4
友だちが失敗したとき，慰めたり励ましたりする	30.4	34.2	30.1	43.0	49.5	56.5	58.8	44.6	42.9	54.6
人から笑われたり馬鹿にされたりしたことを，次からは人目を気にしてやらない	26.8	33.2	29.6	33.7	32.2	38.7	42.1	33.1	19.0	39.6
友だちがけんかをしている時，やめるように働きかける	23.2	27.2	27.7	30.7	37.0	37.3	44.4	32.2	25.0	30.2
バスケットボール，サッカー，バドミントンなどをルールに従ってプレーする	35.7	49.5	51.0	50.3	62.3	73.1	79.4	60.0	60.6	60.8
幼児や老人をいたわることができる（自発的に乗り物の中で席を譲ったりするなど）	32.1	32.2	33.0	44.0	48.1	54.3	58.1	45.5	44.8	52.6
相手の立場や気持ちを考え，困ることや無理な要求をしない	0	28.7	21.4	34.7	39.9	53.2	58.8	40.5	39.0	47.4
年下の子どもの世話を安心して任せられる	0	33.7	34.0	41.5	50.0	54.8	63.1	47.1	50.5	50.5
外出や遊びなどについて同年齢の友だちグループで相談して計画を立てて実行する	0	32.7	32.5	41.5	52.9	55.9	68.1	42.1	50.5	47.4
話し合いで自分の意見が周囲に受け入れられなくても皆の考えに合わせる	0	25.7	24.3	36.3	34.1	48.9	56.9	38.0	34.3	54.6
孤立しがちな子にも仲良くしてあげたり，声をかける	0	28.7	33.0	32.3	34.3	35.5	43.8	31.4	30.5	33.3
暑がっている人がいたらエアコンをつけるなど，他者に気を配ることができる	0	27.7	23.3	35.2	36.5	39.2	46.3	33.1	27.6	38.1
頼みごとをされた時，時間的余裕や自分の状況を考えて，引き受けるか断るかを判断して適切に応答する	0	18.8	19.4	24.4	27.9	29.0	42.5	33.1	22.9	33.0
自分の特性や好みを理解した上で，対等につきあえる友だちやグループを選べる	0	27.7	26.7	31.6	44.2	49.5	64.4	44.6	37.1	53.6
先輩後輩などの上下関係に配慮して行動する	0	22.3	29.6	34.7	33.7	45.2	48.1	44.6	43.8	45.4
仲の良い友だちや大人に悩みを相談したり，秘密を共有したりする	0	28.2	35.0	37.3	41.3	49.5	55.6	40.5	36.2	48.5
できない人，うまくやれない人がいたら，直接的に非難せず，かばうような発言をしたり，黙ってやり過ごす	0	26.2	32.5	34.7	33.7	40.0	48.1	31.4	29.8	44.2

付録Ⅰ　尺度の標準化

表Ⅰ-6　行動コントロール領域における学年ごとの通過率

項目＼学年	5歳児クラス	小学1年	小学2年	小学3年	小学4年	小学5年	小学6年	中学1年	中学2年	中学3年
おもちゃや物を「貸してあげなさい」と言われると指示に従える	42.9	44.6	48.5	56.5	56.3	69.4	70.0	100	100	100
自分の要求が通らない時、カッとなったりかんしゃくを起こさずに我慢できる	23.2	20.8	22.8	26.9	28.4	39.2	50.6	100	100	100
自分のやりたいことをしている途中でも、指示に従える（終わりと言われたら行動を切り替えられる）	23.2	22.3	18.9	30.6	34.1	39.8	39.0	100	100	100
順番を適切に待つことができる	42.9	49.0	54.9	59.6	65.9	73.1	73.1	100	100	100
遊具や文具などを借りたいとき、「貸して」と許可を求め、「いいよ」と言われてから借りることができる	48.2	50.0	52.4	60.6	64.9	72.0	70.6	100	100	100
わからないことがあった場合、勝手に行動せず大人に質問しに行ける	37.5	29.7	35.4	45.6	46.6	52.7	60.6	100	100	100
予定が変更されても納得して応じる	35.7	28.2	27.7	35.8	40.4	43.5	50.0	100	100	100
1時間くらいならひとりでも留守番できる	37.5	50.0	52.9	65.8	83.2	87.1	87.5	100	100	100
ゲームに負けたり一番になれなくても受け入れられる	21.4	25.2	30.1	41.5	48.1	65.1	63.1	100	100	100
授業中、落ち着いて着席していられる	53.6	59.9	62.1	66.3	74.0	79.0	90.0	100	100	100
言いたいことがあっても、相手の質問が終わってから、順番を守って答えられる（だしぬけに答えない）	23.2	27.7	30.6	41.5	36.1	51.6	66.9	100	100	100
チャイムがなる前に授業の準備や教室に移動することができる	42.9	45.0	40.3	48.2	56.3	60.2	67.5	48.8	41.9	55.7
姿勢を崩さず先生の話や友だちの発表などを集中して聴ける	26.8	31.7	28.6	34.7	39.4	49.5	52.5	24.8	25.7	32.0
他者と言い争いになっても興奮したりその場から逃げ出さず応対できる	21.4	28.2	25.2	34.7	38.0	46.8	58.1	28.1	30.5	34.0
本などを買う時ひとりで適当なものが選べる（値段や内容を見て吟味できる）	21.4	32.2	31.6	42.5	56.3	57.5	68.1	52.9	48.6	62.9
道に迷ったり、トラブルにあった時に怒ったり泣いたりせずに振る舞える	19.6	25.2	26.7	32.1	44.2	48.9	60.0	45.5	46.7	55.7
学習や課題への取り組みで、細かいところまで注意を向けられる（「テストや提出物を忘れない」「見直しができる」などのうっかりミスがない）	0	11.9	8.7	14.0	13.0	21.5	23.1	15.7	9.6	16.5
人に注意されるようなことでも、明らかにばれるような嘘はつかず正直に話せる（お金の管理や遅刻、忘れ物をした場面など）	0	25.7	20.4	28.0	26.9	42.5	44.4	36.4	27.6	36.1
一度にたくさんのお小遣いを持たせても、無駄遣いせず必要な分だけを使い、残りは取っておける	0	35.1	38.8	46.6	41.8	53.2	51.9	45.5	50.5	50.5
目標のため、当面のことを少し我慢できる（テレビや漫画を我慢し勉強やお手伝いをする）	0	30.2	26.7	37.8	36.1	47.3	50.6	29.8	33.3	34.0
嫌いな勉強にも自ら取りかかれる	0	19.3	17.0	28.5	18.0	26.9	31.9	21.7	14.3	27.4
2つのことを同時並行してできる（たとえばテレビをみながら、洗濯物をたたむなど）	0	13.4	15.5	17.1	25.5	33.3	42.5	28.9	26.7	32.0
説明書を見ながら電化製品を操作したり、簡単な家具を組みたてられる	0	22.3	29.6	35.8	38.5	50.5	50.6	46.3	40.0	45.4
物事を先延ばしにしないで課題に取り掛かれる（1週間後の行事や試験に対して自ら計画を立てて準備できる）	0	16.9	15.0	18.7	19.7	18.4	28.8	21.5	17.1	21.6
人に言われなくても約束の時間に合わせて計画的に行動できる（開始時刻や約束の時間から逆算して準備をできる）	0	14.4	17.0	19.7	27.1	33.3	39.4	33.9	36.2	42.3
繁華街や不特定多数の人がいる場所でトラブルを回避できる	0	36.6	35.0	46.1	53.4	52.7	55.6	42.1	41.9	50.5
自分のことを後回しにして、周囲に合わせ、適切に行動する	0	19.8	19.9	19.8	22.6	24.7	31.9	24.0	18.1	28.9

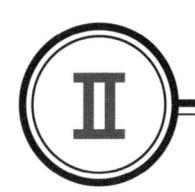

付録Ⅱ　尺度換算表・支援レベル分類表

　ASIST の採点時に必要となる，A 尺度の到達指数（AQ）および到達学年／到達年齢（AG）の得点換算表（以下，A 尺度換算表）と，B 尺度の支援レベルを特定するための分類表（以下，B 尺度支援レベル分類表）を次ページ以降に示す。調査対象者の学年（年齢）ごとに使用する表が異なるため，該当するページを選んで使っていただきたい。

　なお，206 ページにある「青年・成人期」の表は，第 2 編で説明している青年・成人期向けの ASIST で使用する。採点方法全般については，第 1 編 2 章 3 節（幼児・児童・生徒向け ASIST）または第 2 編 4 章 3 節（青年・成人期向け ASIST）をそれぞれ参照されたい。

A 尺度換算表の使い方

　A 尺度換算表では，各領域やスキル群，総合獲得レベルでの得点を該当する表からそれぞれ探すと，その右側に到達指数の数値と到達学年（または到達年齢）が記載されている。見つかった到達指数と到達学年は，それぞれ A 尺度プロフィール票の該当する欄に記入する。

　なお，対象者が高校生以上の場合（青年・成人期を含む）は，到達指数は換算せず，到達学年（到達年齢）のみを換算表をもとに記入する。それ以外（中学 3 年生以下の場合）で，A 尺度換算表内の到達指数または到達学年が「―」と表記されていた場合は，プロフィール票には「学年相当以上」と記入する。

B 尺度支援レベル分類表の使い方

　B 尺度支援レベル分類表では，各領域，ニーズ側面，サポート因子，総合評価での得点を表内からそれぞれ探すと，表の上段で該当する配慮支援レベル（Ⅰ．通常対応，Ⅱ．要配慮，Ⅲ．要支援のいずれか）がわかる。判明した配慮支援レベルは，B 尺度プロフィール票 1 枚目の該当するレベル分類欄で，それぞれマーキング（丸で囲むなど）する。

A 尺度換算表

5歳児

生活習慣領域

得点	到達指数	到達学年
0～13	80↓	4歳↓
14～20	100	5歳
21～24	120	小1
25～26	140	小2
27～29	160	小3
30～31	―	―
32～33	―	―
34	―	―
35～38	―	―
39～40	―	―

手先の巧緻性領域

得点	到達指数	到達学年
0～12	80↓	4歳↓
13～17	100	5歳
18～22	120	小1
23～25	140	小2
26～28	160	小3
29～32	―	―
33～34	―	―
35～36	―	―
37～38	―	―
39～40	―	―

言語表現領域

得点	到達指数	到達学年
0～12	80↓	4歳↓
13～21	100	5歳
22～26	120	小1
27～28	140	小2
29～31	160	小3
32	―	―
33	―	―
34～36	―	―
37～38	―	―
39～40	―	―

社会性領域

得点	到達指数	到達学年
0～14	80↓	4歳↓
15～21	100	5歳
22～26	120	小1
27	140	小2
28～30	160	小3
31	―	―
32～34	―	―
35	―	―
36～38	―	―
39～40	―	―

A尺度注)
― ：到達指数・学年に換算不能（「学年相当以上」と記入）
4歳↓：到達学年が4歳以下

B尺度注)
Ⅰレベル：通常対応　通常の対応や支援の範囲（特に目立った支援ニーズはない）
Ⅱレベル：要配慮　短期的・一部の支援や配慮（見守り）が必要
Ⅲレベル：要支援　中長期的・全般的な支援が必要（特別支援教育の対象）

行動コントロール領域

得点	到達指数	到達学年
0～10	80↓	4歳↓
11～17	100	5歳
18～21	120	小1
22	140	小2
23～26	160	小3
27～28	―	―
29～31	―	―
32～33	―	―
34～36	―	―
37～40	―	―

総合獲得レベル

得点	到達指数	到達学年
0～70	80↓	4歳↓
71～91	100	5歳
92～120	120	小1
121～128	140	小2
129～143	160	小3
144～156	―	―
157～165	―	―
166～174	―	―
175～184	―	―
185～200	―	―

個人活動スキル群

得点	到達指数	到達学年
0～40	80↓	4歳↓
41～60	100	5歳
61～73	120	小1
74～80	140	小2
81～87	160	小3
88～94	―	―
95～98	―	―
99～101	―	―
102～104	―	―
105～107	―	―
108～120	―	―

集団参加スキル群

得点	到達指数	到達学年
0～24	80↓	4歳↓
25～41	100	5歳
42～47	120	小1
48～52	140	小2
53～56	160	小3
57～60	―	―
61～63	―	―
64～66	―	―
67～68	―	―
69～70	―	―
71～80	―	―

B尺度支援レベル分類表

	Ⅰレベル：通常対応	Ⅱレベル：要配慮	Ⅲレベル：要支援
1.学習	―	―	―
2.意欲	0-2点	3-4点	5点以上
3.身体性・運動	0点	1点	2点以上
4.集中力	0-2点	3点	4点以上
5.こだわり	0-1点	2点	3点以上
6.感覚の過敏さ	0-1点	2点	3点以上
7.話し言葉	0点	1点	2点以上
8.ひとりの世界・興味関心の偏り	0-2点	3点	4点以上
9.多動性・衝動性	0-1点	2点	3点以上
10.心気的な訴え・不調	0-1点	2点	3点以上
学習面	0-3点	4点	5点以上
生活面	0-4点	5-7点	8点以上
対人関係面	0-2点	3-4点	5点以上
行動情緒面	0-2点	3点	4点以上
個人活動サポート因子	0-5点	6-8点	9点以上
集団参加サポート因子	0-6点	7-9点	10点以上
総合評価	0-11点	12-17点	18点以上

A 尺度換算表

小学1年生

生活習慣領域		
得点	到達指数	到達学年
0 〜 13	67 ↓	4歳 ↓
14 〜 20	83	5歳
21 〜 24	100	小1
25 〜 26	117	小2
27 〜 29	133	小3
30 〜 31	150	小4
32 〜 33	167	小5
34	—	—
35 〜 38	—	—
39 〜 40	—	—

手先の巧緻性領域		
得点	到達指数	到達学年
0 〜 12	67 ↓	4歳 ↓
13 〜 17	83	5歳
18 〜 22	100	小1
23 〜 25	117	小2
26 〜 28	133	小3
29 〜 32	150	小4
33 〜 34	167	小5
35 〜 36	—	—
37 〜 38	—	—
39 〜 40	—	—

言語表現領域		
得点	到達指数	到達学年
0 〜 12	67 ↓	4歳 ↓
13 〜 21	83	5歳
22 〜 26	100	小1
27 〜 28	117	小2
29 〜 31	133	小3
32	150	小4
33	167	小5
34 〜 36	—	—
37 〜 38	—	—
39 〜 40	—	—

社会性領域		
得点	到達指数	到達学年
0 〜 14	67 ↓	4歳 ↓
15 〜 21	83	5歳
22 〜 26	100	小1
27	117	小2
28 〜 30	133	小3
31	150	小4
32 〜 34	167	小5
35	—	—
36 〜 38	—	—
39 〜 40	—	—

A 尺度注)
—：到達指数・学年に換算不能（「学年相当以上」と記入）
4歳 ↓：到達学年が4歳以下

B 尺度注)
Ⅰレベル：通常対応　通常の対応や支援の範囲（特に目立った支援ニーズはない）
Ⅱレベル：要配慮　短期的・一部の支援や配慮（見守り）が必要
Ⅲレベル：要支援　中長期的・全般的な支援が必要（特別支援教育の対象）

行動コントロール領域		
得点	到達指数	到達学年
0 〜 10	67 ↓	4歳 ↓
11 〜 17	83	5歳
18 〜 21	100	小1
22	117	小2
23 〜 26	133	小3
27 〜 28	150	小4
29 〜 31	167	小5
32 〜 33	—	—
34 〜 36	—	—
37 〜 40	—	—

総合獲得レベル		
得点	到達指数	到達学年
0 〜 70	67 ↓	4歳 ↓
71 〜 91	83	5歳
92 〜 120	100	小1
121 〜 128	117	小2
129 〜 143	133	小3
144 〜 156	150	小4
157 〜 165	167	小5
166 〜 174	—	—
175 〜 184	—	—
185 〜 200	—	—

個人活動スキル群		
得点	到達指数	到達学年
0 〜 40	67 ↓	4歳 ↓
41 〜 60	83	5歳
61 〜 73	100	小1
74 〜 80	117	小2
81 〜 87	133	小3
88 〜 94	150	小4
95 〜 98	167	小5
99 〜 101	—	—
102 〜 104	—	—
105 〜 107	—	—
108 〜 120	—	—

集団参加スキル群		
得点	到達指数	到達学年
0 〜 24	67 ↓	4歳 ↓
25 〜 41	83	5歳
42 〜 47	100	小1
48 〜 52	117	小2
53 〜 56	133	小3
57 〜 60	150	小4
61 〜 63	167	小5
64 〜 66	—	—
67 〜 68	—	—
69 〜 70	—	—
71 〜 80	—	—

B 尺度支援レベル分類表

	Ⅰレベル：通常対応	Ⅱレベル：要配慮	Ⅲレベル：要支援
1. 学習	0 - 1 点	2 点	3 点以上
2. 意欲	0 - 3 点	4 点	5 点以上
3. 身体性・運動	0 - 1 点	2 点	3 点以上
4. 集中力	0 - 3 点	4 点	5 点以上
5. こだわり	0 - 1 点	2 - 3 点	4 点以上
6. 感覚の過敏さ	0 - 2 点	3 点	4 点以上
7. 話し言葉	0 - 1 点	2 点	3 点以上
8. ひとりの世界・興味関心の偏り	0 - 2 点	3 - 4 点	5 点以上
9. 多動性・衝動性	0 - 1 点	2 点	3 点以上
10. 心気的な訴え・不調	0 - 1 点	2 点	3 点以上
学習面	0 - 4 点	5 - 7 点	8 点以上
生活面	0 - 6 点	7 - 9 点	10 点以上
対人関係面	0 - 3 点	4 - 5 点	6 点以上
行動情緒面	0 - 2 点	3 - 4 点	5 点以上
個人活動サポート因子	0 - 8 点	9 - 12 点	13 点以上
集団参加サポート因子	0 - 8 点	9 - 12 点	13 点以上
総合評価	0 - 15 点	16 - 23 点	24 点以上

A 尺度換算表

小学2年生

生活習慣領域			手先の巧緻性領域			言語表現領域		
得点	到達指数	到達学年	得点	到達指数	到達学年	得点	到達指数	到達学年
0～13	57↓	4歳↓	0～12	57↓	4歳↓	0～12	57↓	4歳↓
14～20	71	5歳	13～17	71	5歳	13～21	71	5歳
21～24	86	小1	18～22	86	小1	22～26	86	小1
25～26	100	小2	23～25	100	小2	27～28	100	小2
27～29	114	小3	26～28	114	小3	29～31	114	小3
30～31	129	小4	29～32	129	小4	32	129	小4
32～33	143	小5	33～34	143	小5	33	143	小5
34	157	小6	35～36	157	小6	34～36	157	小6
35～38	—	—	37～38	—	—	37～38	—	—
39～40	—	—	39～40	—	—	39～40	—	—

A 尺度注）
―：到達指数・学年に換算不能（「学年相当以上」と記入）
4歳↓：到達学年が4歳以下

B 尺度注）
Ⅰレベル：通常対応　通常の対応や支援の範囲（特に目立った支援ニーズはない）
Ⅱレベル：要配慮　短期的・一部の支援や配慮（見守り）が必要
Ⅲレベル：要支援　中長期的・全般的な支援が必要（特別支援教育の対象）

社会性領域			行動コントロール領域		
得点	到達指数	到達学年	得点	到達指数	到達学年
0～14	57↓	4歳↓	0～10	57↓	4歳↓
15～21	71	5歳	11～17	71	5歳
22～26	86	小1	18～21	86	小1
27	100	小2	22	100	小2
28～30	114	小3	23～26	114	小3
31	129	小4	27～28	129	小4
32～34	143	小5	29～31	143	小5
35	157	小6	32～33	157	小6
36～38	—	—	34～36	—	—
39～40	—	—	37～38	—	—

総合獲得レベル			個人活動スキル群			集団参加スキル群		
得点	到達指数	到達学年	得点	到達指数	到達学年	得点	到達指数	到達学年
0～70	57↓	4歳↓	0～40	57↓	4歳↓	0～24	57↓	4歳↓
71～91	71	5歳	41～60	71	5歳	25～41	71	5歳
92～120	86	小1	61～73	86	小1	42～47	86	小1
121～128	100	小2	74～80	100	小2	48～52	100	小2
129～143	114	小3	81～87	114	小3	53～56	114	小3
144～156	129	小4	88～94	129	小4	57～60	129	小4
157～165	143	小5	95～98	143	小5	61～63	143	小5
166～174	157	小6	99～101	157	小6	64～66	157	小6
175～184	—	—	102～104	—	—	67～68	—	—
185～200	—	—	105～107	—	—	69～70	—	—
			108～120	—	—	71～80	—	—

B 尺度支援レベル分類表

	Ⅰレベル：通常対応	Ⅱレベル：要配慮	Ⅲレベル：要支援
1. 学習	0-1点	2点	3点以上
2. 意欲	0-3点	4点	5点以上
3. 身体性・運動	0-1点	2点	3点以上
4. 集中力	0-3点	4点	5点以上
5. こだわり	0-1点	2-3点	4点以上
6. 感覚の過敏さ	0-2点	3点	4点以上
7. 話し言葉	0-1点	2点	3点以上
8. ひとりの世界・興味関心の偏り	0-2点	3-4点	5点以上
9. 多動性・衝動性	0-1点	2点	3点以上
10. 心気的な訴え・不調	0-1点	2点	3点以上
学習面	0-4点	5-7点	8点以上
生活面	0-6点	7-9点	10点以上
対人関係面	0-3点	4-5点	6点以上
行動情緒面	0-2点	3-4点	5点以上
個人活動サポート因子	0-8点	9-12点	13点以上
集団参加サポート因子	0-8点	9-12点	13点以上
総合評価	0-15点	16-23点	24点以上

小学3年生

A 尺度換算表

生活習慣領域

得点	到達指数	到達学年
0〜13	50↓	4歳↓
14〜20	63	5歳
21〜24	75	小1
25〜26	88	小2
27〜29	100	小3
30〜31	113	小4
32〜33	125	小5
34	138	小6
35〜38	—	—
39〜40	—	—

手先の巧緻性領域

得点	到達指数	到達学年
0〜12	50↓	4歳↓
13〜17	63	5歳
18〜22	75	小1
23〜25	88	小2
26〜28	100	小3
29〜32	113	小4
33〜34	125	小5
35〜36	138	小6
37〜38	—	—
39〜40	—	—

言語表現領域

得点	到達指数	到達学年
0〜12	50↓	4歳↓
13〜21	63	5歳
22〜26	75	小1
27〜28	88	小2
29〜31	100	小3
32	113	小4
33	125	小5
34〜36	138	小6
37〜38	—	—
39〜40	—	—

社会性領域

得点	到達指数	到達学年
0〜14	50↓	4歳↓
15〜21	63	5歳
22〜26	75	小1
27	88	小2
28〜30	100	小3
31	113	小4
32〜34	125	小5
35	138	小6
36〜38	—	—
39〜40	—	—

A尺度注)
—：到達指数・学年に換算不能（「学年相当以上」と記入）
4歳↓：到達学年が4歳以下

B尺度注)
Ⅰレベル：通常対応　通常の対応や支援の範囲（特に目立った支援ニーズはない）
Ⅱレベル：要配慮　短期的・一部の支援や配慮（見守り）が必要
Ⅲレベル：要支援　中長期的・全般的な支援が必要（特別支援教育の対象）

行動コントロール領域

得点	到達指数	到達学年
0〜10	50↓	4歳↓
11〜17	63	5歳
18〜21	75	小1
22	88	小2
23〜26	100	小3
27〜28	113	小4
29〜31	125	小5
32〜33	138	小6
34〜36	—	—
37〜40	—	—

総合獲得レベル

得点	到達指数	到達学年
0〜70	50↓	4歳↓
71〜91	63	5歳
92〜120	75	小1
121〜128	88	小2
129〜143	100	小3
144〜156	113	小4
157〜165	125	小5
166〜174	138	小6
175〜184	—	—
185〜200	—	—

個人活動スキル群

得点	到達指数	到達学年
0〜40	50↓	4歳↓
41〜60	63	5歳
61〜73	75	小1
74〜80	88	小2
81〜87	100	小3
88〜94	113	小4
95〜98	125	小5
99〜101	138	小6
102〜104	—	—
105〜107	—	—
108〜120	—	—

集団参加スキル群

得点	到達指数	到達学年
0〜24	50↓	4歳↓
25〜41	63	5歳
42〜47	75	小1
48〜52	88	小2
53〜56	100	小3
57〜60	113	小4
61〜63	125	小5
64〜66	138	小6
67〜68	—	—
69〜70	—	—
71〜80	—	—

B 尺度支援レベル分類表

	Ⅰレベル：通常対応	Ⅱレベル：要配慮	Ⅲレベル：要支援
1. 学習	0-1点	2点	3点以上
2. 意欲	0-2点	3-4点	5点以上
3. 身体性・運動	0-1点	2点	3点以上
4. 集中力	0-3点	4-5点	6点以上
5. こだわり	0-1点	2点	3点以上
6. 感覚の過敏さ	0-2点	3点	4点以上
7. 話し言葉	0-1点	2点	3点以上
8. ひとりの世界・興味関心の偏り	0-2点	3点	4点以上
9. 多動性・衝動性	0-1点	2-3点	4点以上
10. 心気的な訴え・不調	0-1点	2点	3点以上
学習面	0-4点	5-7点	8点以上
生活面	0-5点	6-9点	10点以上
対人関係面	0-3点	4点	5点以上
行動情緒面	0-3点	4-5点	6点以上
個人活動サポート因子	0-8点	9-13点	14点以上
集団参加サポート因子	0-7点	8-12点	13点以上
総合評価	0-15点	16-25点	26点以上

A尺度換算表

小学4年生

生活習慣領域

得点	到達指数	到達学年
0～13	44↓	4歳↓
14～20	56	5歳
21～24	67	小1
25～26	78	小2
27～29	89	小3
30～31	100	小4
32～33	111	小5
34	122	小6
35～38	—	—
39～40	—	—

手先の巧緻性領域

得点	到達指数	到達学年
0～12	44↓	4歳↓
13～17	56	5歳
18～22	67	小1
23～25	78	小2
26～28	89	小3
29～32	100	小4
33～34	111	小5
35～36	122	小6
37～38	—	—
39～40	—	—

言語表現領域

得点	到達指数	到達学年
0～12	44↓	4歳↓
13～21	56	5歳
22～26	67	小1
27～28	78	小2
29～31	89	小3
32	100	小4
33	111	小5
34～36	122	小6
37～38	—	—
39～40	—	—

社会性領域

得点	到達指数	到達学年
0～14	44↓	4歳↓
15～21	56	5歳
22～26	67	小1
27	78	小2
28～30	89	小3
31	100	小4
32～34	111	小5
35	122	小6
36～38	—	—
39～40	—	—

A尺度注）
—：到達指数・学年に換算不能（「学年相当以上」と記入）
4歳↓：到達学年が4歳以下

B尺度注）
Ⅰレベル：通常対応　通常の対応や支援の範囲（特に目立った支援ニーズはない）
Ⅱレベル：要配慮　短期的・一部の支援や配慮（見守り）が必要
Ⅲレベル：要支援　中長期的・全般的な支援が必要（特別支援教育の対象）

行動コントロール領域

得点	到達指数	到達学年
0～10	44↓	4歳↓
11～17	56	5歳
18～21	67	小1
22	78	小2
23～26	89	小3
27～28	100	小4
29～31	111	小5
32～33	122	小6
34～36	—	—
37～40	—	—

総合獲得レベル

得点	到達指数	到達学年
0～70	44↓	4歳↓
71～91	56	5歳
92～120	67	小1
121～128	78	小2
129～143	89	小3
144～156	100	小4
157～165	111	小5
166～174	122	小6
175～184	—	—
185～200	—	—

個人活動スキル群

得点	到達指数	到達学年
0～40	44↓	4歳↓
41～60	56	5歳
61～73	67	小1
74～80	78	小2
81～87	89	小3
88～94	100	小4
95～98	111	小5
99～101	122	小6
102～104	—	—
105～107	—	—
108～120	—	—

集団参加スキル群

得点	到達指数	到達学年
0～24	44↓	4歳↓
25～41	56	5歳
42～47	67	小1
48～52	78	小2
53～56	89	小3
57～60	100	小4
61～63	111	小5
64～66	122	小6
67～68	—	—
69～70	—	—
71～80	—	—

B尺度支援レベル分類表

	Ⅰレベル：通常対応	Ⅱレベル：要配慮	Ⅲレベル：要支援
1. 学習	0-1点	2点	3点以上
2. 意欲	0-2点	3-4点	5点以上
3. 身体性・運動	0-1点	2点	3点以上
4. 集中力	0-3点	4-5点	6点以上
5. こだわり	0-1点	2点	3点以上
6. 感覚の過敏さ	0-2点	3点	4点以上
7. 話し言葉	0-1点	2点	3点以上
8. ひとりの世界・興味関心の偏り	0-2点	3点	4点以上
9. 多動性・衝動性	0-1点	2-3点	4点以上
10. 心気的な訴え・不調	0-1点	2点	3点以上
学習面	0-4点	5-7点	8点以上
生活面	0-5点	6-9点	10点以上
対人関係面	0-3点	4点	5点以上
行動情緒面	0-3点	4-5点	6点以上
個人活動サポート因子	0-8点	9-13点	14点以上
集団参加サポート因子	0-7点	8-12点	13点以上
総合評価	0-15点	16-25点	26点以上

A 尺度換算表

小学5年生

A尺度注)
― : 到達指数・学年に換算不能（「学年相当以上」と記入）
4歳↓ : 到達学年が4歳以下

B尺度注)
Ⅰレベル : 通常対応　通常の対応や支援の範囲（特に目立った支援ニーズはない）
Ⅱレベル : 要配慮　短期的・一部の支援や配慮（見守り）が必要
Ⅲレベル : 要支援　中長期的・全般的な支援が必要（特別支援教育の対象）

生活習慣領域

得点	到達指数	到達学年
0～13	40↓	4歳↓
14～20	50	5歳
21～24	60	小1
25～26	70	小2
27～29	80	小3
30～31	90	小4
32～33	100	小5
34	110	小6
35～38	140	中3
39～40	―	―

手先の巧緻性領域

得点	到達指数	到達学年
0～12	40↓	4歳↓
13～17	50	5歳
18～22	60	小1
23～25	70	小2
26～28	80	小3
29～32	90	小4
33～34	100	小5
35～36	110	小6
37～38	―	―
39～40	―	―

言語表現領域

得点	到達指数	到達学年
0～12	40↓	4歳↓
13～21	50	5歳
22～26	60	小1
27～28	70	小2
29～31	80	小3
32	90	小4
33	100	小5
34～36	110	小6
37～38	140	中3
39～40	―	―

社会性領域

得点	到達指数	到達学年
0～14	40↓	4歳↓
15～21	50	5歳
22～26	60	小1
27	70	小2
28～30	80	小3
31	90	小4
32～34	100	小5
35	110	小6
36～38	140	中3
39～40	―	―

行動コントロール領域

得点	到達指数	到達学年
0～10	40↓	4歳↓
11～17	50	5歳
18～21	60	小1
22	70	小2
23～26	80	小3
27～28	90	小4
29～31	100	小5
32～33	110	小6
34～36	140	中3
37～40	―	―

総合獲得レベル

得点	到達指数	到達学年
0～70	40↓	4歳↓
71～91	50	5歳
92～120	60	小1
121～128	70	小2
129～143	80	小3
144～156	90	小4
157～165	100	小5
166～174	110	小6
175～184	140	中3
185～200	―	―

個人活動スキル群

得点	到達指数	到達学年
0～40	40↓	4歳↓
41～60	50	5歳
61～73	60	小1
74～80	70	小2
81～87	80	小3
88～94	90	小4
95～98	100	小5
99～101	110	小6
102～104	120	中1
105～107	―	―
108～120	―	―

集団参加スキル群

得点	到達指数	到達学年
0～24	40↓	4歳↓
25～41	50	5歳
42～47	60	小1
48～52	70	小2
53～56	80	小3
57～60	90	小4
61～63	100	小5
64～66	110	小6
67～68	120	中1
69～70	―	―
71～80	―	―

B 尺度支援レベル分類表

	Ⅰレベル：通常対応	Ⅱレベル：要配慮	Ⅲレベル：要支援
1. 学習	0-1点	2-3点	4点以上
2. 意欲	0-2点	3-4点	5点以上
3. 身体性・運動	0-1点	2点	3点以上
4. 集中力	0-2点	3-4点	5点以上
5. こだわり	0-1点	2点	3点以上
6. 感覚の過敏さ	0-1点	2点	3点以上
7. 話し言葉	0-1点	2点	3点以上
8. ひとりの世界・興味関心の偏り	0-1点	2点	3点以上
9. 多動性・衝動性	0-1点	2点	3点以上
10. 心気的な訴え・不調	0-1点	2点	3点以上
学習面	0-4点	5-7点	8点以上
生活面	0-5点	6-8点	9点以上
対人関係面	0-2点	3-4点	5点以上
行動情緒面	0-2点	3-4点	5点以上
個人活動サポート因子	0-8点	9-13点	14点以上
集団参加サポート因子	0-6点	7-10点	11点以上
総合評価	0-13点	14-22点	23点以上

A 尺度換算表

生活習慣領域

得点	到達指数	到達学年
0〜13	36↓	4歳↓
14〜20	45	5歳
21〜24	55	小1
25〜26	64	小2
27〜29	73	小3
30〜31	82	小4
32〜33	91	小5
34	100	小6
35〜38	127	中3
39〜40	—	—

手先の巧緻性領域

得点	到達指数	到達学年
0〜12	36↓	4歳↓
13〜17	45	5歳
18〜22	55	小1
23〜25	64	小2
26〜28	73	小3
29〜32	82	小4
33〜34	91	小5
35〜36	100	小6
37〜38	127	中3
39〜40	—	—

言語表現領域

得点	到達指数	到達学年
0〜12	36↓	4歳↓
13〜21	45	5歳
22〜26	55	小1
27〜28	64	小2
29〜31	73	小3
32	82	小4
33	91	小5
34〜36	100	小6
37〜38	127	中3
39〜40	—	—

小学6年生

A 尺度注)
— ：到達指数・学年に換算不能（「学年相当以上」と記入）
4歳↓：到達学年が4歳以下

B 尺度注)
Ⅰレベル：通常対応　通常の対応や支援の範囲（特に目立った支援ニーズはない）
Ⅱレベル：要配慮　短期的・一部の支援や配慮（見守り）が必要
Ⅲレベル：要支援　中長期的・全般的な支援が必要（特別支援教育の対象）

社会性領域

得点	到達指数	到達学年
0〜14	36↓	4歳↓
15〜21	45	5歳
22〜26	55	小1
27	64	小2
28〜30	73	小3
31	82	小4
32〜34	91	小5
35	100	小6
36〜38	127	中3
39〜40	—	—

行動コントロール領域

得点	到達指数	到達学年
0〜10	36↓	4歳↓
11〜17	45	5歳
18〜21	55	小1
22	64	小2
23〜26	73	小3
27〜28	82	小4
29〜31	91	小5
32〜33	100	小6
34〜36	127	中3
37〜40	—	—

総合獲得レベル

得点	到達指数	到達学年
0〜70	36↓	4歳↓
71〜91	45	5歳
92〜120	55	小1
121〜128	64	小2
129〜143	73	小3
144〜156	82	小4
157〜165	91	小5
166〜174	100	小6
175〜184	127	中3
185〜200	—	—

個人活動スキル群

得点	到達指数	到達学年
0〜40	36↓	4歳↓
41〜60	45	5歳
61〜73	55	小1
74〜80	64	小2
81〜87	73	小3
88〜94	82	小4
95〜98	91	小5
99〜101	100	小6
102〜104	109	中1
105〜107	—	—
108〜120	—	—

集団参加スキル群

得点	到達指数	到達学年
0〜24	36↓	4歳↓
25〜41	45	5歳
42〜47	55	小1
48〜52	64	小2
53〜56	73	小3
57〜60	82	小4
61〜63	91	小5
64〜66	100	小6
67〜68	109	中1
69〜70	127	中3
71〜80	—	—

B 尺度支援レベル分類表

	Ⅰレベル：通常対応	Ⅱレベル：要配慮	Ⅲレベル：要支援
1.学習	0-1点	2-3点	4点以上
2.意欲	0-2点	3-4点	5点以上
3.身体性・運動	0-1点	2点	3点以上
4.集中力	0-2点	3-4点	5点以上
5.こだわり	0-1点	2点	3点以上
6.感覚の過敏さ	0-1点	2点	3点以上
7.話し言葉	0-1点	2点	3点以上
8.ひとりの世界・興味関心の偏り	0-1点	2点	3点以上
9.多動性・衝動性	0-1点	2点	3点以上
10.心気的な訴え・不調	0-1点	2点	3点以上
学習面	0-4点	5-7点	8点以上
生活面	0-5点	6-8点	9点以上
対人関係面	0-2点	3-4点	5点以上
行動情緒面	0-2点	3-4点	5点以上
個人活動サポート因子	0-8点	9-13点	14点以上
集団参加サポート因子	0-6点	7-10点	11点以上
総合評価	0-13点	14-22点	23点以上

A 尺度換算表

中学1年生

生活習慣領域

得点	到達指数	到達学年
0〜13	33 ↓	4歳 ↓
14〜20	42	5歳
21〜24	50	小1
25〜26	58	小2
27〜29	67	小3
30〜31	75	小4
32〜33	83	小5
34	100	中1
35〜38	117	中3
39〜40	125 ↑	高1 ↑

手先の巧緻性領域

得点	到達指数	到達学年
0〜12	33 ↓	4歳 ↓
13〜17	42	5歳
18〜22	50	小1
23〜25	58	小2
26〜28	67	小3
29〜32	75	小4
33〜34	83	小5
35	92	小6
36	100	中1
37〜38	117	中3
39〜40	125	高1 ↑

言語表現領域

得点	到達指数	到達学年
0〜12	33 ↓	4歳 ↓
13〜21	42	5歳
22〜26	50	小1
27〜28	58	小2
29〜31	67	小3
32	75	小4
33	83	小5
34〜35	92	小6
36	100	中1
37〜38	117	中3
39〜40	125	高1 ↑

社会性領域

得点	到達指数	到達学年
0〜14	33 ↓	4歳 ↓
15〜21	42	5歳
22〜26	50	小1
27	58	小2
28〜30	67	小3
31	75	小4
32〜34	83	小5
35	100	中1
36〜38	117	中3
39〜40	125 ↑	高1 ↑

A 尺度注)
4歳 ↓：到達学年が4歳以下
高1 ↑：到達学年が高1以上

B 尺度注)
Ⅰレベル：通常対応　通常の対応や支援の範囲（特に目立った支援ニーズはない）
Ⅱレベル：要配慮　短期的・一部の支援や配慮（見守り）が必要
Ⅲレベル：要支援　中長期的・全般的な支援が必要（特別支援教育の対象）

行動コントロール領域

得点	到達指数	到達学年
0〜10	33 ↓	4歳 ↓
11〜17	42	5歳
18〜21	50	小1
22	58	小2
23〜26	67	小3
27〜28	75	小4
29〜31	83	小5
32	92	小6
33	100	中1
34〜36	117	中3
37〜40	125 ↑	高1 ↑

総合獲得レベル

得点	到達指数	到達学年
0〜70	33 ↓	4歳 ↓
71〜91	42	5歳
92〜120	50	小1
121〜128	58	小2
129〜143	67	小3
144〜156	75	小4
157〜165	83	小5
166〜173	92	小6
174	100	中1
175〜184	117	中3
185〜200	125 ↑	高1 ↑

個人活動スキル群

得点	到達指数	到達学年
0〜40	33 ↓	4歳 ↓
41〜60	42	5歳
61〜73	50	小1
74〜80	58	小2
81〜87	67	小3
88〜94	75	小4
95〜98	83	小5
99〜101	92	小6
102〜104	100	中1
105〜107	117	中3
108〜120	125 ↑	高1 ↑

集団参加スキル群

得点	到達指数	到達学年
0〜24	33 ↓	4歳 ↓
25〜41	42	5歳
42〜47	50	小1
48〜52	58	小2
53〜56	67	小3
57〜60	75	小4
61〜63	83	小5
64〜66	92	小6
67〜68	100	中1
69〜70	117	中3
71〜80	125 ↑	高1 ↑

B 尺度支援レベル分類表

	Ⅰレベル：通常対応	Ⅱレベル：要配慮	Ⅲレベル：要支援
1. 学習	0-2点	3-4点	5点以上
2. 意欲	0-3点	4-5点	6点以上
3. 身体性・運動	0-1点	2点	3点以上
4. 集中力	0-3点	4-5点	6点以上
5. こだわり	0-1点	2-3点	4点以上
6. 感覚の過敏さ	0-2点	3点	4点以上
7. 話し言葉	0-1点	2点	3点以上
8. ひとりの世界・興味関心の偏り	0-2点	3点	4点以上
9. 多動性・衝動性	0-1点	2点	3点以上
10. 心気的な訴え・不調	0-1点	2点	3点以上
学習面	0-6点	7-9点	10点以上
生活面	0-6点	7-10点	11点以上
対人関係面	0-3点	4-5点	6点以上
行動情緒面	0-2点	3-4点	5点以上
個人活動サポート因子	0-10点	11-16点	17点以上
集団参加サポート因子	0-7点	8-12点	13点以上
総合評価	0-17点	18-27点	28点以上

A 尺度換算表

中学 2 年生

生活習慣領域

得点	到達指数	到達学年
0～13	29 ↓	4歳 ↓
14～20	38	5歳
21～24	46	小1
25～26	54	小2
27～29	62	小3
30～31	69	小4
32～33	77	小5
34	100	中2
35～38	108	中3
39～40	115 ↑	高1 ↑

手先の巧緻性領域

得点	到達指数	到達学年
0～12	31 ↓	4歳 ↓
13～17	38	5歳
18～22	46	小1
23～25	54	小2
26～28	62	小3
29～32	69	小4
33～34	77	小5
35	85	小6
36	100	中2
37～38	108	中3
39～40	115	高1 ↑

言語表現領域

得点	到達指数	到達学年
0～12	31 ↓	4歳 ↓
13～21	38	5歳
22～26	46	小1
27～28	54	小2
29～31	62	小3
32	69	小4
33	77	小5
34～35	85	小6
36	100	中2
37～38	108	中3
39～40	115	高1 ↑

社会性領域

得点	到達指数	到達学年
0～14	31 ↓	4歳 ↓
15～21	38	5歳
22～26	46	小1
27	54	小2
28～30	62	小3
31	69	小4
32～34	77	小5
35	100	中2
36～38	108	中3
39～40	115 ↑	高1 ↑

A 尺度注）
4歳 ↓：到達学年が 4 歳以下
高1 ↑：到達学年が高 1 以上

B 尺度注）
Ⅰレベル：通常対応　通常の対応や支援の範囲（特に目立った支援ニーズはない）
Ⅱレベル：要配慮　短期的・一部の支援や配慮（見守り）が必要
Ⅲレベル：要支援　中長期的・全般的な支援が必要（特別支援教育の対象）

行動コントロール領域

得点	到達指数	到達学年
0～10	31 ↓	4歳 ↓
11～17	38	5歳
18～21	46	小1
22	54	小2
23～26	62	小3
27～28	69	小4
29～31	77	小5
32	85	小6
33	100	中2
34～36	108	中3
37～40	115 ↑	高1 ↑

総合獲得レベル

得点	到達指数	到達学年
0～70	31 ↓	4歳 ↓
71～91	38	5歳
92～120	46	小1
121～128	54	小2
129～143	62	小3
144～156	69	小4
157～165	77	小5
166～173	85	小6
174	100	中2
175～184	108	中3
185～200	115 ↑	高1 ↑

個人活動スキル群

得点	到達指数	到達学年
0～40	31 ↓	4歳 ↓
41～60	38	5歳
61～73	46	小1
74～80	54	小2
81～87	62	小3
88～94	69	小4
95～98	77	小5
99～101	85	小6
102～104	100	中2
105～107	108	中3
108～120	115 ↑	高1 ↑

集団参加スキル群

得点	到達指数	到達学年
0～24	31 ↓	4歳 ↓
25～41	38	5歳
42～47	46	小1
48～52	54	小2
53～56	62	小3
57～60	69	小4
61～63	77	小5
64～66	85	小6
67～68	100	中2
69～70	108	中3
71～80	115 ↑	高1 ↑

B 尺度支援レベル分類表

	Ⅰレベル：通常対応	Ⅱレベル：要配慮	Ⅲレベル：要支援
1. 学習	0-2 点	3-4 点	5 点以上
2. 意欲	0-3 点	4-5 点	6 点以上
3. 身体性・運動	0-1 点	2 点	3 点以上
4. 集中力	0-3 点	4-5 点	6 点以上
5. こだわり	0-1 点	2-3 点	4 点以上
6. 感覚の過敏さ	0-2 点	3 点	4 点以上
7. 話し言葉	0-1 点	2 点	3 点以上
8. ひとりの世界・興味関心の偏り	0-2 点	3 点	4 点以上
9. 多動性・衝動性	0-1 点	2 点	3 点以上
10. 心気的な訴え・不調	0-1 点	2 点	3 点以上
学習面	0-6 点	7-9 点	10 点以上
生活面	0-6 点	7-10 点	11 点以上
対人関係面	0-3 点	4-5 点	6 点以上
行動情緒面	0-2 点	3-4 点	5 点以上
個人活動サポート因子	0-10 点	11-16 点	17 点以上
集団参加サポート因子	0-7 点	8-12 点	13 点以上
総合評価	0-17 点	18-27 点	28 点以上

A 尺度換算表

中学3年生

生活習慣領域

得点	到達指数	到達学年
0～13	29 ↓	4歳 ↓
14～20	36	5歳
21～24	43	小1
25～26	50	小2
27～29	57	小3
30～31	64	小4
32～33	71	小5
34	93	中2
35～38	100	中3
39～40	107 ↑	高1 ↑

手先の巧緻性領域

得点	到達指数	到達学年
0～12	29 ↓	4歳 ↓
13～17	36	5歳
18～22	43	小1
23～25	50	小2
26～28	57	小3
29～32	64	小4
33～34	71	小5
35	79	小6
36	93	中2
37～38	100	中3
39～40	107 ↑	高1 ↑

言語表現領域

得点	到達指数	到達学年
0～12	29 ↓	4歳 ↓
13～21	36	5歳
22～26	43	小1
27～28	50	小2
29～31	57	小3
32	64	小4
33	71	小5
34～35	79	小6
36	93	中2
37～38	100	中3
39～40	107 ↑	高1 ↑

社会性領域

得点	到達指数	到達学年
0～14	29 ↓	4歳 ↓
15～21	36	5歳
22～26	43	小1
27	50	小2
28～30	57	小3
31	64	小4
32～34	71	小5
35	93	中2
36～38	100	中3
39～40	107 ↑	高1 ↑

A尺度注)
4歳 ↓：到達学年が4歳以下
高1 ↑：到達学年が高1以上

B尺度注)
Ⅰレベル：通常対応　通常の対応や支援の範囲（特に目立った支援ニーズはない）
Ⅱレベル：要配慮　短期的・一部の支援や配慮（見守り）が必要
Ⅲレベル：要支援　中長期的・全般的な支援が必要（特別支援教育の対象）

行動コントロール領域

得点	到達指数	到達学年
0～10	29 ↓	4歳 ↓
11～17	36	5歳
18～21	43	小1
22	50	小2
23～26	57	小3
27～28	64	小4
29～31	71	小5
32	79	小6
33	93	中2
34～36	100	中3
37～40	107 ↑	高1 ↑

総合獲得レベル

得点	到達指数	到達学年
0～70	29 ↓	4歳 ↓
71～91	36	5歳
92～120	43	小1
121～128	50	小2
129～143	57	小3
144～156	64	小4
157～165	71	小5
166～173	79	小6
174	93	中2
175～184	100	中3
185～200	107 ↑	高1 ↑

個人活動スキル群

得点	到達指数	到達学年
0～40	29 ↓	4歳 ↓
41～60	36	5歳
61～73	43	小1
74～80	50	小2
81～87	57	小3
88～94	64	小4
95～98	71	小5
99～101	79	小6
102～104	93	中2
105～107	100	中3
108～120	107 ↑	高1 ↑

集団参加スキル群

得点	到達指数	到達学年
0～24	29 ↓	4歳 ↓
25～41	36	5歳
42～47	43	小1
48～52	50	小2
53～56	57	小3
57～60	64	小4
61～63	71	小5
64～66	79	小6
67～68	93	中2
69～70	100	中3
71～80	107 ↑	高1 ↑

B 尺度支援レベル分類表

	Ⅰレベル：通常対応	Ⅱレベル：要配慮	Ⅲレベル：要支援
1. 学習	0-2 点	3-4 点	5 点以上
2. 意欲	0-3 点	4-5 点	6 点以上
3. 身体性・運動	0-1 点	2 点	3 点以上
4. 集中力	0-3 点	4-5 点	6 点以上
5. こだわり	0-1 点	2-3 点	4 点以上
6. 感覚の過敏さ	0-2 点	3 点	4 点以上
7. 話し言葉	0-1 点	2 点	3 点以上
8. ひとりの世界・興味関心の偏り	0-2 点	3 点	4 点以上
9. 多動性・衝動性	0-1 点	2 点	3 点以上
10. 心気的な訴え・不調	0-1 点	2 点	3 点以上
学習面	0-6 点	7-9 点	10 点以上
生活面	0-6 点	7-10 点	11 点以上
対人関係面	0-3 点	4-5 点	6 点以上
行動情緒面	0-2 点	3-4 点	5 点以上
個人活動サポート因子	0-10 点	11-16 点	17 点以上
集団参加サポート因子	0-7 点	8-12 点	13 点以上
総合評価	0-17 点	18-27 点	28 点以上

A 尺度換算表

生活習慣領域

得点	到達指数	到達学年
0～13	—	4歳↓
14～20	—	5歳
21～24		小1
25～26		小2
27～29		小3
30～31		小4
32～33		小5
34		中2
35～38		中3
39～40	—	高1↑

手先の巧緻性領域

得点	到達指数	到達学年
0～12	—	4歳↓
13～17	—	5歳
18～22		小1
23～25		小2
26～28		小3
29～32		小4
33～34		小5
35		小6
36		中2
37～38		中3
39～40	—	高1↑

言語表現領域

得点	到達指数	到達学年
0～12	—	4歳↓
13～21	—	5歳
22～26		小1
27～28		小2
29～31		小3
32		小4
33		小5
34～35		小6
36		中2
37～38		中3
39～40	—	高1↑

社会性領域

得点	到達指数	到達学年
0～14	—	4歳↓
15～21	—	5歳
22～26		小1
27		小2
28～30		小3
31		小4
32～34		小5
35		中2
36～38		中3
39～40	—	高1↑

高校1年生以上

A尺度注）
—：到達指数への換算は行わない
4歳↓：到達学年が4歳以下
高1↑：到達学年が高1以上

B尺度注）
Ⅰレベル：通常対応　通常の対応や支援の範囲（特に目立った支援ニーズはない）
Ⅱレベル：要配慮　短期的・一部の支援や配慮（見守り）が必要
Ⅲレベル：要支援　中長期的・全般的な支援が必要（特別支援教育の対象）

行動コントロール領域

得点	到達指数	到達学年
0～10	—	4歳↓
11～17	—	5歳
18～21		小1
22		小2
23～26		小3
27～28		小4
29～31		小5
32		小6
33		中2
34～36		中3
37～40	—	高1↑

総合獲得レベル

得点	到達指数	到達学年
0～70	—	4歳↓
71～91	—	5歳
92～120		小1
121～128		小2
129～143		小3
144～156		小4
157～165		小5
166～173		小6
174		中2
175～184		中3
185～200	—	高1↑

個人活動スキル群

得点	到達指数	到達学年
0～40	—	4歳↓
41～60	—	5歳
61～73		小1
74～80		小2
81～87		小3
88～94		小4
95～98		小5
99～101		小6
102～104		中2
105～107		中3
108～120	—	高1↑

集団参加スキル群

得点	到達指数	到達学年
0～24	—	4歳↓
25～41	—	5歳
42～47		小1
48～52		小2
53～56		小3
57～60		小4
61～63		小5
64～66		小6
67～68		中2
69～70		中3
71～80	—	高1↑

B尺度支援レベル分類表

	Ⅰレベル：通常対応	Ⅱレベル：要配慮	Ⅲレベル：要支援
1. 学習	0-1点	2-3点	4点以上
2. 意欲	0-2点	3-4点	5点以上
3. 身体性・運動	0点	1点	2点以上
4. 集中力	0-2点	3-5点	6点以上
5. こだわり	0-1点	2点	3点以上
6. 感覚の過敏さ	0-2点	3点	4点以上
7. 話し言葉	0-1点	2点	3点以上
8. ひとりの世界・興味関心の偏り	0-2点	3点	4点以上
9. 多動性・衝動性	0-1点	2点	3点以上
10. 心気的な訴え・不調	0-1点	2点	3点以上
学習面	0-4点	5-7点	8点以上
生活面	0-5点	6-9点	10点以上
対人関係面	0-3点	4点	5点以上
行動情緒面	0-2点	3-4点	5点以上
個人活動サポート因子	0-8点	9-13点	14点以上
集団参加サポート因子	0-7点	8-11点	12点以上
総合評価	0-15点	16-24点	25点以上

A 尺度換算表

生活習慣領域

得点	到達指数	到達年齢
0～13	—	4歳↓
14～20	—	5歳
21～24	—	6歳
25～26	—	7歳
27～29	—	8歳
30～31	—	9歳
32～33	—	10歳
34	—	13歳
35～38	—	14歳
39～40	—	15歳↑

手先の巧緻性領域

得点	到達指数	到達年齢
0～12	—	4歳↓
13～17	—	5歳
18～22	—	6歳
23～25	—	7歳
26～28	—	8歳
29～32	—	9歳
33～34	—	10歳
35	—	11歳
36	—	13歳
37～38	—	14歳
39～40	—	15歳↑

言語表現領域

得点	到達指数	到達年齢
0～12	—	4歳↓
13～21	—	5歳
22～26	—	6歳
27～28	—	7歳
29～31	—	8歳
32	—	9歳
33	—	10歳
34～35	—	11歳
36	—	13歳
37～38	—	14歳
39～40	—	15歳↑

社会性領域

得点	到達指数	到達年齢
0～14	—	4歳↓
15～21	—	5歳
22～26	—	6歳
27	—	7歳
28～30	—	8歳
31	—	9歳
32～34	—	10歳
35	—	13歳
36～38	—	14歳
39～40	—	15歳↑

青年・成人期（IDver.）

A 尺度注）
—：到達指数への換算は行わない
4歳↓：到達年齢が4歳以下
15歳↑：到達年齢が15歳以上

B 尺度注）
Ⅰレベル：通常対応　通常の対応や支援の範囲（特に目立った支援ニーズはない）
Ⅱレベル：要配慮　短期的・一部の支援や配慮（見守り）が必要
Ⅲレベル：要支援　中長期的・全般的な支援が必要

行動コントロール領域

得点	到達指数	到達年齢
0～10	—	4歳↓
11～17	—	5歳
18～21	—	6歳
22	—	7歳
23～26	—	8歳
27～28	—	9歳
29～31	—	10歳
32	—	11歳
33	—	13歳
34～36	—	14歳
37～40	—	15歳↑

総合獲得レベル

得点	到達指数	到達年齢
0～70	—	4歳↓
71～91	—	5歳
92～120	—	6歳
121～128	—	7歳
129～143	—	8歳
144～156	—	9歳
157～165	—	10歳
166～173	—	11歳
174	—	13歳
175～184	—	14歳
185～200	—	15歳↑

個人活動スキル群

得点	到達指数	到達年齢
0～40	—	4歳↓
41～60	—	5歳
61～73	—	6歳
74～80	—	7歳
81～87	—	8歳
88～94	—	9歳
95～98	—	10歳
99～101	—	11歳
102～104	—	13歳
105～107	—	14歳
108～120	—	15歳↑

集団参加スキル群

得点	到達指数	到達年齢
0～24	—	4歳↓
25～41	—	5歳
42～47	—	6歳
48～52	—	7歳
53～56	—	8歳
57～60	—	9歳
61～63	—	10歳
64～66	—	11歳
67～68	—	13歳
69～70	—	14歳
71～80	—	15歳↑

B 尺度支援レベル分類表

	Ⅰレベル：通常対応	Ⅱレベル：要配慮	Ⅲレベル：要支援
1. 学習	0-1点	2点	3点以上
2. 意欲	0-3点	4点	5点以上
3. 身体性・運動	0-1点	2点	3点以上
4. 集中力	0-3点	4点	5点以上
5. こだわり	0-1点	2-3点	4点以上
6. 感覚の過敏さ	0-2点	3点	4点以上
7. 話し言葉	0-1点	2点	3点以上
8. ひとりの世界・興味関心の偏り	0-2点	3-4点	5点以上
9. 多動性・衝動性	0-1点	2点	3点以上
10. 心気的な訴え・不調	0-1点	2点	3点以上
学習面	0-4点	5-7点	8点以上
生活面	0-6点	7-9点	10点以上
対人関係面	0-3点	4-5点	6点以上
行動情緒面	0-2点	3-4点	5点以上
個人活動サポート因子	0-8点	9-12点	13点以上
集団参加サポート因子	0-8点	9-12点	13点以上
総合評価	0-15点	16-23点	24点以上

引用文献

American Association on Intellectual and Developmental Disabilities(2010) *Intellectual Disabilities: Definition, Classification, and Systems of Supports(11th Ed.)*, Washington DC: AAIDD（太田俊己・金子健・原仁・湯汲英史・沼田千妤子（訳）（2012）『知的障害――定義，分類および支援体系』日本発達障害福祉連盟）pp.1-25.

旭出学園教育研究所・上野一彦・越智啓子・服部美佳子（1992）『ITPA言語学習能力診断検査手引：日本版』日本文化科学社

橋本創一（2001）「知的障害者の生活適応能力のアセスメントに関する研究――『知的障害者の生活適応支援チェックリスト』の開発と適用」『発達障害支援システム学研究』1, pp.21-28.

橋本創一・菅野敦・林安紀子・大伴潔・小林巌・渡邉貴裕・霜田浩信・武田鉄郎・千賀愛・池田一成（編著）（2012）『改訂新版 障害児者の理解と教育・支援――特別支援教育／障害者支援のガイド』金子書房

肥田野直（監修）（2012）『ASA旭出式社会適応スキル検査』日本文化科学社

Hitchcock, C., Meyer, A., Rose, D., & Jackson, R.(2002) Technical brief: access, participation, and progress in the general curriculum, Wakefield, MA: National Center on Accessing the General Curriculum

Hitchcock, C.(2001) Balanced Instructional Support and Challenge in Universally Designed Learning Environments, *Journal of Special Education Technology*, 16(4), pp.23-30.

井澤信三・霜田浩信・小島道生・細川かおり・橋本創一（2008）『ちゃんと人とつきあいたい』エンパワメント研究所

Kaufman, A. S., & Kaufman, N. L.(2004) Theoretical Foundations, *KABC-Ⅱ Manual*, AGS

Lambert, N., Nihira, K., & Leland, H.(1993) *AAMR Adaptive Behavior Scale-School and Community*, Austin, TX: PRO-ED

前川久男・中山健・岡崎慎治（2007）『日本版DN-CAS認知評価システム』日本文化科学社

三木安正（監修），旭出学園教育研究所・日本心理適性研究所（1980）『新版S-M社会生活能力検査』日本文化科学社

文部科学省（1992）「学校不適応対策調査研究協力者会議報告」（概要）

文部科学省（2005）「特別支援教育を推進するための制度の在り方について」（答申）

文部科学省（2010）「生徒指導提要」

文部科学省（2012）「通常の学級に在籍する発達障害の可能性のある特別な教育的支援を必要とする児童生徒に関する調査結果について」

日本版WISC-Ⅳ刊行委員会（訳・編著）（2010）『日本版WISC-Ⅳ知能検査』日本文化科学社

岡安孝弘（1994）「学校ストレスと学校不適応」，坂野雄二・宮川充司・大野木裕明（編）『生徒指導と学校カウンセリング』ナカニシヤ出版，pp.76-88.

大伴潔・林安紀子・橋本創一・池田一成・菅野敦（編著）（2012）『LCSA：学齢版言語・コミュニケーション発達スケール』学苑社

嶋津峯眞（監修）（1985）『新版K式発達検査法――発達検査の考え方と使い方』ナカニシヤ出版

Sparrow, S. S., Cicchetti, D. V., & Balla, D. A.(1984a) *Vineland Adaptive Behavior Scales*

Expanded Form Manual, AGS

Sparrow, S. S., Cicchetti, D. V., & Balla, D. A. (1984b) *Vineland Adaptive Behavior Scales Survey Form Manual*, AGS

田中教育研究所（編）(2003)『田中ビネー知能検査Ⅴ』田研出版

田上不二夫（1999）『実践スクール・カウンセリング』金子書房

冨安芳和・村上英治・松田惺・江見佳俊（1973）『適応行動尺度手引』日本文化科学社

津守真・稲毛教子（1961）『乳幼児精神発達診断法――0才～3才まで』大日本図書

津守真・磯部景子（1967）『乳幼児精神発達診断法――3才～7才まで』大日本図書

WHO（編），川畑徹朗・西岡伸紀・高石昌弘・石川哲也（監訳）（1994）『WHO・ライフスキル教育プログラム』大修館書店

WHO（編），融道男・中根允文・小見山実・岡崎祐士・大久保善朗（監訳）（1993）『ICD-10精神および行動の障害――臨床記述と診断ガイドライン』医学書院

参考文献

江村早紀・大久保智生（2012）「小学校における児童の学級への適応感と学校生活との関連――小学生用学級適応感尺度の作成と学級別の検討」『発達心理学研究』23, pp.241-251.

後藤弘・中塚善次郎・蓮郷さなえ・原田和幸（1989）「年長自閉症児・者の教育的・社会的処遇状況と社会生活能力」『発達障害研究』11, pp.49-57.

畑山みさ子・古田倭文男・足立智昭・白橋宏一郎（1994）「障害児の統合教育に関する調査研究（4）――社会生活能力の発達と保育条件について」『発達障害研究』16, pp.48-57.

飯田順子・石隈利紀（2002）「中学生の学校生活スキルに関する研究――学校生活スキル尺度（中学生版）の開発」『教育心理学研究』50, pp.225-236.

飯田順子・石隈利紀・山口豊一（2009）「高校生の学校生活スキルに関する研究――学校生活スキル尺度（高校生版）の開発」『学校心理学研究』9, pp.25-35.

石隈利紀（1998）「学校臨床」，下山晴彦（編）『教育心理学Ⅱ――発達と臨床援助の心理学』東京大学出版会

石津憲一郎（2007）「中学生の学校環境に対する主観的重みづけと学校適応――心身の適応との関係から」『カウンセリング研究』40, pp.225-235.

河村茂雄（2003）「学級適応とソーシャル・スキルとの関係の検討」『カウンセリング研究』36, pp.121-128.

小枝達也（2002）「心身の不適応行動の背景にある発達障害」『発達障害研究』23, pp.258-266.

熊谷亮・橋本創一・田口禎子・三浦巧也・堂山亞希・徳増由季子（2012）「学校適応に着目した特別な支援ニーズ尺度作成の試み――ASIST学校適応スキルプロフィールの開発に向けた基礎的研究」『発達障害支援システム学研究』11, pp.61-69.

熊谷亮・橋本創一・田口禎子・徳増由季子・三浦巧也・堂山亞希・秋山千枝子（2013）「学校における発達支援の視点に立った適応スキル尺度作成の試み――ASIST学校適応スキルプロフィールの開発に向けた基礎的研究」『東京学芸大学紀要総合教育科学系Ⅱ』64, pp.265-276.

三宅和夫（監修），大村政男・高嶋正士・山内茂・橋本泰子（編）（1991）『KIDS乳幼児発達ス

ケール手引き』発達科学研究教育センター

文部科学省（2013）「平成 23 年度児童生徒の問題行動等生徒指導上の諸問題に関する調査」

小野寺正己・河村茂雄・武藤由佳・藤村一夫（2004）「小学生の学級適応への援助の検討——ソーシャル・スキルの視点から」『カウンセリング研究』37，pp.1-7.

佐々木正宏（1992）「適応の基礎」，大貫敬一・佐々木正宏（編）『心の健康と適応』福村出版

Sparrow, S. S., Cicchetti, D. V., & Balla, D. A.(2005) *Vineland Adaptive Behavior Scales Second Edition*, AGS

戸ヶ崎泰子・坂野雄二（1997）「母親の養育態度が小学生の社会的スキルと学校適応に及ぼす影響——積極的拒否型と養育態度の観点から」『教育心理学研究』45，pp.173-182.

八木冕・篠原彰一（1989）「適応行動について」，末永俊郎・金城辰夫・平野俊二・篠原彰一（編）『適応行動の基礎過程——学習心理学の諸問題』培風館

山口豊一・飯田順子・石隈利紀（2005）「小学校の学校生活スキルに関する研究——学校生活スキル尺度（小学生版）の開発」『学校心理学研究』5，pp.49-58.

編著者

橋本 創一 _{はしもと そういち}	東京学芸大学教育実践研究支援センター教授
熊谷 亮 _{くまがい りょう}	東京学芸大学大学院教育学研究科
大伴 潔 _{おおとも きよし}	東京学芸大学教育実践研究支援センター教授
林 安紀子 _{はやし あきこ}	東京学芸大学教育実践研究支援センター教授
菅野 敦 _{かんの あつし}	東京学芸大学教育実践研究支援センター教授

協力・事例執筆

秋山 千枝子	あきやま子どもクリニック
田口 禎子	東京学芸大学大学院連合学校教育学研究科・ながやまメンタルクリニック
德増 由季子	世田谷区教育委員会
三浦 巧也	東京学芸大学大学院連合学校教育学研究科・杉並区教育委員会
堂山 亞希	東京学芸大学大学院連合学校教育学研究科・清瀬市教育相談センター
東海林 夏希	荒川区立心身障害者福祉センター
今井 岳志	川崎市中部児童相談所
久見瀬 明日香	医療法人恒心会おぐらリハビリテーション病院
有井 伊織	千葉県富浦学園
戸村 翔子	川崎市療育センター
宮本 愛	世田谷区教育委員会
尾高 邦生	東京学芸大学附属特別支援学校
浮穴 寿香	三鷹市北野ハピネスセンター
樫本 真理	世田谷区立松原小学校
栗原 治子	調布市立柏野小学校
加藤 宏昭	東京都立武蔵台学園
宮崎 義成	東京都立小平特別支援学校
山田 真幸	学校法人武蔵野東学園武蔵野東小学校
和泉 綾子	東京学芸大学教育実践研究支援センター
田中 里実	社会福祉法人横浜市リハビリテーション事業団
平田 悠紀乃	大田区立東調布第一小学校
松尾 彩子	世田谷区教育委員会
西郷 俊介	NPO法人大牟田知的障害者育成会ふれんず
根本 彩紀子	東京学芸大学大学院教育学研究科
横田 圭司	ながやまメンタルクリニック

川池　順也	東京都立調布特別支援学校
渡邉　貴裕	順天堂大学スポーツ健康科学部
霜田　浩信	群馬大学教育学部
小島　道生	岐阜大学教育学部
爲川　雄二	東北大学大学院教育情報学研究部
猪又　聡美	東京学芸大学大学院教育学研究科
歌代　萌子	東京学芸大学大学院教育学研究科

付録 CD-ROM のご利用にあたって

●推奨動作環境●

本書の付録 CD-ROM は，以下の動作環境でご利用になれます。
(1) 対応 OS
・Windows XP Service Pack 2 以降
・Mac OS X 10.4.9 以降
(2) 使用アプリケーション
・Microsoft Word 2007 以降（Mac OS X では Word 2008 以降）
・Microsoft Excel 2007 以降（Mac OS X では Excel 2008 以降）
・Adobe Reader 6.0 以降

※ Windows 上で Word 2007 や Excel 2007 より古いバージョン（Office 2000/XP/2003）をご利用の環境では，Microsoft Office 互換機能パックをインストールすると，付録 CD-ROM に収録している Word や Excel のファイルを開ける場合があります。互換機能パックは，下記のサイトから入手できます。
http://www.microsoft.com/ja-jp/download/details.aspx?id=3

※ Adobe Reader の最新バージョンは下記のサイトから入手できます。
http://get.adobe.com/jp/reader/

●収録内容と使用方法●

付録 CD-ROM 内のフォルダ構成は下図の通りです。

ASIST 学校適応スキルプロフィール（本書第 1 編）を行う場合は，付録 CD-ROM 内の「ASIST 学校適応スキルプロフィール（学齢版）」フォルダに収録されたファイルを使用してください。

また，ASIST-IDver. 適応スキルプロフィール（本書第 2 編）を行う場合は，付録 CD-ROM 内の「ASIST-IDver 適応スキルプロフィール（青年成人版）」フォルダに収録されたファイルを使用してください。

記録用紙とプロフィール票は，Word 形式（.docx）・Excel 形式（.xlsx）のほか，同じ内容のものを PDF 形式でも収録しています。いずれかをプリントアウトしてご使用ください。結果計算シートは，ご利用のパソコンにコピーしてから使用してください。

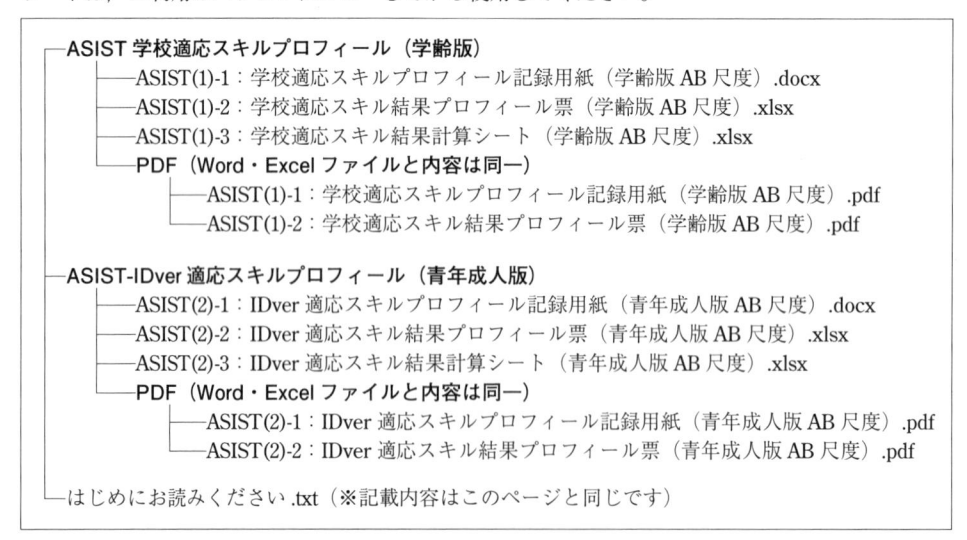

```
─ASIST 学校適応スキルプロフィール（学齢版）
    ├─ASIST(1)-1：学校適応スキルプロフィール記録用紙（学齢版 AB 尺度）.docx
    ├─ASIST(1)-2：学校適応スキル結果プロフィール票（学齢版 AB 尺度）.xlsx
    ├─ASIST(1)-3：学校適応スキル結果計算シート（学齢版 AB 尺度）.xlsx
    └─PDF（Word・Excel ファイルと内容は同一）
        ├─ASIST(1)-1：学校適応スキルプロフィール記録用紙（学齢版 AB 尺度）.pdf
        └─ASIST(1)-2：学校適応スキル結果プロフィール票（学齢版 AB 尺度）.pdf
─ASIST-IDver 適応スキルプロフィール（青年成人版）
    ├─ASIST(2)-1：IDver 適応スキルプロフィール記録用紙（青年成人版 AB 尺度）.docx
    ├─ASIST(2)-2：IDver 適応スキル結果プロフィール票（青年成人版 AB 尺度）.xlsx
    ├─ASIST(2)-3：IDver 適応スキル結果計算シート（青年成人版 AB 尺度）.xlsx
    └─PDF（Word・Excel ファイルと内容は同一）
        ├─ASIST(2)-1：IDver 適応スキルプロフィール記録用紙（青年成人版 AB 尺度）.pdf
        └─ASIST(2)-2：IDver 適応スキル結果プロフィール票（青年成人版 AB 尺度）.pdf
─はじめにお読みください .txt（※記載内容はこのページと同じです）
```

※付録 CD-ROM に収録されているデータを，著作権者の許可なく営利目的で再配布したり，改変して二次的著作物を作成したりすることを禁じます。

※付録 CD-ROM を使用して発生したいかなる損害についても，本書の編著者，製作関係者および福村出版株式会社は一切の責任を負いません。付録 CD-ROM に関するサポートは行っていません。

ASIST

特別支援教育・教育相談・障害者支援のために
ASIST 学校適応スキルプロフィール
——適応スキル・支援ニーズのアセスメントと支援目標の立案

2014年2月25日　初版第1刷発行

編著者	橋本 創一・熊谷 亮・大伴 潔・ 林 安紀子・菅野 敦
発行者	石井 昭男
発行所	福村出版株式会社

〒113-0034　東京都文京区湯島 2-14-11
電話　03-5812-9702　FAX　03-5812-9705
http://www.fukumura.co.jp

印刷・製本　シナノ印刷株式会社

©S. Hashimoto, R. Kumagai, K. Otomo, A. Hayashi & A. Kanno　2014
Printed in Japan
ISBN978-4-571-12123-4
乱丁本・落丁本はお取替え致します。
定価はカバーに表示してあります。

福村出版 ◆ 好評図書

池田由紀江・菅野 敦・橋本創一 編著
新 ダウン症児のことばを育てる
● 生活と遊びのなかで
◎1,900円　ISBN978-4-571-12107-4　C1037

ダウン症児が持つことばの問題の基本的理解と，早期からのことばの指導法を発達段階の生活と遊びから解説。

菅野 敦・池田由紀江 編著
ダウン症者の豊かな生活
● 成人期の理解と支援のために
◎2,000円　ISBN978-4-571-12090-9　C1037

家庭や職場・施設で，成人ダウン症者と共に生きていくためのポイントをまとめる。急激退行の問題も解説。

橋本創一 他 編著
知的・発達障害のある子のための「インクルーシブ保育」実践プログラム
● 遊び活動から就学移行・療育支援まで
◎2,400円　ISBN978-4-571-12119-7　C3037

すぐに活用できる知的・発達障害児の保育事例集。集団保育から小学校の入学準備，療育支援まで扱っている。

橋本創一・横田圭司・小島道生・田口禎子 編著
人間関係でちょっと困った人 & 発達障害のある人のためのサポートレシピ53
● 本人と周囲がおこなうソーシャルスキルトレーニング
◎1,900円　ISBN978-4-571-42042-9　C0036

タイプ別に分け，豊富な事例から本人と周囲ができる解決策を提示。人間関係でお困りの方におすすめの1冊。

水野智美・徳田克己 編著
「うちの子，ちょっとヘン?」発達障害・気になる子どもを上手に育てる17章
● 親が変われば，子どもが変わる
◎1,700円　ISBN978-4-571-12122-7　C0037

発達障害の傾向があるわが子に，早期に気づき，認め，対応することで，子どもを上手に伸ばす育て方を紹介。

原 仁 著
子どもの臨床からみた発達障害と子育て事情
● 発達障害専門医 Dr.原の診察室の窓から
◎1,300円　ISBN978-4-571-12108-1　C1037

発達障害専門の小児科医が，発達障害の子どもたちの臨床を通して「発達障害」を分かりやすく解説。療育の書。

梅永雄二 著
発達障害者の理解と支援
● 豊かな社会生活をめざす青年期・成人期の包括的ケア
◎1,500円　ISBN978-4-571-42027-6　C3036

発達障害の特性を正しく理解し，青年期・成人期発達障害者の教育と就労支援について，そのあり方を考える。

梅永雄二 著
障害者心理学
● 障害児者の特性理解と具体的支援方法
◎2,000円　ISBN978-4-571-12118-0　C3037

障害児者が青年期以降も自立した社会生活を営めるために必要な支援について，心理的アプローチから考察する。

冨永光昭 編著
小学校・中学校・高等学校における新しい障がい理解教育の創造
● 交流及び共同学習・福祉教育との関連と5原則による授業づくり
◎2,200円　ISBN978-4-571-12114-2　C3037

交流及び共同学習・福祉教育における「新たな障がい理解教育の5原則」を提起，諸実践や指導計画を提案する。

◎価格は本体価格です。